视频化社会

本书编委会

主　编　孟　建　赵　晖

副主编　顾　准　陈昕烨

编委会成员　刘宇昕　凌冰清　李旷怡

复旦大學出版社

致　　谢

中国式现代化造就了中国文明新形态。就人类文明新形态而言，中国网络视听业飞速发展带来的视频化社会，昭示着中国大踏步地迈向数字文明时代。由 Palgrave Macmillan 出版的英文著作 *Videolised Society* (2023)是本书所有作者对中国网络视听发展现状的记录、回应、思考和阐释。我们期待与国外学者讨论当前数字文明对全球公众认知能力、行为方式和生活形态的影响。我们欣喜地发现，*Videolised Society* 在面世后受到国外学界的热烈讨论。《视频化社会》是 *Videolised Society* 的中文版。本书中英文版得以高质量出版，我们衷心感谢顾准、陈昕烨、刘宇昕、凌冰清、卢秋竹、高慧琳、张剑锋、张祯、陈雨轩、吴予澈、田雅文、程诺、李雨谏、李云鹏、李旷怡、王思涵 16 位研究者付出的心血。特别感谢本书副主编顾准、陈昕烨和编委会成员刘宇昕、凌冰清、李旷怡付出的辛劳。我们向所有为本书付出辛劳的复旦大学出版社老师们致以深深的谢忱！

孟　建　赵　晖

目　录

中编 实务运作

下编 全景聚焦

1

视频化社会：基于网络视听变革的深刻启示

媒介革命正席卷全球，使人们的思维方式、行为方式、生活方式都发生了翻天覆地的变化。这既是一场生产力的大变革，也是一场人类交往方式的大变革，还是一场文化变革。人类向数字化时代、网络化时代的全面迈进，是任何人都无法回避的课题。其间，基于互联网的、数字化的、社交媒体的、移动终端的网络视听革命，显得更为迅猛。中国领跑全球的这场网络视听革命，正将一个视频化社会呈现在我们面前，并不断地作用于当下社会。出于时代的责任、专业的精神、研究的志趣，我们邀集了一批在这个领域有相当研究能力的学者，特别是诸多青年学者，志同道合地编撰《视频化社会》一书。本书对视频化社会展开的全面研究，是基于网络视听变革的深刻启示。

本书所论视频化社会不是指广义的整体社会形态的演进，而是指狭义的某种意义上的社会视频化，意即社会正在被视频"所化"。这是一个由网络视听变革带来的十分独特且深刻的社会现象，触及当下政治、经济、文化等领域。从个人层面看，视频与人们的日常生活相互渗透、融入、影响，甚至重塑，逐渐形成一种人人拍摄、人人传播、时时拍摄、时时传播的视频化生存方式。所有人对所有人的拍摄与传播是社会视频化的特别要义。从社会层面看，视频与社会各领域、各层面进行深度融合。视频以生产要素的形式进入生产各个领域，并且业已成为一种生产力。此外，不但社会生产方式愈加视频化，而且视频技术、视频内容、视频平台也愈加社会化。视频化社会的本质是影像媒介普遍存在的现代属性与必然趋向在技术条件成熟时产生质变而显现的现象。当下的社会正在被视频化行为不断重构。在视频化社会中，视频所体现的不只是一种新的视听样态，还是一种新的视听文化，更是一种在数字文明到来之时的新文明形态。

1.1 确立与强化国家政策

中国早在“十三五”规划中，就提出了实施网络强国战略，并据此提出了宽带中国战略。这些都为网络视听的大发展提供了坚实的基础。2017 年，国家新闻出版广电总局正式启用“广播电视与网络视听”(以前仅仅提“广播电视”)的新提法，并于同年发布《关于进一步加强网络视听节目创作播出管理的通知》，要求网络节目与广播电视节目同一标准、同一尺度。2018 年 4 月，习近平总书记在全国网络安全和信息化工作会议上强调，信息化为中华民族带来了千载难逢的机遇，必须敏锐抓住信息化发展的历史机遇(张晓松、朱基钗 2018)。《中华人民共和国国民经济和社会发展第十四个五年规划和 2035 年远景目标纲要》(2021)明确纳入“发展社会主义先进文化　提升国家文化软实力”，并提出数字中国、视听中国等。2021 年 7 月 9 日，国家广播电视总局局长聂辰席提出，要把习近平总书记在庆祝中国共产党成立 100 周年大会上的重要讲话转化为推动广播电视和网络视听行业发展的强大动力，要着眼长远、把握大势，聚焦建设社会主义文化强国，深刻认识新征程的新特征新要求，坚持规划引领超前布局，坚持科技引领创新发展，下好先手棋、打好主动仗，科学编制实施“十四五”规划，谋划好事关广播电视和网络视听发展的重大战略问题(广播电视网络 2021)。

目前，国外尚无与中国所提网络视听相对应的行业概念和理论体系，国外很多研究网络视听的关键词基本分散在视听形式、视听媒介、新兴媒体、视听材料、视听设备等方面。这源于国外在网络视听领域认知和研究视角的不同，但更重要的是，中国数字化和网络化进程早已走在世界前列，在理论和实践上已经开始引领国际前沿。早在 2017 年，国家新闻出版广电总局对视听节目服务进行了界定，分为第一类互联网视听节目服务(广播电台、电视台形态的互联网视听节目服务)、第二类互联网视听节目服务、第三类互联网视听节目服务和第四类互联网视听节目服务(互联网视听节目转播类服务)。这种分类方式和所及范围，在今天已经远远跟不上中国网络视听行业飞速发展的步伐，十分需要进一步分类与厘定。网络视听经过不长时间的发展，已经成为媒体变革的主战场、媒体发展的主力军。据《中国网络视听发展研究报告(2023)》，截至 2022 年 12 月，中国网络视听用户规模已达 10.40 亿，网络视听网民使用率为 97.4%，同比增长 1.4 个百分点，保持了高速稳定增长。2022 年泛网络视听产业的市场规模为 7 274.4

亿元，较2021年增长4.4%，增长的主要来源是短视频与网络直播领域。截至2022年12月，短视频用户规模达10.12亿，同比增长7 770万，增长率为8.3%，在整体网民中的占比94.8%。短视频领域的市场规模为2 928.3亿元，占比40.3%。网络直播用户规模达7.51亿，成为仅次于短视频的网络视听第二大应用，其市场规模为1 249.6亿元，占比17.2%，成为拉动网络视听行业市场规模的重要力量(朱虹 2023)。

网络视听作为基于互联网、社交媒体、移动终端发展起来的最具成长性和最具竞争力的新媒体行业、新媒体产业、新媒体文化，无疑是现代科技与现代媒体高度融合的产物。当前，在媒体融合不断向纵深推进的重要背景下，网络视听的生产与传播已成为人们认识世界、感知社会、体验文化、凝聚精神的最重要途径之一。从人们接受信息的阅读方式来看，网络视听的出现不但适应了现代人们网络视听化的阅读习惯，还促使人们在各个不同场景中进行视听阅读的变化。与以往相比，网络视听的内容生产机制与媒介传播方式具有颠覆性的变革。正是基于此，国家新闻出版广电总局将“网络视听”与“广播电视”并提，并将网络视听作为最为核心的工作进行全面规划与大力实施。进入“十四五”时期，中国加快了广播电视和网络视听高质量创新性发展的步伐。

2021年是中国“十四五”规划的开局之年。党的十九届五中全会宣布中国将在2035年建成“文化强国”。同时，国家“十四五”发展规划也提出数字中国、视听中国等。2022年10月，实施国家文化数字化战略被写进党的二十大报告。实施国家文化数字化战略是中国顺应时代潮流做出的重大部署。在文化强国、视听中国、文化数字化背景下，研究网络视听背景下的视频化社会，其特殊意义和重要价值显而易见。

1.2　剖析与阐释视听中国

一切媒体的发展与变革都是马克思所说的人类精神交往方式的革命。今天，我们深入研究网络视听这一重要命题的理论内核并阐释其特点，最根本的就是要探讨在媒介化社会中人类如何用网络视听去实现更别样、更深入、更高质量的人类精神交往问题。这是对网络视听本体性与规律性把握的真谛。

本体性，是探究世界的本原或基质的哲学理论。本体性的根本问题之一是：存在的初衷是什么？网络视听的多重本性是网络视听质的规定性的哲学认知。

对于网络视听的研究不应忽视网络视听的新媒体属性。网络视听的发展能在短时间内形成影响社会的强大能量，是由于网络视听在五个方面构筑了其多重本性，包括：网络视听作为一种新兴媒介，网络视听作为一种视听样式，网络视听作为一种生活方式，网络视听作为一种文化存在，网络视听作为一种产业形态。网络视听作为一种极具可视性、现场感和体验性的特殊信息传播载体，在各大新媒体平台占据越来越重要的位置。网络视听的视频化符号性和视听性场景化带来了新的传播扩散特性和信息流动模式，通过改变用户的传播活动和传递信息的方式，将自身的传播逻辑嵌入社会发展过程，从而在网络空间和物质世界中不断形塑新的媒介文化，催生了媒介环境突变的过程。这个过程使得人们生活、娱乐、社交等功能的边界变得模糊。网络视听不但迅速影响到我们的生活方式，影响到我们的精神领地，而且最终以视听产品的服务消费和商业变现为目的。

我们对网络视听呈现规律的初步认识主要有六个方面。一是高度依赖技术支持。作为新媒体，网络视听在一定程度上印证了技术决定的极端化理论。网络视听的传播背靠大数据，通过算法推动、模块多功能叠加和人工智能合力重塑内容生产的方式。“科学技术是第一生产力”的命题在网络视听上得到了特殊的印证。二是内容、类型极为多样。网络视听内容生产的丰富性和类型呈现的多变性造就了网络视听的大千世界。关注时代热点、聚焦民生百态和记录生活娱乐是目前网络视听内容表现的三大主要领域，与此对应的表现方式层出不穷，犹如百变魔方。三是社会渗透力极强。网络视听以吸人、吸时、吸金等特点成为用户黏性最高、人均单日使用时长最长的视听产品，可谓全方位、多层次、无死角，强力渗透到当下社会生活的每个角落。四是受众参与度高、互动性强。通过“人人都是信息源，个个都是媒体人”进行自我媒介生产，通过评论、点赞、弹幕、分享、连麦、送礼、购买等新媒体交互功能，受众获得了前所未有的参与感、存在感和创造感，并使媒体内容和媒体本身的多次传播成为可能。五是创造新的生活方式。一种新的生活方式的形成意味着一种新文化的诞生。网络视听作为一种信息获取工具、娱乐方式，融入人们的日常生活，其实质是一场人类精神交往方式的革命。六是产生新经济形态。网络视听作为文化产业，特别是作为网络经济的黏聚者和引领者，带动电商行业、直播营销、数字零售、文旅融合等诸多领域迅猛发展并不断整合。

以网络视听中的短视频为例。当我们高度关注短视频作为网络视听行业中第一大户，并且确立了其在网络视听大系统中独特的地位和作用时，我们也必须关注短视频与其他子系统的相互关系。短视频与网络视听子系统的其他重要组成部分（如网剧、网络大电影、网络综艺、网络直播等）进行密切的互动并相辅相成。近年来，网络视听行业热闹非凡，甚至充满了硝烟味。一方面，爱奇艺、优酷、腾讯视频等长视频平台纷纷加码短视频，并寻求其他新的形式以拓宽业务，例如网络剧集、综艺节目、动画片等纷纷探索竖屏形式的内容生产。长视频平台或进行内容多元化，或推出独立 App，或加大扶持，向综合性视频转型的趋势明显。另一方面，抖音、快手等短视频平台加快向长视频领域探索，在影视、短剧等方面大展拳脚，其尝试开发的微剧、微综艺强调内容的叙事性与连续性，开放视频时长的拍摄权限。值得注意的是，短视频向直播电商领域的攻城掠寨所达到的规模和收益远远超过长视频。就在长视频平台和短视频平台向彼此领地疯狂试探的同时，字节跳动旗下的西瓜视频提出"中视频"的概念，腾讯视频随后跟进。此后，从 B 站（哔哩哔哩，bilibili）、知乎、微博，到爱奇艺、小红书，均成为该领域的重磅玩家。短视频、中视频、长视频共同构成视频体系，彼此之间存在竞争关系，也存在相互合作关系。短视频和中视频的快速成长，给长视频带来了降维打击，长视频平台的版权内容成为短视频平台二次创作的重要来源，长视频平台耗费巨大成本获取的内容成为短视频平台的"嫁衣"，长视频平台因而发起维权大战。网络视听行业中的短视频、中视频和长视频共同构成什么样的体系？三种视频未来形成的竞争和合作格局究竟怎样？三种视频本身的形式会有什么新的变化？这些网络视听的重要现象都有待我们继续研究。

1.3　推动新兴文化崛起

网络视听体现了一种新兴文化的崛起。在这场文化变革中，有四个领域值得重点关注。

第一，网络视听作为一种视听方式，体现影像文化的发展。网络视听是一种全新的网络视听内容生产，呈现全新的网络视听传播形态。网络视听在与社交媒体的互动重构中，正在重塑影像文化。网络视听的快速发展已经使其成为即时通信的第二大产品类型，同时对传媒资讯、电子商务等产业起到催化与辐射作用。听觉文化、视觉文化已经从声音时代和图像时代发展到以影像为主的阶段，网络视听无疑对影像文化的发展起到了丰富甚至重塑的作用。作为互联网媒介技术革命、文化创新之下的产物，网络视听对影像文化的发展究竟会带来什么变化，值得深入研究。

第二，网络视听作为一种生活方式，体现社会文化的形态。互联网改变了人类的思维方式、行为方式和生活方式，影响着人类社会的文明发展图景。社交视频具有以社交媒体为平台、多次传播、用户生产等特点，建立了个人与社会的新关联，并以此为基础给社会文化带来新景观。以短视频为例。短视频平台作为碎片化的日常生活展演场，挑战了传统视频媒体的内容生产与消费，网络视听以一种特殊的生活方式为受众提供海量的、碎片化的、适配性极强的社会文化内容和服务。

第三，网络视听作为一种文化变迁，体现文化结构的转型。网络视听平台上的信息传播形成了以地域、集群为特征的传播话语生态圈，显示出强大的影响力。网络视听社交被认为是继微博、微信之后的一个全新的主流社交模式。这种模式深度促进了知识生产的全民集体协作，推动了文化内容的价值变现并日益嵌入人们的日常生活。对于这种模式的理解，可以视之为一种文化的全新建构。这种合理的文化结构，应当体现三个层次和两个时态。三个层次是大众文化与精英文化的结合、外来文化与民族文化的结合、传统文化与现代文化的结合。在这三个层次中，前两者体现为共时态，后者体现为历时态。

第四，网络视听作为一种跨文化传播渠道，体现国际传播的态势。2021 年 5 月 31 日，习近平总书记就加强中国国际传播能力建设发表了重要讲话。他提出“要采用贴近不同区域、不同国家、不同群体受众的精准传播方式，推进中国故事和中国声音的全球化表达、区域化表达、分众化表达，增强国际传播的亲和力和实效性”(人民日报 2021)。中央对国际传播建设的新要求，集中体现在“三重”，即重构国际传播格局、重整国际传播流程、重塑国际传播业务(丁运全 2020：90)。在这方面，网络视听可以扮演十分重要的角色。用网络视听作为实现中国跨文化传播的生力军，某种意义上就是要用网络视听的方法和手段实现跨文化传播中受众的传受同构、心理同构。从 TikTok 在海外的实践来看，外国用户十分希望通过网络视听来更好地接收信息和自我表达，而 TikTok 凭借海量用户生产短视频的特点恰好满足了外国用户的需求。我们要学会用网络视听去应对去中心化后碎片化的国际受众。

1.4 建设科研教学体系

在当下媒介化社会进程突飞猛进、媒体融合日益推向纵深的背景下，网络视听在现代传播方式的巨大作用下越来越深刻地影响着社会。网络视听无论是作为视听样式还是作为生活方式，无论是作为产业形态还是作为文化存在，都“搅动”着高校科研与教学的“一池春水”。

从网络视听理论研究层面来看，目前凸显的问题主要有两个方面。第一，网络视听研究呈散点状分布。虽然网络视听理论研究呈现出方兴未艾的蓬勃局面，涉及多领域，关注多样话题，但也凸显出学术界普遍缺乏对网络视听研究的重点领域和核心议题的把握，理论研究呈现随意性“散打”的局面。第二，网络视听研究呈浅表性思考状态。对于网络视听研究现状的分析发现，横向问题在于研究内容过于宽泛且定位模糊，呈散点状分布；纵向问题是普遍缺乏深度探索，众多研究往往呈现出“点到为止”的状态。此外，网络视听理论研究往往将西方话语大量应用于具体的网络视听案例研究之中。网络视听理论研究较多引用议程设置、把关人、使用与满足、创新扩散等理论，与目前极速发展的现实相差较远。这种现象不仅表明西方新闻传播学理论仍在中国传播学理论中占有一定地位，也表明国内学者对于网络视听理论的思考相对单一，缺乏自信，缺乏创新。

从网络视听应用研究层面来看，目前凸显的问题主要也有两个方面。第一，浅尝辄止地单一描述。以短视频研究为例。国内学者对于网络视听应用研究局限于以网络视听 App 为主体的研究，局限于今日头条、抖音和快手等单一平台，研究受制于简要的功能分析。学者们的普遍研究兴趣多聚焦于新闻、社交和融合三大方面，忽视了许多重要领域。第二，网络视听技术研究停留在科普性的现象分析和说明书式的叙述总结上。5G 技术和算法技术是网络视听研究的核心技术支持，研究相关表述和关注多为流程式记录，甚至预先夸大技术效果而忽略政治内涵、经济现象和文化内容。由此产出的相关文章并无实质性内容和技术性突破。

从网络视听理论研究和应用研究两方面来看，研究局限于单一学科的问题也相当突出。虽然网络视听研究应是多学科关注的研究领域，但未能达到跨学科的要求。介入的学科虽不少，但视角单一，未形成跨学科综合分析效应。2021 年 1 月，国务院学位委员会、教育部印发通知，新设置“交叉学科”门类，成为中国第 14 个学科门类跨学科研究。交叉学科既是方法论意义上的也是理论内涵上的进步。但当前网络视听研究还停留在“单一学科＋网络视听”的层面，如何发现新问题、提出新方法、引入新观点、构建新框架，仍待探索。

针对网络视听理论研究和实践研究凸显的问题，我们认为要在三个方面实现重要的转变。

首先,网络视听研究要“聚”——聚焦重要问题。网络视听研究要聚焦核心问题,以探索理论为出发点,以解决实际问题的成效作为衡量标准。一要明确网络视听研究主体分类标准。例如,对于网络视听内容的分析目前还未有标准化的划分和归类,对于网络视听用户主体的研究也寥寥无几。二要找准网络视听研究的核心问题,实施攻关。针对网络视听研究大多停留在理论套用和现象分析层面的现象,要落实针对网络视听研究的主要理论探索,结合实际问题提出具体的对策建议。三要保持网络视听研究领域的持续研究,努力形成相对稳定的研究方向并形成相对成熟的研究范式。

其次,网络视听研究要“深”——深入问题本质。网络视听研究不仅要关注技术进步和社会变革,也要坚持纯学理的探索和思考。即便是实践问题的研究,也要解决网络视听实践研究中的虚化问题。要注重定性研究与定量研究方法的结合,以寻求解构与建构的辩证推进。有三个方面值得关注:一是网络视听理论研究不应局限于传统视野,特别要注意不能简单套用西方过时的理论;二是网络视听应用研究要突破浅层的描述性分析,要高度关注网络视听对现实重要问题的影响;三是网络视听技术研究要以技术创新促进网络视听事业发展为前提。

最后,网络视听研究要“跨”——跨学科综合研究。中国倡导新文科的精髓,最重要的一点是要真正实现跨学科的历史超越,以实现哲学社会科学的现代转型。我们要迅速完成从“多”到“跨”的历史性嬗变。网络视听跨学科研究的重点在于对网络视听研究的整体性和多维度的把握。网络视听研究的思维模式要在横向话题上有所侧重和发散,在纵向逻辑上搭建深入立体框架。要努力从内容思维、用户思维、技术思维、产业思维和文化思维相互交错中建立起网络视听研究独有的体系。

在高等院校,与网络视听理论研究息息相关的重要问题是,高等院校人才培养如何适应迅猛发展的网络视听事业。2023年,国家广播电视总局在《全国广播电视和网络视听“十四五”人才发展规划》中提到“发挥重点企业、科研院所和高校的人才聚集作用,建设好高水平引才引智平台”。这意味着广播电视和网络视听人才培养问题,如何迅速提上议事日程并尽快实施。我们已经迎来网络视听大发展的黄金时代。新技术、新观念催生新传播形态,传媒产业的大变革超越了以往任何年代。大数据、算法等人工智能技术加持传媒产业,每个人都可能成为信息的生产者、上传者、接收者和传播者,我们的人才培养观念、体系和方法发生了变革。而高校作为专业人才培养的高地,其人才培养的敏感度无法跟上快速变革的节奏。当下,最要紧的是改变三个方面的问题。第一,全面更新课程教学体系，结合网络视听行业和产业发展，设立网络视听相关系列课程，突出专业能力提升，完善网络视听专业的教学体系。第二，打通单列视听类别，提升网络视听教学的融合度。既要传授精通一域的专业技术，又要融会贯通各门所长，拓宽网络视听教学内容与范围，提高网络视听的应用能力，培养更多一专多能的复合型人才。第三，实现旋转门式的教学师资结构形式。创新教学模式，吸收业界导师，实现旋转门式教学，打造网络视听复合型师资队伍。增强师资培养的灵活性与弹性，形成模块式、多样化交叉培养方式，使得网络视听专业获得更多更专业的相关资源，也有利于网络视听师资队伍整体水平的提升。

本章并没有更多地论述视频化社会，而是对网络视听进行了较为全面的论述。这主要基于两个方面的考虑：一是网络视听是视频化社会衍生的基础，论述好基础就拿到了一把解开视频化社会的钥匙；二是接下来本书的主体部分“上编：理论阐释”“中编：实务运作”“下编：全景聚焦”将全面论述视频化社会。

对网络视听的论述和对视频化社会的阐释，研究指向往往会显示出一个独特的角度，即“媒介-文明”。“媒介-文明”作为一种研究视野和范式，适用于从媒介物质性把握时代特征和文明特征的研究。诸多探索媒介与文明之间关联性的研究，都在一定程度上表现出遵循“媒介-文明”的特征。中国式现代化造就了中国文明新形态。中国网络视听飞速发展带来的视频化社会，正昭示着中国大踏步迈入了数字文明时代。数字文明新形态将在三个方面让世界更为注目：一是文化生产力的进一步解放；二是文化全景数字呈现；三是文化数字化成果的全民，乃至全球共享。这就是我们孜孜以求编撰《视频化社会》一书的深层次追求。

参考文献

丁运全(2020).论后疫情时代的中国对外传播新发展.人民论坛·学术前沿，22：84-91，115.

广播电视网络(2021).聂辰席主持召开国家广播电视总局党组理论学习中心组集体学习会　深入学习贯彻习近平总书记“七一”重要讲话精神.广播电视网络，28(7)：10-11。

国家广播电视总局(2023).国家广播电视总局关于印发《全国广播电视和网络视听“十四五”人才发展规划》的通知(2023-01-10).https://www.nrta.gov.cn/art/2023/1/10/art_113_63176.html.

国家广播电视总局(2017).总局关于调整《互联网视听节目服务业务分类目录

(试行)的通告》(2017-03-01). http://www.nrta.gov.cn/art/2017/3/1/art_2062_36686.html.

人民日报(2021).加强和改进国际传播工作 展示真实立体全面的中国.人民日报,2021-06-02(1).

张晓松,朱基钗(2018).敏锐抓住信息化发展机遇 自主创新推进网络强国建设.人民日报,2018-04-22(1).

中华人民共和国中央人民政府(2021).中华人民共和国国民经济和社会发展第十四个五年规划和2035年远景目标纲要.人民日报,2021-03-13(1).

朱虹(2023).《2023中国网络视听发展研究报告》在四川成都发布(2023-03-29). sc.people.com.cn/n2/2023/0329/c345167-40356870.html.

(孟 建 赵 晖)

上编

理 论 阐 释

2

社会正以这种方式显山露水

——社会学视野中的视频化社会

在自媒体时代，无名者通过视频建构的个人场域营造了新型的内容传播空间，一个视频化社会正在到来。视频化社会不是指广义的整体社会形态的演进，而是指狭义的某种意义上的社会视频化，意即社会正在被视频"所化"。视频已经全面渗透、影响，甚至重塑人们的日常生活。其中，所有人对所有人的拍摄和传播是社会视频化的特别要义。它唤醒和激发了普通人的传播本能，形成具有虚拟社会赋能的运行机制，在强化受众区隔及圈层分化的同时，开辟了新型信息交流空间。同时，视频以生产要素的形式进入生产各个领域，并且业已成为一种生产力。视频促使个体塑造自我形象，推动产业叙事方式的转变，以视觉化的强参与性和社交传播的强互动性重构视频生态的演化图景。

2.1　社会学视野中的视频化社会

福柯在《无名者的生活》中关注到出现在档案中的无名者，认为无名者之所以被记录，不过是因为与权利的偶然遭遇，但能够进入媒体视野的，主要是精英阶层。随着媒介技术的快速发展，传播个人主义开始兴起，使无名者在实质上拥有了表达权和记录权。作为一种流行于视频化社会中的新型视听媒介，短视频的崛起在媒介史上具有革命性的意义，它唤起了人的传播本能，形成了具有虚拟社会赋能的运行机制。视频化社会中的视频如何通过技术赋权给予无名者情感表达的空间？社会视频化的呈现与背后媒介逻辑包含了哪些方面？本章将运用功能论、冲突论和互动论三个社会学理论范式（Wallace & Wolf 1995），探讨视频化社会的表征与展现，解读短视频的勃兴和其如何促进普通人记录生活内容，进而建构影音社会性空间，形成符号互动场域的自我形象塑造与圈层重构。具体而言：从结构功能角度出发，聚焦无名者生活的记录，由此导出短视频兴起的内在驱动力与媒介逻辑，进而探讨虚拟社会中的身体消费和窥探欲的满足；从冲突论视角出发，指出在视频化社会场域下的张力和非阶级斗争，侧重反映社会分层的加剧和在崇拜文化与技术赋权中形成的受众区隔；从符号互动论切入，强调个体互动交流和印象管理，实现剧班中表演者的自我形象塑造和个体社会自我身份认知。

2.2 无名者的狂欢：认知功能建构与具象表征

随着媒介技术的发展与媒介形态的更迭，一种非文字的、更普遍的、大众化的记载方式受到关注。短视频正以其更加平民化、视觉化的记录特点，呈现普通人的点点滴滴，形成以用户生成为主的在线视频技术整合的视频化社会。正如社会学结构功能主义学家孔德、斯宾塞、帕森斯所一致认为的(Baert 1998)，社会具有整体的性质，需要把社会结构和社会整体作为基本的分析单位，强调社会整体层次的需求，而社会这个有机整体是一个由各部门相互连接而形成的巨大网络，每个部门都参与协助并维持整个体系的工作。社会每个部门都是为保持社会稳定而建构的，有其内在的结构和组织模式，以及得到延续和发展的内在机能和特性。一个部门如果没有独特的功能或无法达成社会价值观的共识，就会被社会淘汰。随着数字视频技术的发展，社会中的个体子系统相互紧密联系并呈现出多样化的聚合发展态势，通过参与互动式的影音记录模式，展现趋同的价值取向，保持群体之间的黏性，体现稳定的社会环境。媒体平台中的组织管理与协调机制，是其得以有序延续的必要条件，而其中的文化传承与展演，可以承载和保存社会整体的样貌。具体而言，在整个视频化社会中，视频平台承载着来自个人、群体和组织的多样生活片段，形成了视频化社会的完整媒体生态环境，满足了人们对于视觉、听觉等感官的延伸需求，展现了数字平台经济与网红文化等媒介生态逻辑和运行机制。接下来，笔者将围绕个体在视频中的行为活动，深入了解短视频勃兴的推动力和平台运行机制，并探讨由此带来的技术赋权下的窥私欲。

2.2.1 无名者的历史性出场与普通人起居注的崛起

在全民记录的视频化社会，短视频的出现使普通人在享受拍摄乐趣的同时，也能够看见彼此，并快速了解周遭世界。我们对世界的把握在相当程度上依赖于视频化社会中呈现的视觉符号。看，不是被动的过程，而是主动探索、发现和创造的过程。人们通过在短视频平台上发布自己拍摄的视频作品来记录生活点滴，传递这个时代的重要讯息。

短视频以其内容短小精干且表达直白、生产主体多元且视角丰富、现场感强烈、传播渠道和受众覆盖面广的特点而逐渐家喻户晓（黄楚新、朱常华 2020）。短视频的最早形式是美国的 Viddy，而后与社交媒体相融合，实现了短视频的分享功能（朱杰、崔永鹏 2018）。中国最早的短视频软件是快手。之后，北京字节跳动公司旗下的短视频分享平台抖音，从众多竞争对手中脱颖而出，被人们广泛用于创作短舞蹈、喜剧和才艺视频，抖音包含音乐样本、快速剪辑、贴纸和其他有创意的功能，用户可以在视频中添加各种类型的音乐和特效（Weimann & Masri 2020）。2017 年，抖音海外版 TikTok 一经推出便风靡世界，成为使用最广泛的社交媒体平台之一。短视频的流行似乎正在成为新的媒介文化景观。从全球范围来看，不论是影响力还是使用人口规模，短视频在中国的发展无疑走在世界前列。传统媒体时代的记录者是职业记者，普通百姓缺少媒体接近权，只能被动进入媒体。而到自媒体时代，无名者获得充分的表达和记录平台。进入短视频时代，个人自主传播得到加强。短视频给普通人提供了极大的便利，绝大多数人都能够记录、呈现自己，制作自己的起居注（生活实录）（潘祥辉 2011）。因此，短视频时代可以看作一个普通人起居注兴起的时代。作为互联网发展到自媒体时代的产物，短视频将传统媒体时代潜在的、数量有限的信源和沉默的受众变成积极主动、无限量的传播者。我们似乎面临一个分水岭——日益发挥重要记录作用的短视频，可能超越文字媒介的历史地位。

视频化社会中刻画世界方式的转变，得益于视频媒体技术为普罗大众赋能赋权，将社会话语的表达权充分给予普通人，使每个人都可以用视频这种最简要直观的形式与社会分享信息。无名者不再是被忽视的沉默的大多数，而变身为能够记录自己和他人的传播者。无数普通人通过短视频记录自己的生活，并分享给世界，包括平时很少有机会露脸的底层打工人、残疾人等。这是一种真正意义上的全民记录，尤其对年轻用户而言，短视频为他们提供了微娱乐和个性化内容表达的空间，有助于他们满足自我表达渴望、实现自身个人价值（Lu & Lu

2019)。全民记录就是短视频媒介最大的价值。这种记录不仅带来了无名者的历史性出场和普通人起居注的崛起,还使每一个角色、声音、物品等元素都能够得到展示和保存。

一种新媒体的出现不仅意味着信息生产方式的革新,还意味着围绕它的某种组织性和结构性变革。这需要我们进一步分析短视频背后的媒介逻辑,才能具体了解其深层原因。

2.2.2 媒介生态逻辑与运行机制

阿什德和斯诺用"媒介逻辑"来描述媒介制度性和技术性的运作模式,包括媒介如何分配物质性和符号性的资源,如何在正式的和非正式的规则下运作,如何影响社会经验的选择与表达(Altheide & Snow 1979)。视频化社会有自己的媒介逻辑。

在社会学功能论中,帕森斯从单位行动出发构建社会行动系统,提出了构成社会整体的组织结构,并强调社会系统之所以能够保证自身的维持和延存,是因为社会结构能够满足适应、目标达致、整合和模式维持四个功能(曲贵卿、张海涛 2008)。其中,适应功能强调系统对环境的适应,两者间的关系包括环境对系统的限制和系统对环境的影响,强调社会整体与经济系统模式和运行机制的关系。因此,探讨推动视频化社会形成的驱动力和短视频时代的经济发展模式显得尤为重要。

短视频的发展,首先得益于互联网行业的发展助推。短视频的勃兴由中国互联网行业的发展所推动,也受到互联网演进逻辑的深刻影响。中国在互联网领域的长期投入,使网速更快、资费更低、全民上网成为可能。其次是智能手机的普及。手机价格愈发便宜,摄像功能愈发强大,原来职业记者的装备现在成为普通人的标配。再次是互联网企业的大力创新推广。短视频的流行离不开电商企业的技术创新,更离不开短视频平台相关的商业策略。前两个因素是短视频普及的前提条件,第三个因素才是短视频崛起的关键原因(潘祥辉 2020)。其中,快手公司通过人工智能技术和"普惠价值观"来确保每一个普通人都能够被看见(姬广绪 2018)。这种技术赋能也被抖音等其他短视频平台运用。通过降低技术门槛,提高用户体验,甚至推出流量补贴和奖励,普通人的记录和创作欲望被最大限度地调动起来,在一定程度上推动了无名者的历史性出场。

另外,短视频平台满足了普通人的社交刚性需求,增加了用户的使用黏性。为了满足受众需求,各平台日趋呈现细分之势,兴趣社交、电商社交等多种短视频社交平台逐渐兴起，形成了以地域、集群为特征的传播话语生态圈，显示出强大的影响力。短视频丰富了社交平台的内容，社交也增加了短视频平台的用户黏性，两者形成了一种相互依存的平衡关系。不过，短视频平台毕竟是由商业互联网公司操控，更多的是服务于自己公司的商业路线。无名者的历史性出场与其说是商业公司积极主动追求的结果，不如说是其商业创新中带来的溢出效应，即经济活动中产生的外部性后果。短视频的兴起是互联网技术商业革命的衍生品，利益机制在其中发挥了重要驱动作用。正是利益驱动使得短视频公司不断改进技术，也通过利益均沾机制吸引更多用户入驻。

提及短视频中的商业化运营模式，直播无疑是用户最直接的收入来源。如果遇到心仪的产品和内容，用户可以打赏，也可以使用应用程序里的虚拟货币进行平台交易(Kaye et al. 2020)。除了虚拟礼物，平台(如抖音)还有直播带货功能，即在直播过程中嵌入商品的购买链接，观众可通过点击链接直接购买产品。这种模式有效地将观众变成买家，实现盈利。

由此可见，短视频平台可以生产、分发和流通产品。平台中不同的终端用户之间的互动产生了相关数据，这些数据经过后续处理和建模，可以计算出优化用户注意力来源、定制个人广告等是否有利可图。这个过程从根本上改变了传媒行业的运作模式，以及文化生产、传播和流通策略。这种机制可以被定义为平台化(Nieborg & Poell 2018)。短视频平台紧密关注细分场景，瞄准用户消费需求，不断优化核心技术和算法，为用户量身定做海量的、有趣的、碎片化的内容，以及与用户需求相匹配的服务，满足了受众学习知识、与人交往、渴望被关注、寻求被认可等心理需求。在一定程度上，用户的信息消费不仅出于对他人生活的好奇，也源于对精致生活的追求。因此，视频化社会中用户使用心理及由此带来的文化现象非常值得探讨。

2.2.3 虚拟社会的窥私欲与技术赋权

在平台经济的洪流中，能够长时间吸引用户的部分原因在于人们窥私欲的满足。在注意力经济时代，抓住受众眼球就是在创造利益，迎合受众猎奇窥私的心理才能盈利，而短视频正是利用了社会大众的这个心理。不管是对明星的文化想象，还是对普通人快餐式文化的热衷，其中都不乏受众对自己未曾涉猎领域的猎奇心理。短视频将私人场景投放至公开平台，模糊了私人领域的边界，使之变成公开的日记，极大地满足了受众的窥私欲。

一方面，人们在刺探别人隐私的过程中体验快感，尤其是社会公众人物和成功人士的社会经历、生活方式与荣誉财富，给普通大众提供了一个参照。很多人向往精致、丰富的物质生活，而社会名人的生活正好成为大众的参照物，为普通人带来了替代的满足感。因此，窥探别人隐私成为一种习惯的心理状态（费梦梦 2017）。另一方面，在技术赋权的视频化社会中，直播平台为主动热情的网民提供了新的展现舞台，其中不乏美妆博主、萌宠达人、健身教练等。在网络直播中，许多主播通常会在自己家中直播一些生活细节，或是以朋友的身份与粉丝交流互动。这种主动展现私人空间的方式，拉近了主播与观众间的社交距离，满足了受众的窥私欲。在现实生活中，人们的窥私欲受到法律法规和道德的约束，而互联网的虚拟性和匿名性为窥私欲的满足提供了有利条件。因此，当主播的私人生活展现在观众面前时，观众会得到一种心理上的快感和满足（薛耀淇、吕文雨 2020）。在视频化社会中，一种真实与虚拟边界日益模糊的交往和呈现方式开始在网络和现实生活中蔓延。随着越来越多的视频内容在网络中广泛传播，由此带来的社会圈层分化、自我迷失和受众区隔等问题也逐渐显现出来。

2.3 社会圈层的疏离：冲突论视角下的场域重塑

科塞（Coser 1998）认为，社会不会一直处于均衡、稳定和整合的状态，也会存在失衡、冲突和疏离的状态，它们之间持续不断产生波动和变化。冲突理论认为，人们在资源有限的背景下发生冲突是永恒的社会现象。社会整合并非只在无冲突的均衡状态中才是最佳的，即使从强调功能的观点来讲，社会冲突对社会具有建设性的意义，对社会的整合具有促进作用（王彦斌 1996）。这种冲突并不是指与社会的对抗，而主要指不同的社会群体利用冲突作为取得或保持权力、财富和声望的手段，实际上是一种不同利益之间的冲突（张登峰、居向阳 2011）。社会冲突论告诉我们，诸如短视频这样的社会新生体，是影响社会系统不稳定的变量元素。社会新生体的出现，往往会造成原有社会系统的某种冲突。这种冲突本身具有矛盾统一的二层属性，既有消极的负向功能，也有积极的正向功能。它是社会系统实际矛盾激化的产物，也是社会系统达到稳定和谐的价值诉求。尽可能地遏制消极冲突，使其及时转化为正向元素，有助于社会系统实现新的可持续的平衡稳定。视频化社会中的网络文化生态与以往的媒介场域存在差异，不同群体的表达欲日趋强烈，在信息传播过程中不免会发生利益纠葛和价值观碰撞。这些冲突是社会发展的内在动因，而不是矛盾激化的产物，对社会发展和平台的综合治理具有正向促进作用。冲突论关注不同群体之间的互动，而互动在人们的生活中频频上演。我们从竞争团体间冲突和紧张的角度来进行分析。

2.3.1 受众区隔与孤岛分离

个人在使用媒介的过程中所使用和接收到的各种符号，成为媒介作用于个人的一个重要方式。媒介符号的传播效果不仅受到媒介种类、传播渠道的影响，还受到接收时间、地点、受众经验范围等诸多因素的影响。短视频语言符号表现出的社会区隔作用最先体现在受众的身份认同上，群体的个性化特征内化为个体的特征，成为个体身份个性的一种标签和象征。社群内流行的语言符号是一个社群区别于其他社群的重要特征。处于同一阶层的人通过交往等，逐渐形成一种共同的阶层文化，而不同阶层的成员通过价值观念、文化品位、文化消费和生活方式等的不同来表明自己的阶层身份，表明自己与其他阶层之间的关系和距离(邓鹏 2015)。

面对不同群体，媒介产品的传播模式愈发细分化和多元化。用户会主动寻找或被精准推送感兴趣的内容。长此以往，不同媒介习惯之间的受众会产生区隔，相同媒介习惯的受众会逐步汇集形成圈层。这些小群体即成为媒介场域，各自疏离，成为一座座“孤岛”(蔡伟 2020)。就短视频而言，形形色色的小众产品深受年轻群体喜爱，高垂直化的内容拥有不同的受众群体，这些受众群体之间存在一定的区隔，甚至有着所属媒介场域特有的、圈外人所不了解的沟通语言和行为方式，长此以往，可能带来难以达成共识、实现社会整合的风险。其中，算法推荐造成的信息茧房是造成受众区隔化的重要推动力之一。当算法逻辑开始运转，平台只会依据用户的观看喜好和习惯推送相应内容，而过滤掉异质信息。久而久之，长期摄入过于单调的内容将导致群体间差异性增大，从而造成圈层极化。在短视频软件使用中产生的群体行为也将逐渐威胁社会的健康发展。

2.3.2 社会圈层分极化的加剧

圈子是个体行动者构成的社会网络，这类结构的群体中心性往往很高(彭兰 2019)。短视频平台上的网红往往扮演关键意见领袖的角色，具有较高粉丝黏性，在一定程度上是其所处圈子的中心。随着受众区隔化的逐渐加强，视频化社会逐渐反映，甚至强化既有的社会分层。随着不同群体的生成，人们之间的认知差距逐渐拉大。由于记录生活的方式更加公开，视频展示的信息更直观，其中不乏金钱气息满溢的炫富式内容。这些内容在展示个别群体富裕生活的同时，也展示出人们收入和生活水平的差距。长此以往，心理落差会强化既有的社会层次，打破原有的平衡稳定，给部分作为看客的普通收入或低收入群体带来心理不适，甚至滋生对炫富者的抵触情绪。

短视频平台赋予每个使用者一定的传播权。这种传播权通过群落与圈层得以放大，体现在超级个体身上就形成了一种强大的传播力。这种现象之下是普通受众集体的赋权与狂欢。与此形成对比的是，传统的明星与品牌营销模式受到冲击，短视频中的超级个体使许多原本具有影响力的明星、"大V"、优质品牌变得失能，观众的注意力被分散，进而导致品牌营销成本的浪费与消耗。同时，相关从业者也会因为超级个体的分权而眼花缭乱，无法帮助品牌解决注意力浪费的问题而出现失能，无法促使社会的整体协调。在此过程中，超级个体的出现促使群体成员追逐其展现的理想生活状态，形成群体偶像崇拜与自我迷失。

2.3.3 文化追逐与自我迷失

如今，任何事物加上"明星同款""网红爆款"这类前缀，都会引发一阵追捧，例如之前走红的"BM(Brandy-Melaville)风"等都拥有众多追随者。对明星或网红心生崇拜后，人们会持续关注他的动态，参照他的样子来生活，热切想要获得他的同款，从而模仿他的穿衣打扮、行为举止、饮食习惯、生活方式。网红同款服饰箱包、生活物品和网红打卡地充斥着整个视频化社会。普通人将自己的生活向网红博主和社会名流逐步靠近，却容易造成自我的迷失。

低俗出位的身体表演造成受众对身材和样貌的痴迷。身体是我们赖以栖居的大社会和小社会所共有的美好工具(唐雪莲 2021)。长久以来，对身体的美和健康的追求一直是身体文化的重要组成部分。但在利益的驱动下，一些短视频涉及低俗的身体传播，以身体部分的调整与转变，甚至暴露和色情内容作为视觉文化传播题材的不在少数。将丰富的身体含义贬斥为赤裸裸的身体骚动和挑逗，虽然部分实现了自我的注意力增值，但也损害了网络空间的生态环境。一时间，整容手术大行其道，各种花式减肥方法光怪陆离，加上对明星颜值的迷恋和效仿，仿佛身体的增值能换来对他人的视觉诱惑。为了视觉感官而近乎摧残地虐待自己，痴迷于表象并将事物的内在视为鸡肋，甚至视而不见，已经成为当下社会的一种流行病态与集体视觉文化记忆。

炫耀性消费需要通过被见证才具有意义，而媒体和广告就是另一种意义上的见证场，承担着将有闲阶级的炫耀性消费传达给整个社会的中介功能。短视频平台以低创作门槛吸引了大批用户将其用作炫耀目的的消费场所(张莹、杨元元 2021)。发布者在移动短视频上花费越多时间,就越会给人营造出一种其生活在从容和舒适环境中的印象,仿佛其不必担心经济层面的制约,是有闲一族。同时,用户通过短视频记录自己的生活状态和消费日常,通过他人可见的消费行为和消费品来建构自己的身份。他人的点赞、评论,满足了用户想获得他人关注、向他人炫耀的心理,受众同时可以通过观看他人发布的视频内容来判定其财富状况和社会阶层。

另外,媒介通过视觉图像和听觉符号系统在对真实世界进行映射的同时,又依托技术使得事物具有本来面貌之外的一些其他特征。随着这种现象的加剧,视觉性的媒介符号系统成为能够实现自我繁殖的庞大系统,带领人们在消费狂潮中逐渐脱离现实世界。美颜和滤镜等美化功能非但没有对真实世界进行客观再现,反而成为加强景观失真的帮凶。在一定程度上,短视频会放大景观失真,歪曲事物本来面貌,促使用户为追求新鲜感与精致感而过度消费。

短视频从诞生之初的普通人起居注,逐渐商业化和资本化,形成了一套完整的广告售卖体系。抖音等平台的庞大用户基数为投资方的曝光量提供了坚实保障,资本的入驻致使众多网红博主的短视频创作逐渐偏离初心,被资本裹挟。从用户角度来说,看似拥有主动权的人们,在消费伊始便已被限制在媒介提供的选择之中,被动造成消费异化现象,形成过于追捧商品价值的不良态势。一方面,物品的价值因网红博主的代言,在平台上再次获得野蛮生长的空间;另一方面,人们借商品价值差异来区分他人,对差异性和个性化的过分追求致使用户再次陷入被商品操控的境地。在这些追求和消费中,我们可以看到视频化社会中所塑造的鲜活且多样的人设,短视频创作者正在按照剧本的方向进行一场场演出。

2.4　角色互动的表演:符号编译与身份塑造

符号互动论源于人们对语言和意义的关注,把社会理解为日常社会交互的产物,关注人们日常的互动形态和沟通方式。在社会与个人的互动中,社会影响个人,个人的行为反作用于社会。符号指能够代表人类活动的某种意义的事物,例如语言、文字、表情等场景。欧文·戈夫曼(Goffman 2002)在《日常生活中的自我呈现》中强调用符号来形容人与人之间的交流。他认为,生活就像一场演出,人们在舞台上通过各种方式和技巧,选择适当的语言、动作等符号进行表演,塑造自己在他人心目中的形象。社会成员被看成演员，社会场所是人类要表演的剧场，社会成员按照自身编制的剧本进行角色扮演。戈夫曼认为，人们表演的区域有台前和幕后两个重要的场所，在剧场中演出的角色包括演员、观众和观察者，社会成员会通过在幕后充分准备，从而在台前呈现预期的表演效果。在网络传播中，这样的表演同样存在，加之网络的虚拟性特点，人们可以更主动地进行自我形象设计，互联网和社交媒体技术为社会成员提供了更广阔的媒介表演空间(彭兰 2017)。在视频化社会中，个体在制作、传播短视频内容和互动的过程中，通过视觉符号与公众进行对话，在短视频平台上进行自我表演与呈现，塑造个人形象并形成具有身份认同感的场域。

2.4.1 视频化社会中前台与后台前置的角色展演

在前台，表演者的社会行为具有一定的常规程序和预定的行为模式，个体会在表演准备阶段预先确定自身前台形象。在表演过程中，前台是用普遍的和稳定的方式有规律地为观察者定义情景的一部分，以一种社会规范的形式制约表演，包括舞台设置与个人前台。

舞台设置是演员表演必须存在的场景，包括舞台中的布景和道具。延伸到短视频中，视频创作者会利用拍摄道具、背景环境等，通过一定的拍摄剪辑手法，呈现不同的前台表演区域。他们充分认识到，用户在浏览内容时会先关注具有视觉冲击力的视频标题、色彩和封面等，因此，他们在创作前往往会先确定个性化的拍摄风格，并围绕相关主题进行内容设计和策划。制作精良的内容永远是吸引受众眼球的制胜法宝。博主需要精心设计文案写作、拍摄选题、音乐特效等拼接视频素材的重要元素，这涉及对整个过程的内容控制。其中，制作技术与水平也是创作者在前台考量的因素之一。专业的设备、精良的团队、精雕细琢的视频剪辑手法等，都能体现不同的符号带给用户的视觉盛宴。

在重视舞台设置的同时，要考虑到个人前台因素，包括个人的性别、年龄、外表、官职地位、言谈举止等因素。在这些用于传递符号的媒介中，有一些是相对固定的，如性别和民族；有一些是相对暂时的，如官职地位和收入。其中，外表是视频创作者比较直观的自我呈现，符合大众审美的博主会大受欢迎。在视频化社会中，多样化媒介的出现使得大众倾向于追求更好的美感体验和娱乐方式，人们热衷于观看美妆和穿搭短视频，主要归因于自我形象建构和娱乐消遣方式的需要。在前台设置中影响常规程序的另一个因素是社会身份。视频创作者的社会身份是多重的。大卫等(David et al. 2020)区分了网络视频创作者个体和种类：文化类博主，往往在加入短视频前就已经具有一定的知名度；创意类博主，源于数字原住民，通过民间的技艺和特殊的才能获得大家的支持；社会类博主，语言更加草根化、接地气，参与直播最多，从事商业带货也最积极。当然，一个博主很可能横跨两个种类，区分界限并不是特别明显。视频创作者的社会身份不同，对于自身形象的建构也不尽相同。能够被普通受众易于接受、具有权威性和可信度、内容更加亲民，才能获得更多流量。

如前文所述，短视频满足了人们的窥私欲，这正是后台前置的结果。以前，后台是观众不在场的区域，角色扮演者会卸下面具，舞台道具与前台用品会被收藏起来，表演者可以展现出本我的状态，进行休息放松和情感发泄。随着短视频的流行，后台逐渐成为角色扮演者精心策划的舞台。作为公众人物的视频创作者的拍摄场景涉及办公室等前台的公共区域，也涉及个人私密空间，如卧室等。通过拍摄视频展现个人隐私，还原生活真实场景，可以消除观众对公众人物的刻板印象，增强亲切感和交流欲。普通用户运用后台可以增加个人粉丝量，提升产品销售量；明星艺人可以更好地推广艺术作品，打造自身人设。

2.4.2 “镜中我”的形象塑造与身份认同

人的行为在很大程度上取决于对自我的认识，而这种认识主要通过与他人的社会符号互动形成。查尔斯·霍顿·库利提出了“镜中我”理论，强调他人对自己的评价和态度是反映自我的一面镜子，个人透过这面镜子可以认识和把握自己(Cooley & Rieff 2017)。用户的评价使得主播形成新的“客我”，这种评价是反映主播自我的一面镜子。视频创作者和其他用户的评价也是反映用户自我的镜子。当用户送出礼物时，主播会通过语言符号夸奖用户，或者通过微笑、感谢、惊喜、落泪等表情符号来对用户进行积极反馈，从而形成对用户的正面评价。同样，短视频博主拍摄的内容也成了观众可以投射和观察的镜子。观众不断地将自己与视频博主、评论区的网友进行对比，了解到自己与他们双方互动的评价和反馈，从而指导自己的行为和情感，达到个人本我的修正，实现自我的保持和对超我的追求。在与不同用户的符号互动过程中，可以看到不同群体对于属于某些特定群体的身份认同与追随。身份认同是关于自我的感知，既是个体层面的心理过程和现象，也是一种社会过程和文化实践。

视频化社会中的视听媒介是身份认同的重要手段。短视频时代，影像与身份的关联越来越多地反映在以自我呈现为目的的影像制作实践中。自我呈现作为一种具体的社会实践，既受到个体的身份认同的影响，又帮助形塑和表达个体的身份认同。作为一种新形态的自我呈现，短视频带来了自我呈现所依托的社交语境的变化。数字虚拟社交语境给人际交往和身份建构带来了新变化。在后现代社会中，个体身份的碎片化和流动性在新的社交语境中得到强化。除了在场的他者会影响自我呈现外，不在场的受众也会影响自我呈现。对短视频的创作实践来说，不在场的他者是平台激励机制的具体依托，与创作者的经济收益和自我成就感密切相关。同时，这些观众和制作者大多有相同爱好，围绕短视频的互动展开线上的社会交往，借此完成自我呈现及身份形塑和认同。

2.5 结语

在视频化社会中，短视频的出现注定是一场大众的狂欢，伴随无名者的出场和起居注的记录。从功能论整体范式来看，短视频的兴起有其独特的媒介逻辑。随着商业互联网公司的推波助澜，平台经济和商业化运营模式无疑是视频创作者的直接收入来源，也是其有序运作的机制保障。在平台经济的洪流中，能够真正抓取受众眼球的还要归因于用户的窥私欲和猎奇心理。当然，社会不会一直处于稳定的和整合的状态。从社会冲突论的视角分析，每个社群内流行的语言符号是构建这个社群共同群体意识和社群文化的重要组成部分。长此以往，这些构建起的网络会造成媒介产品的细分化和多元化，从而导致不同媒介场域和孤岛的形成，而受众区隔化导致的直接后果之一就是社会圈层的分化，致使超级个体大量涌现，促使群体成员追逐超级个体展现的生活状态，造成自我迷失。在由符号构建的视频化社会中，视频创作者通过在前台和后台前置的互动表演，拉近与受众的距离，并且建立自我形象。在这个过程中，视频创作者和受众可以他人的评价作为镜子，实现对于自我的保持、本我的修正和超我的追求，同时寻找身份认同感。

视频化社会中短视频的崛起促使我们思考其与社会环境的关系，了解数字媒体时代视觉媒介的突出特点，以及其与经济和文化之间的联系，进而做出基于媒介物质性的社会视频化考察，从而探究短视频给人类社会生活带来的一系列变化。

参考文献

蔡伟(2020).从媒介社会学视角看 Vlog 在中国的发展.青年记者，11：63-64.

邓鹏(2015).建构身份认同：论网络语言符号的社会区隔功能.新闻世界,8：305-306.

费梦梦(2017).从公共空间进军私人空间的窥私欲——以网络直播为例.东南传播,7：73-75.

黄楚新,朱常华(2020).短视频在突发公共事件中的功能与作用——以新冠肺炎疫情信息传播为例.视听界,2：55-59.

姬广绪(2018).关系型消费的建构——"网红经济"的文化解释进路研究.学习与探索,10：53-58.

潘祥辉(2011).对自媒体革命的媒介社会学解读.当代传播,6：25-27.

彭兰(2017).网络传播概论(第四版).北京：中国人民大学出版社.

彭兰(2019).网络的圈子化：关系、文化、技术维度下的类聚与群分.编辑之友,11：5-12.

曲贵卿,张海涛(2008).帕森斯与默顿的结构功能主义比较分析.通化师范学院学报,9：32-35.

唐雪莲(2021).泛视觉化景观下网络短视频的引导与治理.传媒观察,1：21-25.

王彦斌(1996).科塞与达伦多夫的冲突论社会学思想比较研究.思想战线,2：1-7.

薛耀淇,吕文雨(2020).短视频平台"吃播"现象探析.大众文艺,9：191-192.

张登峰,居向阳(2011).功能、冲突与互动：论社会学视域中的体育.河北体育学院学报,25(1)：35-38.

张莹,杨元元(2021).消费社会视域下移动短视频的文化图景.青年记者,8：31-32.

朱杰,崔永鹏(2018).短视频：移动视觉场景下的新媒介形态——技术、社交、内容与反思.新闻界,7：69-75.

Altheide, D. L., & Snow, R. P. (1979). *Media logic*. Beverly Hills, CA: Sage Publications.

Baert, P. (1998). *Social theory in the twentieth century*. New York: New York University Press.

Cooley, C. H., & Rieff, P. (2017). *Social organization: A study of the larger mind*. Routledge.

Coser, L. A. (1998). *The functions of social conflict* (Vol. 9). Routledge.

Craig, D., Lin, J., & Cunningham, S. (2021). *Wanghong as social media entertainment in China*. New York: Palgrave Macmillan.

Goffman, E. (2002). *The presentation of self in everyday life*. 1959. Garden City, NY, 259.

Kaye, D. B. V., Chen, X., & Zeng, J. (2020). The co-evolution of two Chinese mobile short video apps: Parallel platformization of Douyin and TikTok. *Mobile Media & Communication*, 9(2), 229-253.

Lu, X., & Lu, Z. (2019). Fifteen seconds of fame: A qualitative study of Douyin, a short video sharing mobile application in China. In Social Computing & Social Media. Design, Human Behavior & Analytics: 11th International Conference, SCSM 2019, Held as Part of the 21st HCI International Conference, HCII 2019, Orl&o, FL, USA, July 26 - 31, 2019, Proceedings, Part I 21 (pp. 233 - 244). Springer International Publishing.

Nieborg, D. B., & Poell, T. (2018). The platformization of cultural production: Theorizing the contingent cultural commodity. *New Media & Society*, 20(11), 4275-4292.

Wallace, R. A., & Wolf, A. (1995). *Contemporary sociological theory: Continuing the classical tradition*, *Fourth edition*. Englewood Cliffs, NJ: Prentice Hall.

Weimann, G., & Masri, N. (2020). Research note: Spreading hate on TikTok. *Studies in Conflict & Terrorism*, 46(5): 1-14.

（刘宇昕）

3

万物皆媒的沉思

——基于媒介物质性的视频化社会考察

尽管视频化社会已经来临,但人类对这一现象产生的原因,以及其或将造成的影响的认知仍然相当有限。从媒介物质性视角看,视频化社会的本质是影像媒介绝对居于万物之间(或普遍存在)这个天然属性及必然趋向。影像媒介的普遍存在由感性的绝对居间所决定,而感性作为媒介的基础性和绝对性又由"意识即媒"决定。"意识(绝对)居间—感性居间—影像居间"构成本章逻辑推演之进路。对影像媒介本质的误解与忽略,可能会导致人们无法完全获悉视频化社会将造成的更为复杂的后果,从而忽视一个悖论——完美的虚拟世界与人类恒处于被技术奴役的困境之下。

3.1 引言

尽管网络视频作为影像媒介并非新媒介,被称为视频化社会的时代却刚刚到来。已有研究总结出社会视频化的表现和特点,譬如视频与社会各领域更深度地进行融合,传统的单向传播关系、万物之间的关联方式被重构,视频正成为智能时代与深度媒介化时代信息传递介质的基本形式(人民网 2020)。视频技术给个人生存与社会发展带来的显著且积极的影响得到了大众和研究者们更多的关注与强调(陈奇 2020;宋建武 2019;赵晓燕 2018;马霖 2017;王贺新、曹思宁 2016)。研究更多着眼于策略的角度,探究某群体(尤其是传统媒体机构)如何适应视频化社会状况。研究者对视频化社会特征的把握往往较片面地站在产业与机构的角度,从微观层面或中观层面进行解析,而一些更深层的、本质的特征被忽略。从媒介本质角度看,媒介的影响在时空上往往更加玄妙、复杂、隐蔽且深远，容易被人基于二元对立思维模式的认知能力而简化，媒介运作本貌甚至不可被完全认知。

本章试图从媒介物质性的角度对视频化社会做更为本体论式的、宏观而抽象的考察，继而循序渐进地展开后续相对中观或微观的研究。本章从哲学的角度考察视频化社会之本质，试图把握该现象出现的根本原因与发展规律，从而探究视频化社会对人类社会产生的影响，以期真正揭示视频化社会对于人类生存与发展的重要性。

3.2 意识即媒介：对意识与感觉直观之普遍存在性的考察

影像媒介是对感性的延伸，文字是对知觉与理性的延伸。孟建（2002）认为，视觉文化是指“脱离了以语言为中心的理性主义形态，日益转向以形象为中心，特别是影像为中心的感性主义形态”。由此可以得知，影像的本质是由感性决定的，而感性的本质是由意识的本质决定的。因此，若要探寻影像媒介的本质，就必须回到哲学中有关意识的讨论。

3.2.1 居于万物之间的意识：从万物皆媒到意识即媒的澄清

麦克卢汉提出媒介是人身体的延伸，认为媒介链条上最后一个环节是“言语”（麦克卢汉 2000：4）。换言之，媒介是身体向外部世界的延伸，而最贴近身体的媒介是言语（口语）。若按麦克卢汉的思路，意识是媒介并不成立。但事实上，意识是特殊的媒介，是一切存在现象得以存在的前提条件，是一切媒介的基础与底色，人恒处于被意识中介的存在状态之下。若承认媒介本是促成关系/现象的居中因素/条件，意识即媒便成立。要论证意识的普遍存在性，仅仅进行逻辑演绎还不够，还要借助康德的先验哲学，并且辅以其他思想家的观点进行分析。

亚里士多德之后，西方哲学一直沿着形而上学的路径不断演进，到近代发展为认识论上唯理论和唯经验论的对立（周晓亮 2003）。两派的对立围绕知识及如何获得知识的问题展开，但都认为真理和知识是存在且可以被人认知的。然而，以主客体二元对立为前提的传统形而上学在康德那里遭到批判，康德思想由此被称为哲学史上的“哥白尼革命”（罗素 2020）。康德在《纯粹理性批判》中指出“不是外部对象，而是先验形式决定我们对世界的认知”，更得出“人为自然界立法”这一重要结论(康德 2013)。康德区分了“物自体”和“现象”(赵敦华 2012：307)。人们以为的客体其实是真正的客体本身被主体结构认知到的“现象”,而非“物自体”本身,而感觉经验之外的存在本身究竟如何,我们无法得知,或者说,不能完全获取到绝对完整的真相。“物自体”是感性经验的来源,构成现象界,却独立于意识,并且指的并不是贝克莱所说的“上帝”那种精神性、人格化、对象化存在(李泽厚 1984;邓晓芒 2010)。康德认为,由于“物自体”的存在,对象才提供刺激,为感官所遭遇到,我们进而产生感觉。

康德之后,由胡塞尔、海德格尔、梅洛-庞蒂,乃至存在主义者们共同构成的现象学运动,都可以视作对康德“哥白尼革命”批判性的继承。胡塞尔试图继续为科学辩护,但已经意识到人类的认知边界。在康德的基础上,胡塞尔认为,作为一门严格科学的哲学必须先终止对传统存在问题的关注,将不能认知的客观实在的本来面貌(“物自体”),放到括号中悬搁起来,存而不论(毛怡红 1994：9)。然后,在人类认知范围内,向现象本身“还原”。换言之,要想接近真理,必须不断摈弃成见,“回到事物本身中去”(胡塞尔 2012)。海德格尔对世界本体(母世界)和现象界(子世界)进行了区分。例如,在《存在与时间》导论第七节,海德格尔将本来在德文中并无区别的 Erscheinen/erscheinen(现象)与 Erscheinung(现像)区别开来(海德格尔 2006：33-34)。中文版译者王庆节则用汉语中的“象”和“像”分别翻译海德格尔所说的存在论上的“象”和认识论上的“像”(王庆节 2015)。

萨特在《存在与虚无》中详细描述了人所感知、思考到的世界与世界本然面貌的关系。他将“自在”与“自为”视为存在的两个最基本的范畴。“自在”指不依赖于人的意识而存在的存在,近乎康德的“物自体”。萨特延续海德格尔的看法,认为存在是“其本身不向意识显露”(萨特 1987),是一种混沌、朦胧、无所谓分别的状态,仿佛一个黑暗、充实却静止的整体(赵敦华 2014,203)。但这样的想象仍不是它自身,至于它究竟是什么样的,人无从得知。一旦这种“自在”作为感性经验的素材向人显现,即向时空、概念、情感、理性等意识基本框架显现,便成了“自为”,便是萨特所说的“虚无”。

佛教也有相似的本体论与认识论。“物自体”在佛教思想中可对应“真如”“依他起”“不二”等名相(任继愈 2022)。佛教认为,人所感觉、认识、思考的对象实际都是心相,因此,《心经》(陈秋平、尚荣 2010)中说到“五蕴皆空”。佛教常在此处被误解为唯心主义,人们往往以为“空”是指外界空无一物,皆是心所造之幻相。事实上,佛教之“空”是指“物自体”与“现象界”之间的差异,人所识之“现象”

相对于“物自体”不完全、有漏洞，便是“空”。

无论是康德的先验哲学、胡塞尔现象学还是佛教思想，上文论证的都是我们所以为的绝对客观存在的物质性客体，是以被主体认知为前提，任何客体都先存在于主体认知结构中，带有主体认知结构的特点。因此，任何被人想到、说到的客体并非绝对客观。换言之，当我在指出一个对象时，只能说它是我认识的对象，而不能说它是对象本身。

3.2.2 感性居间：对感觉直观的普遍存在性考察

传统形而上学认为人类认识能力存在由低到高之别，康德的先验哲学沿用了这一传统，并且将意识分为感性、知性、理性、判断力等几个部分，认为这几个部分都具有先验结构。康德(1960)用“有色眼镜”打比方，认为人在感受与理解世界之时像是戴上了“有色眼镜”，但这样的眼镜与肉身融为一体，先于人的诞生而存在，人往往将经过意识中介后的模样认为是世界本来之貌。康德哲学在认识论上实际持有的是不可知论。

人与世界的联系从感受世界开始，对应的是意识的感性部分。康德认为，感性直观的质料是后天的，即外部场景的刺激；感性直观的形式是一种不依赖于感觉而存在的先天框架，又称为感性纯直观(康德 1960：54)。“意向对象”是胡塞尔现象学的重要概念，实际与康德的“感性直观”相对应。康德认为，时间和空间是“我们(人类)直观的主观纯形式”(康德 1960：54)，即感性的先天框架，因为人无法想象出没有时间和空间的事物。除了康德指出的时间和空间，其他一些思想也能对关于感性的先天框架之形式有所补充。例如，格式塔心理学派的完形心理思想，以及佛教所认为的人只能感觉到世界本体中与六根相对应的部分质点，实际上也是对先验感觉结构的表述。

在描述感性与知性的关系问题上，康德(1960：82)有言：“如果没有感性，则对象不会被给予；如果没有知性，则对象不能被思考。”意思是，由感觉所产生的脑海中的表象是知性的基础，是否形成概念和语言区分出感性与知性，而概念和语言又是人进行思考的前提。意识拥有的第三层先验形式便是先验理性，此时，逻辑在知觉的基础上生成了命题与判断。康德(2017)认为，人们将这种经过先验理性加工后的结论自然地当作对象的本体，这又是意识对真实再一层过滤与中介。除此之外，意识还有一个重要组成部分——情感，决定了人对某个对象的价值判断，如好坏、美丑、善恶等。康德将对情感与审美能力的讨论放在《判断力批判》中。

意识的各组成部分并非无时无处都在，其中，感觉直观（感性）是绝对存在的。意识与存在同一，为人所认知的世界的一切现象都离不开人的感觉。人的存在可以没有康德界定的知觉，可以没有语言、情感、理性判断，却不可能没有感觉。人不可能离开场景而独立存在，一定是在某种环境中，相互引起、激发、生成、构成。即便是情绪，或是纯逻辑判断，仍然是在场景中生发的。存在皆现象，一切内容（意识形态/心相）都是场景，成为符号表征的现象就是影像、场景。一旦感觉消失，就意味着人生命的消亡，也意味着世界的消亡。需要注意，感觉直观仍然不是一种客体对象，而是经过知觉的人为综合与统筹。对感性绝对居间和普遍存在的证明在某种程度上也是对身心二元论的解构。

3.3 存在皆影像：对影像媒介的普遍存在性考察

影像媒介的普遍存在性旨在讨论影像媒介是否也有居于一切存在之间/之中的绝对性、普遍性、永恒性或必然性，是否是一切存在得以存在的必要条件或因素。一旦影像居间的普遍性，或者说影像媒介的基础性得以成立，就需要讨论影像媒介的普遍化，或视频化社会将会带给人类什么样的影响，这正是在本体处反思影像媒介的初衷和诉求。换言之，只有弄清了影像媒介的本质，才能在一定程度上理解影像媒介起作用的规律，才有洞悉影像媒介或将造成的影响的可能性。

3.3.1 趋向：影像媒介的绝对居间

影像作为媒介的普遍存在性、基础性，或者说影像居间的必然性、绝对性，有必要从影像媒介的广义与狭义两个方面进行说明。广义的影像媒介是指上升为知觉（概念、范畴）之前的感觉直观，影像即感性。前文论证过感觉直观的绝对居间，此处不赘述。狭义的影像媒介主要是指对感觉直观进行模仿和传达的介质，即所谓的对感性进行延伸的媒介技术。起初专指对视觉进行延伸的符号与信息技术，例如与摄影技术相关的设备、载体和人员等，如照相机、胶卷、图片、摄影师，也就是六根之中的眼根所触之境和所得之识的模仿。继而延伸至多种感官的模仿，尤其是视觉与听觉的综合。

对作为人工技术物的狭义的影像媒介而言，普遍存在性并非其天然属性，而是有一个发展过程。普遍存在是影像媒介的必然趋势，视频化社会的出现是影像媒介，乃至整个媒介技术发展过程中的一种质变，标志着影像媒介开始不分群体地融入人类的生活，开始进入影像媒介真正的遍及阶段。尽管罗伯特·斯考伯和谢尔·伊斯雷尔(2014)早在《即将到来的场景时代》中进行了充分的预告，但视频化社会的到来仍然可以在影像媒介发展史上被视作一个标志性事件。简言之，影像媒介并非天然绝对居中，即并不是使得一切现象得以出现的必要条件，但影像媒介从诞生之初便承担人类对于一种精微且精准的完美的信息传播介质的期待，并且随着时间的推移和技术的更迭，愈发满足这种期待，故而呈现出普遍存在的趋势和特征。

按照诠释学的观点，人的生存活动被分为对世界的理解和解释两部分(潘德容、齐学栋 1995)。两种行为都需要通过信息传递介质进行，而绝对真实世界("物自体")实存的状况经过任何介质的中介(人为加工)都会出现一定程度的改变，或损耗，或添加。此处需要理解三重世界的区别：绝对真实世界("物自体")，上升到知觉之前感觉直观到的世界，由表征知觉、理性、情感等的符号、语言所建构起来的世界。参照索绪尔(1980)提出的"能指-所指"和拉康提出的"想象界-象征界-实在界"三界学说(Lacon 2001：201)，笔者将符号表征出的第三重世界与前两重世界区别开来(见图 3.1)。

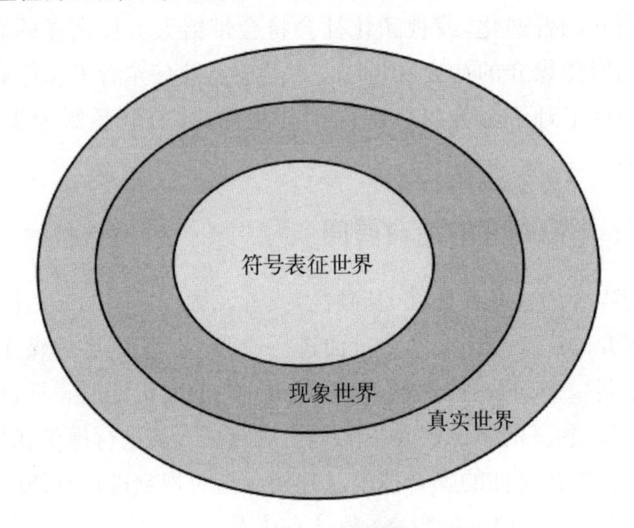

图 3.1 三重世界

如图所示，整体而言，从真实世界到符号表征世界，三重世界的真实性逐层损耗，这是人类意识局限性的体现。人渴望全知全能，希望拥有千里眼和顺风耳，乃至上帝之眼，以知晓肉身所在境况之外的一切；人渴望拥有最准确和完美的交流，希望如同伯牙和钟子期，不必言语便能知彼此心音，到达一种我全然传达、你全然领悟的境界，或如同刘慈欣在《三体》中设想的，生命体之间不必经由语言的中介，而实现精神层面的直接沟通，抑或电影《阿凡达》中被称为“萨黑鲁”的万物之间的互通。然而，人总是无法获知绝对完整的真相，无法准确地理解他者所感所想，也难以用有限的符号和介质完整地传达细微、复杂、非线性、非二元对立的所感所想。信息技术的本质便是物质对精神不同内容的模仿。而信息技术发展史，即信息接收和传递之介质的历史，其实正是图像/影像/视听媒介发展，并且在人类信息行为乃至整个生存行为中越来越普遍、占据越来越重要的位置的历史。

可以预测，人类世界必然会走向一种影像至上，甚至影像实现对时空全然的遍布的状态，无论那种世界是否被称为元宇宙。影像媒介是一种与世界（无论是物质世界还是精神世界）最为相似的物质。事实上，正是为了更准确地模仿场景（无论是物质场景还是精神场景）而不被其他有限符号损耗，人们才创造了影像技术。按照由德勒兹的思想发展出的间性论的观点（张先广 2021），与文字和其他符号相比，影像是更加间性的符号，即更加流动的、不固定的、不可分割的、不可言说的、微妙的、非线性的、非逻辑的符号，可谓最完美的介质。在媒介技术有限的情况下，只有最优秀的诗人和艺术者才能用有限的符号（如文字、线条、颜色、音符）传达出最微妙的感受（张先广 2020）。

尼尔·波兹曼（2004：98）在《娱乐至死》中提到的“图像革命”其实是必然结果。人类意识相对于无限的真实世界的局限性，以及对完整的信息传递状态的需求，决定了信息技术必然会往影像媒介普遍存在的方向发展。这种对信息与传播的基本需求和行为动机从人类诞生之初便存在，剩下的只待媒介技术的不断发展与成熟。广义上的影像媒介不只现代影像媒介，人类在远古时代的图腾和绘画，以及象形文字，都属于广义上的影像媒介。

3.3.2 普及：视频化社会的到来

影像媒介正是对意识中上升至知觉与语言之前的感性直观的延伸。纵观影像媒介的演进历史，随着技术的不断更新，当普通大众都能拍摄、编辑、发布视频时，影像的普遍存在性自然成立。此时，时长更短、形式更多元的网络视频成为新的影像媒介形式。视频化社会是自然的结果，即在技术允许的条件下，人与主体之外任何一个场景的沟通，自然都会优先通过拟真性更强、直接延伸感性直观的影像符号进行传递（接收与传达）。

视频化社会，或者说影像媒介普及的到来并非一蹴而就。相比于此前以电影、电视为形态的影像媒介时代，基于移动互联网、云计算、大数据、5G、便携拍摄设备等技术形式的社会视频化时代出现了新的特征，象征着视频这个影像媒介形态的成熟。不同群体在不同的具体需求的指引下进行影像传播实践，影像内容的数字化、视频通信、短视频、直播、VR 相继蓬勃发展。影像媒介是为了满足人最为准确地进行精神内容表达和接收这一基本需求所创造的技术。无论未来的信息技术如何更迭升级，仍然在影像媒介的范畴内，即在对视觉和听觉模仿/延伸的基础上，再叠加其他感官乃至中枢神经的模仿/延伸。例如，电影《头号玩家》中的可穿戴设备，《阿凡达》中的意识传输技术，以及西方哲学中普特南(2005)提出的"缸中之脑"设想。从严格意义上说，影像媒介的普遍存在性并不是一种实然的总结，而是一种应然的发展方向及其过程。

国内有不少学者对中国社会的视频化现象进行了总结(彭兰 2020；唐绪军、黄楚新、王丹 2017；尚帅 2016)，多偏中观，没有从更宏观、更本质的层面把握视频化社会的特征。整体而言，影像的普遍化体现为以下几个维度。

第一，从此前人类社会主要传播符号的同步或替换的程度上看，视频化社会的本质是影像符号更全面地同步或替代以文字为主的符号。即便是在图像革命之后，文字仍然是人类社会的主要传播符号。这样的状况在互联网出现之后开始改变，而随着移动互联网、智能手机(具有拍摄功能)、5G 等技术的成熟，影像/视频对文字的替代更加全面。文字常常成为视频的辅佐，用于解释视频内容。

第二，从使用群体上看，视频在普及度上的质变同样明显。由于技术操作的准入门槛降低，拥有拍摄、剪辑、制作、传播视频能力的不再只是专业媒体从业人员，更多非专业者(受众)也介入其中，由此使得基于大众媒体时代的拉斯韦尔 5W 模式在视频化时代被颠覆。

第三，从人们使用影像媒介的时长和频率上看，技术难度的降低相应地带来影像媒介实践占据个人生存时空的比例大大提高。彭兰(2020)提出"视频化生存"和"万物皆可拍"的命题。该命题指媒介化、视频化开始遍布人类生活的方方面面，无时无处不在，从前由专业媒体从业人员用影像/视频建构的媒介事件，开始呈现出泛化、个人化的特点。

第四，从视频内容上看，当越来越多人都有了影像表达手段时，视频内容因不同主体在不同时空状况中出于不同需求进行媒介实践而变得更加丰富。依据马斯洛需求层次理论，不同主体(包括个人和机构群体)都有各自独特的生理需求、安全需求、社会需求、尊重需求、自我实现需求(马斯洛 2012)。这些需求如今都可能在各种场景中表现为影像媒介实践,视频也由此呈现出复杂且丰富的形态。视频的功能、体裁、长短、专业度、实时与否、所在平台的类别等随之各不相同。尽管视频呈现出复杂的样态,但其本质一致,都体现了影像媒介的普遍存在性。

3.4 隐秘的险境:视频化对人类生存或将造成的影响

从媒介物质性的角度考察影像媒介的普遍存在性,需要从事实判断和价值判断,或者说本体论和生存论两个方面进行。本节的目的在于根据本体论阐释视频化社会产生的原因与发展规律,并预测视频化社会或将造成的影响。

视频化社会对我们的思维方式、存在方式等多方面进行了重塑。当前的研究(屠毅力等 2022)对视频化寄予了特殊的、专属的价值期待,归纳来看主要有二:一是逼真性,即影像的普遍化使得被模仿的世界更加接近真实;二是经过影像虚拟后,世界会拥有超现实的力量,成为以满足人们的需求为导向的更完美的世界。正面影响已被研究者观察到,同时,负面影响不可被忽视。当前互联网积极价值的悖论已得到较为充分的讨论,我们可以从四个方面归纳可能产生的负面情况。

其一,海量信息带来焦虑或者信息的同质化、娱乐化和信息茧房。虚拟世界使得人的生活更加方便、快捷,但也会让生活变得愈发忙碌和紧张,继而导致焦虑、空虚、迷茫、抑郁、浮躁等精神病症。虚拟世界中的社交网络使人际交往不再受时空所限,却出现了社交恐惧和群体性孤独的状况,过度的自我呈现更是让人成为自我与欲望的奴隶。反思是哲学的核心,要真正实现生存解脱需要反思,需要思考,而虚拟世界内容的碎片化、娱乐化、同质化让人长期暴露在众声喧哗之中,难以进入独处和沉思的状态,这也加重了孤独感症状。

其二,影像媒介的逼真性和趋向完美的超现实性也可能带来其他意料之外的影响。例如,逼真性可能成为一种使人们离真相更遥远的陷阱。“眼见为实”的常识会让意识轻易对影像媒介放松警惕,而相信其内容的真实性。尽管这在艺术作品呈现上能够加深场景感和沉浸感,但在标榜为实存的影像内容中,这样的误认会对意识构成侵蚀,最终使人步入某种生存困境。同时,影像媒介本身可能造成准确性的缺漏。缺漏主要来自信息接收方的解码环节。尽管文字符号有限，但主体的选择性能使文字符号突出期望传达的重点，而影像在呈现的时候恰恰容易缺失这样的强调，例如 VR 在传播实践中就存在观看者在解码时关注点往往较为主观的状况。

其三，高度拟真的世界会让真实世界贬值（屠毅力等 2022），从而使人将更多精力投入虚拟世界，真实世界甚至会沦为虚拟世界的附庸。虚拟世界并非真正平行且独立于真实世界不对真实世界造成任何影响的世界。赵汀阳（2022）认为，虚拟世界会凌驾于真实世界之上，"挟持"甚至"奴役"真实世界。互联网时代到来后，宅文化成为潮流，越来越多人将生活热情投入由像素、数据建构起来的虚拟世界，而忽略线下的、具身的与真实世界的互动。如同麦克卢汉（2000）在《理解媒介》中探讨过的"延伸"和"截除"的辩证，虚拟的、场景的、影像的世界在对真实世界（感性世界）进行延伸的同时，也进行了替代和截除。例如，亲人之间线上的即时通信会给人们造成一种陪伴的假象，从而减少线下的亲身的相伴。多场景在线更是带来不少麻烦，在雪莉·特克尔（2014）的《群体性孤独》里有着众多生动的案例。若往后演进，如同电影《头号玩家》中开头的场景，随着视频化更加全面地介入人类的生存实践，真实世界可能变成一堆废墟，人们在真实世界的工作也可能只是为了购买虚拟世界的物品或者为互联网集团打工，虚拟世界反而成为生存的目的。除此之外，影像媒介还容易使人们对虚假信息信以为真，例如深度伪造（deepfake）的效果便会对伦理和法律构成挑战。因此，尽管影像媒介可以最准确地模仿真实世界，却不能认为影像媒介就是最能通往真理的媒介。

其四，通过虚拟达到逼真、完美世界的价值设定显示某种危险性。例如，元宇宙宣扬将通过技术构建一个真正的自由人联合体，一个真正的自由王国。在这个全方位模拟真实，以至于能够模糊真实与虚拟世界的界限的世界里，元宇宙能够给人提供更多选项，人可以在虚拟世界中体验更丰富的人生，但问题在于人是否需要那么多选择，过多选择是否反而会招致无法选择。事实上，人能否实现自由，关键不在于选项的多少或愿望的数量，而在于意识能否与真实世界的发生相一致。元宇宙这个视频化社会的终极形式，能否如技术乐观主义者们所认为与宣称的，成为人类逃离常常事与愿违的现实世界，从而实现人类终极自由与幸福的桃花源？对这个问题的解答将变得更加复杂。视频化社会对人类思维模式或将造成什么样的影响，其塑造出的思维模式是否真正有能力帮助人们获得终极的生存自由，这些问题的答案同样复杂。

3.5 结语

对视频化社会中媒介物质性的考察使我们认识到当前视频化的本质是在技术条件成熟时影像媒介的绝对居于万物之间。这是影像媒介发展过程中一次标志性的质变，意味着影像媒介在真正意义上进入普遍化的阶段，而人类社会终将实现全面影像化。然而，影像是一种基础型介质，长期且不显著地以极为微妙的状态通过感性作用于人，意识却对这样的状况知之甚少。这样的忽略可能导致人们无法完全获悉社会视频化或将造成的更为复杂的后果，进而忽视一个悖论——完美的虚拟世界与人类恒处于被技术奴役的困境之下。通过媒介物质性的考察，对视频化社会的影响和发展取向的探讨终将落脚到一种更为谨慎的、既不盲目积极乐观也不片面消极悲观的方法论上。在尽可能充分地考虑推进视频化发展或将带来的多重乃至无限微妙、复杂的后果上，积极且谨慎地推进视频化社会的进程。由于真正使人失去自由的是意识本身，因此，意识的问题需要从意识内部去解决。这样的方法论可以诉诸媒介素养的议题中。

参考文献

陈奇(2020).城市形象视频化传播的变革.青年记者，32：39-40.

陈秋平，尚荣(2010).金刚经・心经・坛经.北京：中华书局.

邓晓芒(2010).康德《纯粹理性批判》句读.北京：人民出版社.

费尔迪南・德・索绪尔(1980).普通语言学教程.高名凯，译.北京：商务印书馆.

海德格尔(2006).存在与时间.陈嘉映，王庆节，译.北京：生活・读书・新知三联书店.

胡塞尔(2012).纯粹现象学通论.李幼蒸，译.北京：商务印书馆.

康德(1960).纯粹理性批判.蓝公武，译.北京：商务印书馆.

康德(2017).判断力批判.邓晓芒，译.北京：人民出版社.

李秋零(2013).康德著作全集.北京：中国人民大学出版社.

李泽厚(1984).批判哲学的批判——康德述评.北京：人民出版社.

罗伯特・斯考伯，谢尔・伊斯雷尔(2014).即将到来的场景时代.赵乾坤，周宝曜，译.北京：北京联合出版公司.

罗素(2020).西方哲学史(上).何兆武,李约瑟,译.北京：商务印书馆.
马霖(2017).新媒体环境下电视节目短视频化的媒介融合传播策略.东南传播,9：10-12.
马歇尔·麦克卢汉(2000).理解媒介：论人的延伸.何道宽,译.北京：商务印书馆.
毛怡红(1994).海德格尔与形而上学.哲学研究,9：33-38,62.
孟建(2002).视觉文化传播：对一种文化形态和传播理念的诠释.现代传播,3：1-7.
尼尔·波兹曼(2004).娱乐至死.章艳,译.桂林：广西师范大学出版社.
潘德荣,齐学栋(1995).诠释学的源与流.学习与探索,1：61-68.
彭兰(2020).视频化生存：移动时代日常生活的媒介化.中国编辑,4：34-40,53.
人民网(2020).《中国视频社会化趋势报告》发布(2020-11-26).http://it.people.com.cn/n1/2020/1126/c1009-31945945.html.
任继愈(2002).佛教大辞典.南京：凤凰出版社.
萨特(1987).存在与虚无.陈宣良,译.北京：生活·读书·新知三联书店.
尚帅(2016).视频化社会：从直播新闻到直播生活.新闻知识,7：7-10.
宋建武(2019).全面视频化：5G时代封面新闻媒体融合转型的新路径.传媒,8：11-12.
唐绪军,黄楚新,王丹(2017).中国新媒体发展趋势：智能化与视频化.新闻与写作,7：19-22.
屠毅力,等(2022).认识元宇宙：文化、社会与人类的未来.探索与争鸣,4：65-94,178.
王贺新,曹思宁(2016).网络视频新闻创新的美国经验——以纽约时报、华盛顿邮报的视频化改造为例.青年记者,34：19-21.
王庆节(2015).海德格尔与形而上学的“渊基”.现代哲学,1：72-77.
希拉里·普特南(2005).理性、真理与历史.童世骏,李光程,译.上海：上海译文出版社.
雪莉·特克尔(2014).群体性孤独.周逵,刘菁荆,译.杭州：浙江人民出版社.
亚伯拉罕·马斯洛(2012).动机与人格(第3版).许金声,等,译.北京：中国人民大学出版社.
张先广(2020).德勒兹与廓落.中国图书评论,11：15-31.
张先广(2021).德勒兹与间性论.哲学分析,12(1)：186-195.

赵敦华(2012).西方哲学简史(修订版).北京：北京大学出版社.

赵敦华(2014).现代西方哲学新编(修订版).北京：北京大学出版社.

赵汀阳(2022).假如元宇宙成为一个存在论事件.江海学刊,1：27-37.

赵晓燕(2018).新媒体环境下电视节目短视频化的媒介融合传播策略.西部广播电视,20：24,26.

Lacon, Jacques (2001). *Ecrits: A selection* (Alan Sheridan, trans.), London: Routledge.

(卢秋竹)

4

“第一推动力”撬动起视频化社会
——技术驱动角度的阐释

本章从技术驱动是撬动视频化社会“第一推动力”的角度，回顾社交媒体技术的多形态演变，分析技术架构对网络直播体验的提升和算法升级对网络视听生态的监管作用。在此基础上，本章探讨了技术革新与媒介融合对整个传播形态、传播环境、社会环境与人的影响，阐释了技术驱动对视频化社会形成的作用。本研究对于促进视频化社会的健康发展具有一定的启示。

4.1 社交媒体多形态演变加速视频化社会形成

社交媒体技术突破了时间和空间的限制，具有多形态交织与再演绎、超强实时性和爆发式多维扩散等特点，其多形态演变和发展趋势不断促进受众行为方式的转变，并对整个社会的发展产生前所未有的影响。文字的诞生使人类可以借助文字符号进行信息传播。文字与声音的结合促进了不同文化的传承发展，推动了不同区域文化共同体、民族共同体的建构。视听语言使人们可以借助意义共享的影像符号，进行跨时空的信息传播，满足了人们认知世界、塑造梦想、娱乐生活的需求。

4.1.1 社交媒体的技术发展与多形态演变

计算机速度从每秒几千次发展到百亿次，人工智能算法从1951年马文·明斯基(Marvin Minsky)创建的逻辑推理符号派的人工神经网络，发展到1982年约翰·霍普菲尔德(John Hopfield)发明的仿生学派的霍普菲尔德神经网络，再到如今的机器学习 AI 技术和云计算、5G 网络通信，都加速了现代媒介技术的成熟和普及。在此基础上应运而生的微博、微信、短视频、网络直播、视频会议等社交媒体技术开始进入快速发展的轨道。

在数字传播时代，文字、声音、视频的传播都是基于大的平台驱动，比如智能手机、移动互联网、人工智能和云计算等。目前的主流数字化平台是移动和云，其发展基础是人机交互。人机交互的核心逻辑是用语言、文字和图像描述一个思想空间，通过点击和上下滑动，与思想空间交互。但是，这仅仅是人与需要交互的对象之间的间接交互，而不是直接交互。短视频、网络直播技术的普及开启了直接交互的时代。随着生产能力的提高、科技的发展和平台化互动规则的引领，人们通过技术和数据实现交互，社交媒体得到多元化的发展和应用。

不同于传统的纸质媒介、广播电视媒介，也不同于之前流行的网络论坛、博客和微博，短视频作为一种新的内容承载方式，形成了新的信息传播模式。普通用户在抖音、快手等短视频社交平台上用视频记录和分享生活，主流媒体也在各个新媒体平台上用短视频来传播资讯(余洁琳 2020)。不同的人在不同的社交媒体上都可以找到属于自己的交流对象并从中收获快乐，因此，社交媒体成为当下受众最广泛的社交方式之一，引发了社交的革命性和结构性的变革(杨保军 2019)，这些革新赋予了人们更多的主动权，提供了更多自由选择的空间，最大程度提升了人的自主性和自由度。

4.1.2 社交媒体的用户使用频率

微博、微信、抖音等社交媒体具有即时性、交互性、共享性等特点，其不仅带来了海量的数据和信息，还改变了人们的生活习惯和思维模式，满足了时间碎片化的需求。通过社交媒体与亲人、朋友进行视频聊天，打破地域的限制结交新朋友，开展远程办公，在网络上发布视频、分享所见所闻，人们对于社交媒体的依赖越来越大。

为了解不同形态社交媒体的信息传播特征、信息扩散方式和速度、用户使用情况等，笔者在 2022 年针对微博、微信、抖音几种典型社交平台进行了抽样调查和统计分析(见图 4.1、图 4.2)。通过问卷调查，共收集到数千份有效问卷，其中，企事业单位职工和自由职业者共占比 53%，大专院校学生和离退休人员分别占比 19.7%和 18.2%。调查对象年龄大多集中在 31—55 岁，人数占比 41.5%，随后为 18—30 岁和 55 岁以上，分别占比 32.3%和 23.7%。

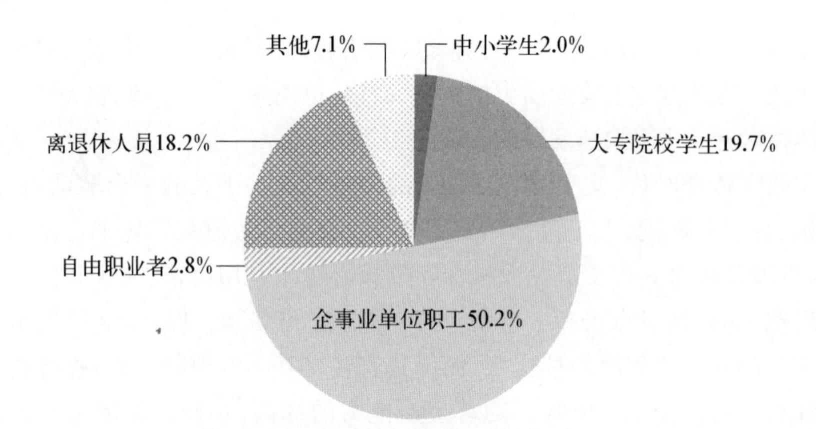

图 4.1　调查对象的职业分布情况

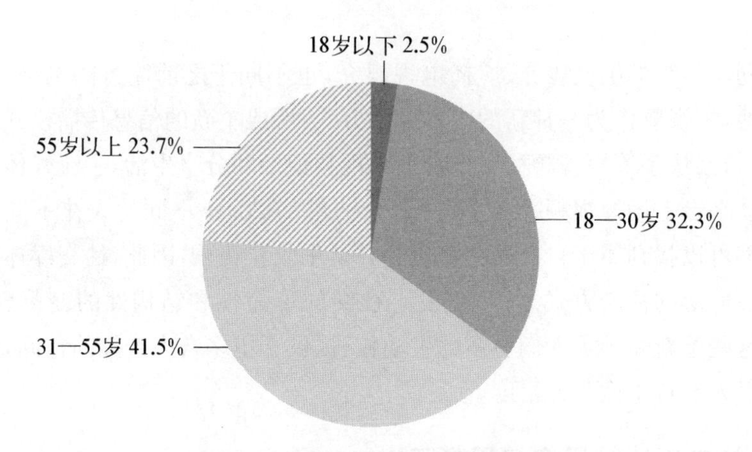

图 4.2　调查对象的年龄分布情况

从图 4.3 可以看出，在日常生活中使用社交媒体的人数达到 100%，其中，45.2%的人每天使用社交媒体的时间为 2—5 小时，6.5%的人每天使用社交媒体达 10 小时以上。人们对社交媒体产生了强依赖性。据 Statista 数据库统计，截至 2019

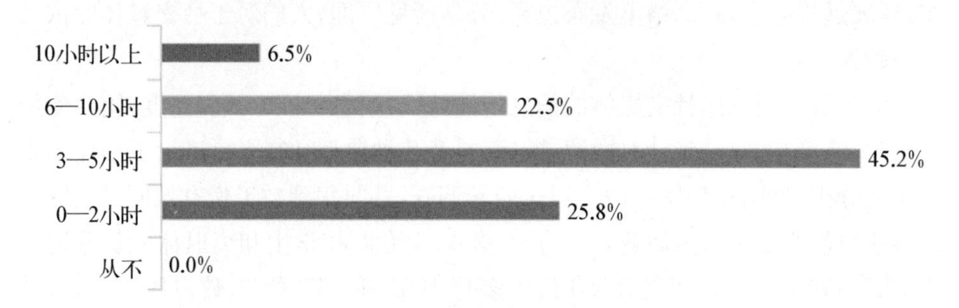

图 4.3　人们每天花费在社交媒体上的时间

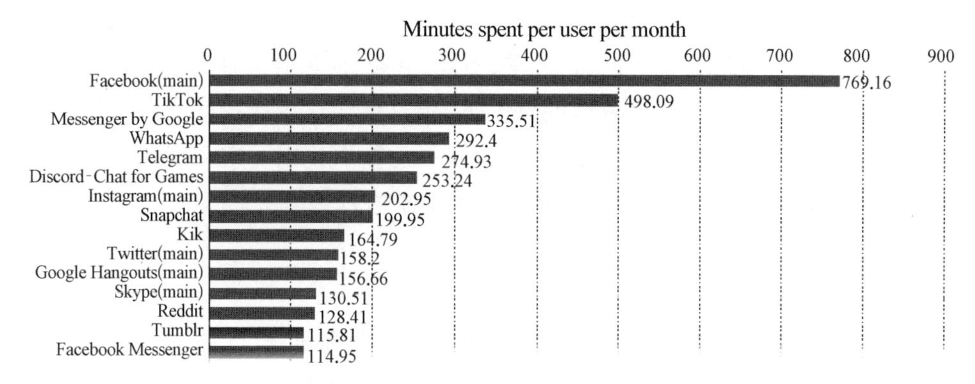

图 4.4 美国用户使用移动社交网络应用时长统计

年 9 月,美国用户使用时间最长的移动社交网络应用是 Facebook,平均每月约为 12.8 小时,其次是 TikTok,每月使用时间约为 8.3 小时(见图 4.4)。

图 4.5、图 4.6、图 4.7 分别显示调查对象聊天常用媒介、浏览新闻资讯常用媒介和观看视频常用媒介的比例。调查结果显示,90.8%的人通过微信、QQ 等社交媒体聊天,40%—55%的人通过微博、抖音、淘宝、京东、百度、腾讯视频、网易云音乐等社交媒体浏览新闻资讯、购物、查阅资料、看视频、听音乐等,约 30%的人通过社交媒体进行视频工作会议、网络课程学习等。

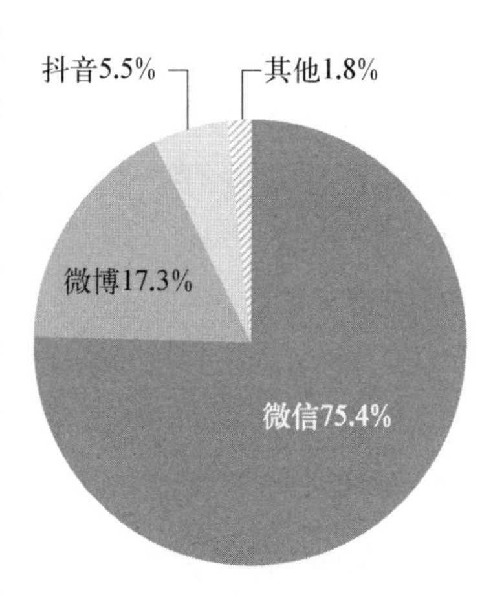

图 4.5 聊天常用媒介

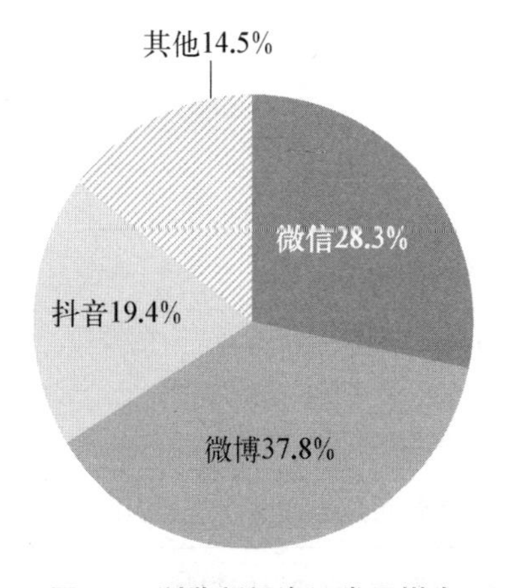

图 4.6 浏览新闻资讯常用媒介

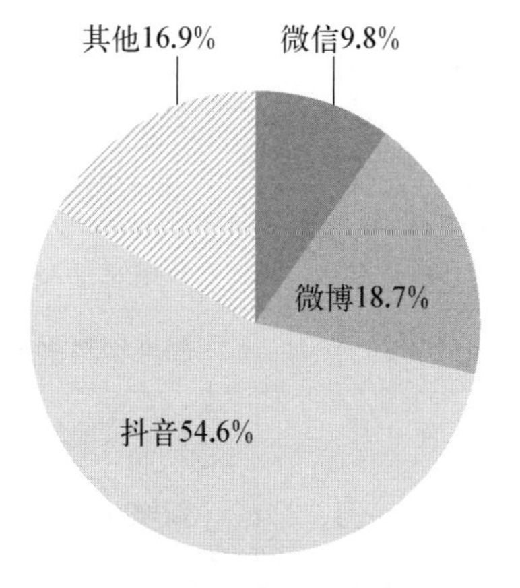

图 4.7 观看视频常用媒介

每次媒介技术的迭代发展都带来了媒介形态、内容样态、社会生态的颠覆性变革，数字媒介逐渐成为一种融合文本、图像、音频、视频等多种表达形式的新型技术形态。在媒介技术迅猛发展的背景下，极具生活化表达特征的短视频开始逐步介入并浸润于人们的日常生产生活，视频逐渐取代以文字和图片为载体的传播形式，成为现代社会信息生产和传播的主流趋势。

4.1.3 视频化社会加速形成的动因

自2009年上线以来，随着网络技术的不断发展和更迭，微博平台的信息传播形式从文字、图片，逐步拓展到视频、直播、跨平台分享等。字符数、图片数、视频时长从140字符、9张图、15秒，增加到无字符数限制、18张图、15分钟。微博用户一般习惯使用文字＋图片的形式发布和传播信息，视频用户相对较少。2016年，抖音正式上线，开启了短视频社交的新时代。微信紧随其后上线视频号功能。笔者查阅微博、抖音、微信技术发展和更新的历程，得出表4.1、表4.2、表4.3的汇总结果。

表4.1 微博更新历程

更新时间	更新内容
2009年8月	新浪推出的“新浪微博”社交平台正式上线 支持发布140字符以内文字及5M大小以下最多9张图片
2011年6月	支持长图片及gif动态图查看
2011年7月	新增聊天功能及5M以上图片发布功能
2014年1月	新增微博支付功能
2014年3月	“新浪微博”更名为“微博”
2015年2月	新增发布15秒以内短视频功能
2016年11月	新增视频直播功能，并开放140个字符限制
2017年4月	新增微博故事功能，可发布15分钟以内视频
2019年10月	新增“超9图”功能，即一次性可发布最多18张图片
2020年6月	开启微博视频号内测，可发布15分钟以内视频

表 4.2 抖音更新历程

更新时间	更 新 内 容
2016 年 9 月	字节跳动推出的“抖音”短视频社交平台正式上线 支持发布 15 秒以内短视频，粉丝数量达到 1 000 以上可发布 1 分钟以内视频
2016 年 11 月	新增社交功能
2017 年 10 月	新增视频直播功能
2018 年 1 月	新增私信功能，优化评论功能，完善社交互动模式
2018 年 12 月	上线自有店铺及购物车功能，开启直播带货等电商业务
2019 年 4 月	全面开放 1 分钟视频权限，对部分用户开放 5 分钟视频权限
2019 年 8 月	对部分用户开放 15 分钟视频权限

表 4.3 微信更新历程

更新时间	更 新 内 容
2011 年 1 月	腾讯推出的“微信”社交平台正式上线 支持文字、图片即时聊天
2011 年 5 月	新增语音聊天功能
2012 年 3 月	新增分享朋友圈功能，即时分享文字及照片
2012 年 7 月	新增视频聊天功能
2012 年 8 月	微信公众平台上线，包括订阅号和服务号
2013 年 2 月	新增实时对讲、多人实时语音聊天及发送位置信息功能
2013 年 12 月	新增表情商店、绑定邮箱，分享信息到朋友圈等功能
2014 年 3 月	新增微信支付功能
2017 年 1 月	微信小程序上线
2019 年 5 月	新增朋友圈发布 15 秒以内短视频功能

续 表

更新时间	更 新 内 容
2020 年 1 月	开启微信视频号内测，可发布 1 分钟以内视频
2020 年 9 月	新增微信群直播功能
2021 年 3 月	朋友圈可发布 30 秒以内短视频

与传统媒体相比，社交媒体上信息的表达形式可以实时根据用户偏好进行更换，例如将文字信息截图转换成图片形式，将文字内容用语音方式表达、将文字或图片制作成视频播出等。信息发布者的目的是信息的自我表达、分享、评论和交流，而以分享为目的的用户为了扩大分享范围，将对同一种信息内容，根据不同的受众群体选择不同的信息表达形式和交互方式或空间进行自我表述。对于接收到的信息，受众可以选择忽略、即时响应和延时响应，可以选择简单的点赞、简短评论和深度交流等不同的应对策略。这体现出社交媒体信息的多形态交织表达特性，信息的即时传播分享与互动更加便捷。

随着大数据、人工智能和 5G 等技术的飞速发展，视频语言成为当前人类交流最通行的语言。人们的日常生活被视频语言全面渗透、融入、影响，甚至重塑，逐渐形成一种人人拍摄、人人传播、时时拍摄、时时传播的视频化生存方式。视频化社交平台的崛起，开辟了信息开放时代的新格局。

4.2 “第一推动力”在视频化社会中的作用

每次技术革命必然会带来信息传播的转型升级，进而塑造人类不同的生存方式，给社会秩序带来深刻变革。媒介技术的不断更新和驱动成为视频化社会形成的关键技术支撑。

4.2.1 技术架构的提升改善网络直播体验

移动互联网的飞速发展和智能手机的不断普及使得网络视频直播在人们生活中出现的频率越来越高，并且用于电商、医疗、教育、娱乐等各个领域。近年来，无论是观看直播的人数还是网络直播产生的经济收益都有了明显的增长，网络直播成为许多投资者的目标，由此催生出很多新兴职业及其从业者。从直播市场的快速扩张、直播主播数量的持续增加、资本投资对其的认可等方面，都可以看出直播行业拥有巨大的市场发展空间。

4.2.1.1 云端技术优化直播效果

从2020年开始，各大网络购物节的全球大直播、综艺节目带货直播间的盛行，展现了各大电商、电视平台升级和优化云端技术所体现的技术带货实力。

在网络视频直播过程中，为避免直播中的延迟、卡顿、首屏耗时等影响直播效果和用户体验的问题，需要从服务端、视频画面和减少花屏三个方面进行优化，包括选择编码效果更好的硬编硬解、选择技术更成熟和节点覆盖范围更广的内容分发网络（CDN）服务商、设置相应的缓冲区等。通过对上述网络视频直播系统的提升将显著优化网络直播效果。以2020年上海“五五购物节”①为例。为了确保70多个商家在屏幕上呈现效果精准同步和播出安全，技术人员针对可能出现的网络瘫痪、核心设备故障等突发情况，提前制订了详尽的应急预案。利用云制作系统将现场画面和声音通过转播车进行处理后，以光缆、4G、5G等传输网络为载体接力传送到电视总控，实现了多点位同时直播的效果。

4.2.1.2 低延时直播提升互动体验

随着网络直播互动模式逐渐普及，传统的直播技术网络延迟问题被凸显出来，从观众评论到主播给出反馈一般需要间隔5—10秒，极大地降低了直播中的互动体验感。对此，阿里云与淘宝直播在2019年共同推出超低延时直播服务RTS(real-time streaming)，实现大规模并发和端到端延时1秒以内的低延时直播体验，大幅优化网络直播体验。腾讯云携手中国信息通信研究院，在2022年2月联合发布《超低延时直播白皮书》，旨在为超低延时直播技术标准化奠定基础，促进超低延时直播技术创新化发展，推动各行各业借助超低延时音视频技术进行数字化转型和业务创新。腾讯首创将网页实时通信（WebRTC）技术引入直播领域，并将直播延时降低到500 ms以内，为用户提供更优的直播互动效果，更加符合大规模直播场景的应用。超高清、低延迟、沉浸式、强互动的全真互联时代正在加速到来，在泛娱乐、新消费、在线教育、云游戏、VR/AR、物联网、自动驾驶等场景产生丰富的价值，为企业开辟创新路径。

---

① “五五购物节”是上海市人民政府举办的系列活动，组织重点商圈、特色商街、商业企业、品牌企业开展营销活动，通过线上引流带动实体消费，促进消费回补和潜力释放。“五五购物节”上海地区消费支付总额超100亿元。

4.2.1.3 5G技术拓展直播业务边界

5G技术的发展给网络视频行业带来的是视频直播领域的拓展和跨领域的泛媒介化视频应用，为主流媒体的大型直播或资讯类报道提供更稳定的带宽，从而保证直播质量。在大型晚会、体育赛事、神舟飞船发射与返回等大型活动的直播中，传输速率能够承载超高清画面，手机端用户可以即时收看到高清直播。

5G技术对于未来生活的介入不仅在于网速的提升，更在于万物互联对智慧生活的驱动。以视频为媒介对智能生活的探索已经在教育、医疗、无人机、娱乐等各个领域普及，5G网络的高传速率和低延时特点为视频和智慧医疗的跨界带来可能。此外，在各类自媒体直播平台中，5G技术进一步优化直播间应用场景。视频＋VR/AR的模式在5G商用后将被探索出更大的商业价值，通过与人工智能技术的融合，逐步实现全景直播，实时高清传输画面场景，优化用户体验。5G时代，视频逐渐取代图片和文字，成为主流社交语言。相较于传统视频，短视频在时间长度上面的压缩，催生了新的视频创作方式，成为移动端最受青睐的社交和娱乐模式。

4.2.2 算法升级改善网络视听生态

网络视听生态直接关系到人们的精神文明状态和社会风气。视频行业所面临的推送内容驳杂、平台监管缺乏和价值观边界模糊等困境，需要通过算法的不断升级解决。

4.2.2.1 算法推荐实现内容精准推送

精准推送是指社交媒体对不同用户使用、观看、浏览、购买等操作进行大数据分析，把人们希望看到的新闻、视频、商品等内容置于优先位置。算法推荐带来的信息定制化、资讯分众化已经得到较广泛应用。短视频行业的用户量持续增长，其中，用户个性化精准推送起到了关键性的作用。平台要实现精准推送，需要通过分析App共享网络中的使用记录、地理位置、好友关系等个人信息和数据，利用特定算法，构建出庞大的用户画像体系。在个人信息共享网络中，手机是定位用户、量化用户行为的重要媒介。个体的点击、搜索、购买、行走轨迹等都会成为数据，被输入算法系统，再通过识别用户身份实现广告的精准推送。

在大数据和算法的作用下，短视频平台根据用户的个人喜好，为每个用户都制定个性化推送服务。算法推荐在带来高效与便捷的同时，引发了大量低俗劣质信息的推送、大数据杀熟等诸多乱象。共享网络上的个人信息关乎用户隐私，过于精准的广告推送使用户担心个人隐私泄露，因此，需要出台相关法律法规加以规制。

4.2.2.2 算法净化网络传播环境

规范的网络视听监管体系是保障行业健康有序发展的前提和基础。网络视频直播带来的新型交互形式迅速吸引了大量流量,但如果如此巨大的体量缺乏数据化的整合和沉淀,将导致行业乱象丛生。在各类网络直播平台和短视频社交平台中,由用户自己上传的 UCG 社区模式一直存在监管机制不力带来的舆论危机。互联网公司基于数据和算法,不断推出新的视频产品,但视频平台内容审核机制仍需进一步完善。随着视频平台间的竞争愈加激烈,用户创作门槛进一步降低,海量用户生成内容视频不断涌入,对监管机制提出的要求越来越高。仅仅依靠政策和自律规范并不够,还需要第三方的助力优化。大量的数据积累是优化的前提,有了大数据的支持,才有优化的可能性。

在智能化时代,亟待从云计算、云监管方向着手,提升整合和分析海量的碎片化信息的能力。行业形成规范需要数据的沉淀,在保证公信力和公平公正的基础上,第三方数据对平台具有指导性的意义。数据化的过程会将行业和大众重新带回理性,在利益驱使的冲动中重新冷静下来。同时,算法的不合理应用也会影响正常的传播秩序、市场秩序和社会秩序,给维护意识形态安全、社会公平公正和网民合法权益带来了严峻挑战(胡瑾 2022)。为规范互联网信息服务算法应用,中国在 2022 年发布了《互联网信息服务算法推荐管理规定》,为互联网信息服务算法综合治理提供了重要法治保障,标志着中国网络空间治理迈入新的发展阶段。

4.2.2.3 算法治理完善版权保护机制

随着短视频行业的火爆发展,"视频搬运"①等网络侵权现象频现。通过加强算法综合治理和新技术应用推进网络版权保护,成为各界关注的话题。2021 年 4 月,国内 70 余家影视传媒单位和企业发布保护影视版权的联合声明,呼吁短视频平台提升版权保护意识。算法是平台规则的一种具体化体现,平台在算法个性化推荐中获得大量利润的同时,也应当对于自身推送的内容承担相应的义务和监管职责。加强算法综合治理,积极利用新兴技术,是打击短视频侵权行为、加强网络版权保护的重要途径。近年来,版权过滤技术在短视频版权侵权等热点问题领域取得了实质性的进步。YouTube 等网络平台已经引入 Content

① "视频搬运"是短视频中的一个特有名词,指盗取别人的视频,再上传到自己的账号上。

ID 等版权过滤技术，通过相应的反盗版技术可以做到屏蔽 99%以上的侵权内容。

随着科学技术的发展，网络版权治理主要依靠算法完成并已经形成算法“通知—删除”和算法自动过滤两类实践活动(魏钢泳 2022)。算法发展细化社会分工，催生专职监测网络盗版的第三方机构，形成代表版权人发送网络盗版删除通知的商业模式(Yu 2020)。通过算法治理健全版权保护机制，在防范法律风险的过程中，应当警惕算法参与引起的规则不适、程序转变和利益风险，从技术设置、法律制度和风险防范三个维度弥补算法固有的技术不足，规制人为偏见导致的算法滥用和算法偏见，引入政府公权力解决网络版权算法治理的监管缺失问题，促进版权人、网络平台与网络用户和谐共生，营造健康的网络版权业态。同时，借鉴发达国家和地区的算法治理经验(刘建 2020)。

4.3 推动视频化社会形成的动力

《媒体融合蓝皮书：中国媒体融合发展报告(2021)》指出，“视频化＋社交化”正站在行业的风口。所有媒介都可以通过文字、图片、音视频等形式传播信息，内容都具有一定的可听性与可视性，视频语言成为移动互联网时代重要的沟通方式和娱乐方式，所有这一切都源于科学技术的进步。

4.3.1 技术驱动促进视频化社会形成

通过将网络视听媒介与广电媒介和电信运营商融合竞合，应用 5G 技术不断催生多元化媒介融合产品，实现用户服务、资源共享，共同打造新平台、新应用、新业态、新生态，是广播电视转变新赛道、实现新发展的现实路径和战略决策，也是技术驱动促进视频化社会形成的重要举措。中央广播电视总台创办“云听”和“央视频”一体两翼的国家级 5G 新媒体平台，基于 5G＋4K/8K＋AI 等新技术，主打短视频兼及长视频和移动直播，定位于视频社交，均是践行视频化社会健康发展切实可行的技术途径。

5G 作为视频媒介发展的驱动力，为顺应行业发展态势，首先要完成增量思维向存量思维的转换；其次是技术推动模式的转变，电商平台需要通过云计算、人工智能等技术手段向更多行业渗透，拓展自身的业务边界，保持快速发展。当视频从平面走向立体、从多语态走向随意可选的智能语态时，视频产品与智能生活深度融合，被广泛应用于生活的各种场景中。基于5G+VR虚实影像融为一体的全景视频，在给人类带来沉浸式的观影体验的同时，也将彻底打破人类交流的时空关系，语言障碍也随之消除。智能VR的出现，进一步突破了时间与空间的限制、真实与虚拟的对立、物理与心理的隔阂，把人们带入虚拟与现实同构的未来视界。5G技术打破媒介限制，推动网络视听与广播电视，乃至各行各业的多层次融合。技术驱动成为推动视频化社会形成的最大动力。

4.3.2 视频化社会改变受众行为方式

在融媒体的大环境下，依托移动社交平台发展起来的音乐、视频、信息搜索、游戏等新型娱乐社交活动迅速填满人们的碎片化时间，占据人们原本投放在其他传统媒体上的时间，在极大地消减传统媒体的社会作用的同时（喻国明2016），也使受众的行为方式发生了重大改变。具体而言，改变主要体现在三个方面：一是受众的行为与反馈基于移动互联网的即时性与移动终端的便携性而逐渐趋于实时；二是受众之间沟通与交流的空间限制基于社交媒体的直接性、广泛性与精准性而逐渐被消减；三是用户数据与信息的采集能力基于嵌入式、可穿戴式等具有定位、通信、拍照功能的移动终端设备而大幅提高，降低了信息的不对称性。

随着受众的消费行为与决策行为不断发生改变，企业的营销模式、管理模式与组织架构随之发生变化，重流程转向轻流程，金字塔结构转向扁平化结构，用户体验、客户维护、个性化定制等方面也相应发生了巨大的变化。移动互联网和智能技术的发展缩小了区域间的数字鸿沟，颠覆了人们的工作行为、社交行为、消费行为、娱乐行为、居家行为等。人们习惯了利用碎片化时间刷微博、看抖音，习惯了用网络视频平台代替传统广播电视观看影视剧和新闻资讯，习惯了通过网络视频直播平台进行购物，习惯了通过网络会议平台开视频会议以方便异地同事开展工作，习惯了随时拍照或拍短视频发布到微博、抖音或者微信朋友圈上分享。

新冠疫情加速了多种形态互联网社交媒体技术的迅速普及和发展。视频会议、线上教学、远程医疗、直播购物等模式得到广泛普及；淘宝直播、抖音直播、京东直播等新型购物模式得到受众的喜爱和爆发式的发展；网络视频会议成为各类企事业单位、学校等工作、学习、技术交流的主要方式；短视频成为人们了解最新资讯、采购生活用品的主要渠道之一。

4.4 结语

技术的发展促进了社交媒体多形态演变与交织信息的智能化传播，受众与媒介之间的关系越发紧密和复杂，媒介对受众的思维、行为和生活方式等方面产生了诸多影响。5G技术的发展必将催生新的行业形态与创新性成果，从而推进网络视频平台进入成熟阶段并常态化。基于云计算、大数据、人工智能和5G技术的视频化社交媒体，在为受众推送个性化信息的同时，应当避免同质化信息导致受众被信息茧房影响，避免受众行为方式的畸变。同时，需要平台和受众共同努力，完善内容管理，学会主动筛选和过滤低俗、虚假、有害的信息。视频化时代将构建跨语言、跨文化、跨时空、命运与共的社会，只有妥善解决依托新兴技术发展起来的视频类社交媒体带来的负面因素，厘清社交媒体多形态交织信息的传播对受众行为方式的影响和对社会业态的影响，才能促进视频媒介技术的健康发展与正确应用。

参考文献

胡瑾(2022).技术不确定性下算法推荐新闻的伦理风险及其法律规制.重庆大学学报(社会科学版),28(3)：230-241.

刘建(2020).算法创作的著作权保护机制研究.出版发行研究,12：42-49.

梅宁华,支庭荣(2021).媒体融合蓝皮书：中国媒体融合发展报告(2021).北京：社会科学文献出版社.

王石川(2019).推动媒体融合向纵深发展　做大做强主流舆论(2019-02-19). http://news. cctv. com/2019/02/19/ARTI7hgLOV6SKDo7GfpuRox5190219. shtml.

魏钢泳(2022). 网络版权算法治理及其完善.中国出版,14：25-28.

杨保军(2019).扬弃：新闻媒介形态演变的基本规律.新闻大学,1：1-14,116.

余洁琳(2020).浅析疫情防控时期主流媒体短视频的发展.新闻传播,4：16-17.

喻国明(2016).现阶段传媒业发展的关键与策略.新闻研究导刊,7(16)：1-3,55.

Bhandari, A., & Bimo, S. (2022). Why's everyone on TikTok now? The algorithmized self and the future of self-making on social media. *Social*

Media & Society, 8(1).

Henry, H. C. (2022). China content on TikTok: The influence of social media videos on national image. *Online Media and Global Communication*, 1(4), 697-722.

Xiang, Y (2019). User-generated news: Netizen journalism in China in the age of short video. *Global Media and China*, 4(1), 52-71.

Yu, P. K. (2020). Artificial intelligence, the law-machine interface, and fair use automation. *Alabama Law Review*, 72(1), 187-238.

Zhou, Y. (2022). An Analysis of Short Video Communication Phenomenon in Art Education—Taking RED as an Example. 2022 8th International Conference on Humanities and Social Science Research (ICHSSR 2022). 664.

Zhou, Y., Lee, J.Y., etc.(2022). The role of China Douyin short video App during COVID-19. *International Journal of Contents*, 18(2).

（高慧琳）

5

开拓新经济的一片蓝海

——视频化社会语境下的产业形态分析

在网络视频时代，信息化、移动化不断加速视频产业化进程，基于技术创新、产业升级和宏观层面的驱动力，我们正加速进入一个全新的视频社会化时代。这是一个潜力巨大、政策利好、需求旺盛的市场，是每个技术创新者、方案设计者、应用实践者都不能放过的新经济蓝海。视频社会化时代的大门已然打开，基础设施建设者先一步迈入市场。接下来，应用方、内容生产方陆续入场，一场视频充分参与的产业变革正进入高潮。

5.1 视频产业发展的现状、前景和问题

5.1.1 现状

5.1.1.1 中国视频产业进入效率竞争时代

《2023 中国网络视听发展研究报告》公开了中国网络视听用户规模和产业规模。截至 2022 年 12 月，中国网络视听用户规模达 10.40 亿，2022 年泛网络视听产业的市场规模为 7 274.4 亿元。中国在线长视频平台从 2005 年开始，历时 17 年的发展，已成为电视媒体之外的另一个主流视频专业生产内容(professional generated content，PGC)分发渠道；短视频平台经历近 12 年的发展，推动了去中心化媒体形式的诞生。当前，在线视频与短视频领域均已进入竞争的中场阶段。随着用户数量增长逐步见顶，头部公司间的竞争将转向更高维度的效率竞争。

目前，中国在线视频平台可以分为四大梯队。第一梯队为中长视频，以爱奇

艺、腾讯视频、优酷为代表，三者分别背靠中国互联网头部企业百度、腾讯、阿里巴巴，内容成本投入较大，综合片源丰富，活跃用户居于前列。第二梯队为聚合视频，包括以芒果TV、哔哩哔哩为代表的特色视频平台。芒果TV背靠湖南卫视，拥有独家优质综艺内容。哔哩哔哩则通过"二次元"文化吸引固定的用户群。第三梯队为短视频平台，包括抖音、快手等平台。第四梯队为OTT TV[①]，以乐视电视、小米电视为代表。其中，爱奇艺、优酷、腾讯视频、芒果TV、哔哩哔哩为在线长视频行业五大核心平台。爱奇艺用心做内容，腾讯视频高成本创高收入，优酷深耕潮竞综艺和港剧，芒果TV靠湖南卫视的口碑综艺赢得"Z世代小姐姐"的心，哔哩哔哩是动漫游戏人心中的"YYDS"。

按照产业链结构，视频产业可分为内容生产、内容传播分发、内容播映终端三个核心环节。在内容生产端，存在专业生产内容(PGC)、专业用户生产内容(professional user generated content, PUGC)和用户生产内容(user generated content, UGC)三种形式：PGC为专业制作内容(电影、剧集、综艺等)，上线于长视频平台；PUGC和UGC是中短视频的主要内容形式，由多频道网络(MCN)或用户个人完成。PGC的商业模式通常是企业对企业(B2B)，由发行商作为中间环节；PUGC和UGC可以直接投向中短视频平台。目前，在市场上，各个环节都出现了比较完善的产业布局，视频产业的规模效应逐渐显现出来。

5.1.1.2 内容为王的在线长视频行业

在线视频平台提供影视、综艺、动漫等PGC内容，用户根据感兴趣的内容转换平台，平台本身网络效应较弱，内容端的质量决定长视频平台的核心竞争力。为了吸引广告主和C端(消费者)会员付费，各大视频平台不断通过自制和外购版权保证内容供应的丰富性。在线视频平台通过两个主要途径变现：广告和用户付费。用户付费即普通用户通过缴纳一定期限的会员费或单次点映，可以获得观看优质视频的特权。在线视频平台已发展出会员抢先看、VIP投票特权、衍生商品会员购等多种基于会员用户的付费点。

2018年，在线视频平台商业模式从广告向付费大规模快速迭代。自2019年起，行业以内容付费为重心的变现模式基本成形，广告市场增量减少。随着人

① OTT TV，互联网术语，是"Over The Top TV"的缩写，指通过公共互联网面向电视机传输的由国有广播电视机构提供视频内容的可控可管服务。接收终端一般为国产互联网电视一体机。

均收入的提高和对内容付费意识的加强，用户付费将成为未来在线视频平台收入增长的主要来源。而广告收入受宏观经济影响较大，具有波动性。另外，付费会员可以免广告观看视频，会员的增长在一定程度上压制贴片广告投放的总量，但对植入性广告影响较小。

5.1.1.3 中视频社区成为社交新领地

相比于其他视频形式，中视频更能满足互联网用户多样化的内容消费需求，同时，中视频适中的内容制作周期和较低的制作门槛有助于激发更多 PUGC 创作者。

中视频以 PUGC 内容为主，具有信息浓度与情感浓度双高的特点。其产品从选题至视频上线的时间长度通常为 1—4 周，要求在适当的时长中完整且有趣味地说明内容细节并阐述技巧步骤，十分考验创作者的创作能力。与长视频 PGC 内容相比，中视频生产成本更低，创作者账号有机会与消费者建立深度的情感连接；与短视频相比，中视频能够承载的信息量更大，内容价值更高。

5.1.1.4 短视频行业蓬勃发展并成功出海

中国短视频行业自 4G 网络开始普及后便实现高速发展，并且诞生了抖音、快手等数亿用户量级的平台，在移动互联网时代建立起强大的影响力。2020 年，短视频行业已经进入沉淀期，新进入赛道的平台发展难度逐渐加大。头部平台的规模优势显现，并且相继寻求资本化道路，行业竞争格局分明。在用户规模不断增长的同时，各短视频平台积极探索更多元化和更深层次的商业变现模式，例如抖音开设商品橱窗、引入更多关键意见领袖（KOL）直播带货等。

近年来，随着国内短视频市场竞争日趋激烈，出海发展成为短视频企业谋求高效益的热门选择，快手和字节跳动是典型的代表。考虑到地缘优势、文化市场规模和竞争程度等因素，在海外市场的拓展路径中，几乎所有公司均选择从东亚、东南亚、南亚等新兴市场入手的发展路径。

5.1.2 前景与方向

第一，在传播内容层面，主旋律影视作品在各大视频平台持续热播，将发挥主流价值观的引导作用。

2021 年，大量反映中国共产党百年奋斗历程的主旋律作品不断涌现，网络视频平台成为重要的播出渠道。优秀的主旋律作品在网络视频平台上广泛传播，获得用户和市场的一致认可，并引发热烈讨论。以《山海情》《功勋》《觉醒年代》为代表的主旋律作品聚焦脱贫攻坚，关注"共和国勋章"获得者的故事，展现中国共产党成立的光辉历程，用观众喜闻乐见的讲述方式传递主流价值观，成为国产影视剧创作的风向标。

第二，在业务技术层面，不断探索与应用云业务等新技术，将促进网络视频文化产业不断创新与发展。

一是不断探索云演出、云影院等业务。云演出借助多种视听技术打造新形态娱乐内容，克服了疫情对线下娱乐业的冲击，满足了用户观看内容的互动感、沉浸式体验需求。云影院使用户能够在线获得更加沉浸的高质量视听享受，同时，通过一起看、云首映、云票等功能，提供创新的娱乐消费体验方式。二是不断应用3D化实景、虚拟偶像等技术。3D化实景正替代绿幕，成为视频网站自制剧集的拍摄场景，在视觉感受和特效呈现上使观众有身临其境的沉浸体验。"寄生熊猫"等一批有影响力的虚拟IP形象被创作出来，不仅能融入网络综艺节目，还能运用全息技术做实景舞台表演。

第三，在行业管理层面，相关管理部门将加强对文娱领域综合治理部署，强化行业自律。

2021年，针对影视领域的明星天价片酬、"阴阳合同"、偷逃税、低俗信息炒作和劣迹艺人等问题，有关主管部门采取了一系列措施，不断加大整治力度，在深化影视业综合改革、促进影视业健康发展、强化网络内容监管方面取得较好成效。2021年6月起，中央网信办在全国范围内开展为期两个月的"清朗·'饭圈'乱象整治"专项行动；9月，中央宣传部印发《关于开展文娱领域综合治理工作的通知》，规范市场秩序，压实平台责任，严格内容监管，进一步强化行业管理。

第四，短视频推动知识传播，成为信息传播的重要渠道。

各大短视频平台大力扶持内容创作者，鼓励泛知识内容产出；积极开发出诸如视频合集的新功能和直播课等新形式，打造多层次、立体化的知识图谱。在广度上，平台知识内容已涵盖生活、教育、人文、财经、军事等领域，充分满足用户多元化需求。在深度上，平台通过推出视频合集等功能、打造名校名师直播公开课等形式，促进知识体系化传播，提升知识学习深度。2021年，抖音上线了四期"萌知计划"，投入百亿流量扶持知识创作者，鼓励创作更多适合青少年学习的知识内容；快手推出两季大型直播活动"快手新知播"，为用户提供全新的认知角度与获取知识渠道。

第五，短视频与农产品上行、文旅产业深度融合，激发经济活力。

一是短视频应用助力农产品销售。源头农户、商家通过短视频、直播来宣传和推介优质农产品，为农产品进城打开销路。据艾瑞咨询(2021b)数据，2021年1—10月，快手有超过4.2亿个农产品订单经由直播电商从农村发往全国各地。此外，短视频平台还为农民和乡村创业者提供专业培训，保障农产品短视频、直播销售模式的可持续发展。二是短视频应用激发文旅产业活力。在文化产业层面，短视频平台通过加强流量扶持、提高变现能力、打造开放平台和开展城市合作等方式，培养挖掘年轻一代对非物质文化遗产的好奇心，帮助发掘非物质文化遗产的文化和市场价值。在旅游业层面，短视频平台不断加强与西安、重庆、南京等城市的合作，吸引文旅项目、旅游景点入驻宣传，助力城市形象传播和推广。

第六，电商直播发展较为突出。

一是主体多元化。越来越多中小商户将自建直播渠道作为重点。在淘宝直播近1 000个过亿直播间中，商家直播间数量占比超过55%，高于明星主播的直播间数量；快手2021年第二季度绝大部分电商交易额均来自私域流量。二是商品本土化。电商直播对本土商户产品宣传方面的积极影响在2021年得到良好体现。从老字号品牌到地方特色农产品商户，都通过电商直播渠道获得了良好营销效果。中央电视台还联合拼多多在双十一期间开设大型直播带货专场，大力推介优质国货和农货品牌。三是运营规范化。《关于加强网络直播规范管理工作的指导意见》《网络直播营销管理办法(试行)》等相关政策在2021年陆续推出。随着规章制度的实施，电商直播监管体系逐渐得到完善，消费者权益保护力度进一步提升。

5.1.3 问题

第一，平台逐渐改变内容制作模式，内容成本居高不下。

长视频网站的内容投入与用户使用时间、新增用户、用户留存率、会员付费等紧密相关。在线视频发展早期，平台尚未有自制能力，主要通过外采版权扩充内容库，引发了对优质版权的争夺，导致“天价剧”层出不穷。由于用户端会员付费发展较慢，彼时仍以广告投放作为主要收入来源，高额的版权费用和较低的付费率与每付费用户平均收益制约了平台的盈利能力。

第二，付费用户数量增长放缓，会员价格提高，用户流失。

会员付费收入是未来支撑在线视频平台走向盈利的重要因素。从数据上来看，近年来各大在线视频平台的付费用户数增长有放缓的迹象，通过压缩免费内容占比提升付费率将成为必然的选择。另外，提高会员费、实施更灵活的定价策略并提供除内容外的增值服务是未来的重要增长点，这会使平台用户流失。

第三，早期明星薪酬过高，影响制作水平，需国家政策支持。

从2017年开始，国家广播电视总局、电视剧制作协会、网络视听节目协会等国家部门或行业组织相继发布了多项通知或倡议书，限制明星片酬。2022年2月8日，国家广播电视总局在《"十四五"中国电视剧发展规划》（国家广播电视总局 2022）中提出，剧集单集演员的片酬（含税）不能超过1 000万元，最高片酬（含税）不能超过5 000万元，演员片酬不超过制作成本的40%，主演片酬不超过总片酬的70%。此前，各大主流视频网站与六大影视公司发表《关于抑制不合理片酬，抵制行业不正之风的联合声明》（央广网 2018），表示采购和制作的所有影视剧，单个演员的单集片酬（含税）不得超过100万元人民币，其总片酬（含税）最高不得超过5 000万元人民币。

第四，短视频优质内容匮乏，无法满足市场需求。

短视频行业野蛮生长，用户规模持续增长，内容同质化严重。近年来，中国各大互联网头部企业纷纷入局视频行业，中国短视频平台主要有抖音短视频、抖音极速版、抖音火山版、快手、快手极速版、西瓜视频、微视等。其中，最火的视频平台是抖音和快手。当前，普通网民依然是短视频内容的主要制作者和传播者。视频制作水平、审美趣味和拍摄设备等方面的差异，导致普通网民制作的短视频内容在品质上参差不齐，高品质的原创内容明显不足，而专业化的PGC内容生产又未能全面跟进，因此，优质短视频数量还远远不能满足市场需求。

第五，版权意识须加强。

知识产权争议也是短视频平台监管不足导致的一大问题。一些优质短视频未经原创者授权，被他人随意搬用或加工。这些行为严重损害了用户制作原创内容的积极性，久而久之影响到短视频平台的健康发展。此外，目前影视类型的短视频内容中有很大一部分是对影视剧的分段剪辑，对长视频侵权现象严重。

第六，法律与政策管控须加强。

2021年，《民法典》《未成年人保护法》《著作权法》《个人信息保护法》《数据安全法》等多部涉及视频与短视频的法律正式实施，从版权保护、未成年人网络保护、数据治理、平台治理、内容管理等多方面将中央政策与短视频行业治理相结合，推动短视频治理规则提档升级。由于短视频的迅速发展和网红经济的出现，大多数短视频平台选择依靠超高的点击率来获取流量以达到盈利目的。在流量的诱惑下，短视频制作者以低俗、恶趣味的视频内容为噱头，迎合广大观众的好奇心，一些不道德的行为和危险的动作一度成为短视频的素材来源。短视频平台运营、监管环节存在的漏洞和不足助长了不良内容的生长与传播，使得优质短视频的生存空间反而被挤压。

5.1.4 蓝海

5.1.4.1 新模式、新技术、新内容造就视频产业蓝海

首先，直播电商产业链和分成模式逐渐完善。2016 年年初，直播电商行业涌现并呈现野蛮生长趋势，产业链结构缺乏系统性和完整性。随着直播行业的爆发式成长，直播电商行业逐渐形成完善成熟的产业链，后者主要是由服务支持方、平台渠道、KOL、MCN 和供应链组成。供应链为 MCN 机构提供资源，MCN 向以淘宝、天猫为代表的直播平台输出 KOL 并提供优质的直播/短视频内容，产业链各个环节各司其职。目前，直播电商主流佣金分配方式仍然以按销售付费(cost per sales, CPS)为主。

其次，5G、VR 等新技术推动视频产业迭代升级。未来视听行业将直接受益于 5G 商用背景下带来的大带宽、低延时、广覆盖、多连接等特性，有望助力超高清视频、VR 技术快速地规模化落地，迭代原有内容形式并催生新消费场景。同时，5G 环境下的视频内容消费也对平台的技术和服务能力提出更高要求，行业将迎来"内容＋技术"双核驱动时代。除此之外，5G 和人工智能、物联网、大数据等新兴技术将形成协同作用，共同促进内容生产降本增效，提高产业链整体盈利能力。

2014 年后，在移动互联网流量红利的影响下，在线动漫平台逐步兴起，中国泛二次元用户规模持续增长。动漫平台用户以 Z 世代为主，他们的受教育程度较高，有更高的物质与精神需求，性别比例较为平衡，为多样化的动漫产品生产提供了优渥的用户土壤。《2022—2026 年中国动漫行业竞争格局及发展趋势预测报告》(中国产业研究院 2022a)显示，2020 年中国网络动漫(包括网络漫画和网络动画)用户规模达到 2.97 亿，同比增长 11.7%，网民使用率达 30%。目前，在线动漫行业的盈利方式主要有内容付费、广告和 IP 衍生品，与漫画市场的发展趋势近似，广告收入占比逐步下降的同时用户付费及授权收入占比持续提升，广告变现趋势则与影视平台基本相同，即软性植入广告越来越受到广告主的青睐。

5.1.4.2 短视频产业新蓝海

随着移动终端的普及和网络的提速，短平快的短视频逐渐获得各大平台、粉丝和资本的青睐。伴随着网红经济的出现，视频行业中逐渐有一批优质 UGC

内容制作者崛起，微博、秒拍、快手、今日头条纷纷入局短视频行业。自 2017 年起，短视频行业竞争进入白热化阶段，制作者也偏向于采用 PGC 的专业方式运作内容。

未来，短视频平台将进一步寻求新的突破，例如加入直播、电商等业务。头部短视频平台已经在开发线上直播业务，并且寻求与其他内容创作者加深关系，同时，开发新的功能加深创作者与用户的互动，进一步提高用户对短视频内容的依赖。此外，短视频吸引了更大的用户群体，广告主也进一步将传统线上广告营销投入短视频平台，未来短视频行业广告营销收入将进一步扩大。移动流量价格下降、5G 通信进一步普及、人工智能和大数据技术发展将会为短视频平台提供新的支持。加上国家加强对行业的监管，平台加强对用户发布的短视频内容的审核力度。综合来看，短视频行业发展潜力巨大。

5.2 视频化社会到来后的新经济形态和新产业特征

5.2.1 新经济形态

近年来，短视频经历了爆发式的增长，短视频行业的兴起不仅使大量从业者获得收入，也间接带动了上下游产业链的多种新型就业形态。《2022—2027 年中国新媒体行业市场深度调研及投资策略预测报告》显示，2020—2022 年短视频行业市场规模以较快的速度增长，年复合增长率在 44%左右；2023—2025 年的市场规模增速会有所放缓，但仍将保持 16%的年复合增长率（中国产业研究院 2022b）。

在巨大的市场规模下，短视频平台正在积极尝试变现。目前，短视频平台盈利模式是以广告为基础，同时向电商领域渗透。作为业内的绝对领先者，抖音和快手均在 2018 年开始发力短视频电商和直播电商业务。抖音的核心模式是基于个性化算法向用户推荐合适的内容，因此，用户对内容的黏性较高，聚集的天然流量和多场景流量相叠加，使得抖音内容生态和电商生态逐渐融合。快手基于社区长期积累的“老铁文化”构建了“老铁”之间的关系链。2020 年，疫情促使各行各业一股脑转入线上发展，直播电商被认为是“救命稻草”，直播做饭、美食探店、生活分享、动画视频、家乡特产销售、宝妈分享育儿心得……这些都有可能通过短视频、直播带货而变成一份职业。中国人民大学国家发展与战略研究院

(2020)发布的《灵工时代：抖音平台促进就业研究报告》显示，2019 年抖音整体带动的直接和间接就业机会达 3 617 万个。直播经济极大地激发消费潜力、激活消费市场和助推消费升级。

5.2.2 新产业特征

第一，视频行业进入整合探索阶段。

在线视频平台起步于 2005 年，乐视网、土豆网等第一批视频网站正式上线，用户自行上传视频，行业处于粗放式生长阶段。自 2009 年开始，网络视频开始受到资本青睐，网络视频供应商开始采购内容版权，清理和整顿平台视频内容，在线视频进入全面正版化阶段。从 2015 年开始，在激烈的市场竞争和头部企业的兼并重组下，网络视频逐步形成以爱奇艺、优酷、腾讯视频、搜狐视频、芒果TV、PPTV 为主要参与平台的竞争格局，各大平台开始探索自身的盈利模式。盈利模式主要分为四种：网络广告盈利模式、优质内容收费观看、移动增值服务和直播模式。

第二，版权意识增加，会员付费成为平台收入主要来源之一。

在线视频平台收入主要来源于两部分：C 端用户付费和 B 端(商家)广告投放收入。C 端最重要的用户付费来自会员收入。通过缴纳会员费，普通用户可获得观看大多数优质视频资源的特权。在线视频平台的广告呈现主要包括片头广告、中插广告、植入广告等。易观分析和咪咕数据研究院的数据(2022)显示，2019 年，C 端用户付费市场规模为 514 亿元，B 端广告投放市场规模为 759 亿元。由于付费会员可以免广告观看视频，未来付费用户的增长会在一定程度上压制广告投放的总量，因此，预计在线视频网站的盈利模式将向会员付费端倾斜。

第三，用户兴趣分化，用户需求垂直化、圈层化。

算法通过大数据采集用户信息、捕捉用户兴趣，从而持续为用户推荐其最感兴趣的内容。人工智能技术能够提供集智能搜索、个性化资讯流、个性化服务等于一体的内容生态入口，实现用户与内容的实时匹配，从而进行标签化的兴趣推荐。智能视频的最大特点是能够以人类的方式理解这些场景与台词，从而在搜索、广告中匹配用户真正想要的结果，随后在视频内容下方提供购买商品详情页和购买链接。其曝光率和转化率要比传统的广告投放更高。

第四，新技术崛起，部分 AI 机器人取代了真人直播。

AI 主播的一项重要技能是“克隆”出具有与真人主播同样播报能力的“分身”。通过结合人脸关键点检测、人脸特征提取、人脸重构、唇语识别、情感迁移等多项前沿技术，以及语音、图像等多模态信息联合建模训练，AI 主播被“克隆”成任意一位主播，可以在任意时刻将同一形态分身在不同播报现场。这项技术成果使机器能够做到逼真模拟人类说话时的声音、嘴唇动作和表情。此外，AI 主播可以有效提升电视新闻的制作效率，降低制作成本。在碰到突发事件时，若主持人来不及上场，AI 主播可以迅速替补，快速生成新闻视频。2022 年 7 月，百度发布智能云曦灵数字人直播平台，可实现超写实数字人 24 小时纯 AI 直播，还支持随意切换妆发、服装、场景。

第五，在线视频行业产业链不断完善。

在线视频行业产业链的上游为影视剧制作公司，大型在线视频平台也通过平台自制的方式提供内容；产业链中游为在线视频平台，目前中国主要的在线视频平台有爱奇艺、腾讯视频、优酷、哔哩哔哩、芒果 TV 等；产业链下游则是消费者。

5.3 商业资本进入视频产业后的全新发展方向

5.3.1 产业链发展

5.3.1.1 制作：从上游贯穿而下的工业化发展

长期以来，中国视频内容生产处于非标准化的“班子制”状态，生产管理整体可控性薄弱，各细分方权责不明确，整体预算分配失衡，环节间剥离，经验的积累也难以留存到企业层面。长视频内容成本高企，内容变现因产业的非标而可控性与效率低下。随着视频内容的多元化、垂直化发展，新的品类与形式对内容的工业化生产提出了新的需求与要求。这些在数字时代新崛起的规模化品类，因其“新”而受老体系的制约较少，更易于探索与开拓支持工业化生产体系的合作模式，从而补齐整个视频内容产业的短板，提升企业经营效率，向标准化生产、一体化管理演进。

5.3.1.2 技术：5G 促进产业整体迭代升级

如前所述，5G 商用带来的大带宽、低延时、广覆盖、多连接等优势，极大地有益于视听行业发展。

5.3.1.3 内容：顺应消费端需求的有机探寻

视频内容的变现效率整体低下与可控性低是长期困扰行业的问题。随着视频平台的受众规模愈加庞大，产业链把控力的持续增强，行业整体对内容付费模式的有效探索，定调了视频内容行业以2C（面向消费者）为主的分发思路，并随着用户整体内容付费习惯的持续养成，给行业提升内容变现效率提供了新的动能。通过精准化受众定位和系统化内容品控的持续深化，个体用户对内容付费意愿进一步提升。同时，工业化生产水平的发展将持续增进内容的稳定供给和成本控制，共同促进内容品类化、内容剧场品牌化，持续积攒圈层受众，使内容向垂类大众化发展，进而为催生更先进的分发模式提供基石。

5.3.1.4 生态：基于消费端特征的有机探寻

根据艾瑞 UserTracker 数据（艾瑞咨询 2021a），2020 年中国移动互联网用户中“85 后”占比达 76.7%，“85 后”成为互联网主流人群。他们具有良好的娱乐内容消费习惯和参与度，成为视频内容服务商在视频之外更为广阔的潜在市场。在互联网流量红利的规模效应逐渐见顶、用户兴趣随群体泛化而分化的大背景下，向范围效应、网络效应过渡，形成板块协同，高效发挥内容价值、谋求价值增量，效率与体系将是寡头竞争格局中的重点。

5.3.2 模式发展

5.3.2.1 新治理激发网络视听行业发展新活力

网络视听行业发展乱象丛生，要靠治理来建立良好生态。2019 年以来，中国行业主管部门进一步强化系统治理、依法治理、综合治理、源头治理，全面落实落细网上网下一致原则，建立重点视听网站播出安排协调会议机制，推动网络视听行业管理在导向宣传、内容引导、行业秩序规范等领域更加有的放矢、更加科学高效；全面提高依法治理能力，加快完善网络视听制度体系，分别针对网络短视频、网络综艺节目、未成年人节目、网络谈话（访谈）类节目、网络视听电子商务直播节目和广告节目等细分内容和业态出台内容管理规范；全面强化属地管理与平台管理，不断完善管理、服务、保障“三位一体”的工作体系，增强精准服务行业发展的治理能力、专业能力、综合能力和驾驭能力，推动网络视听治理模式从政府监管向社会协同治理转变（中国青年报 2020）。

5.3.2.2 新基建加速革新网络视听行业新生态

当前，包括 5G、人工智能等在内的新型基础设施建设全方位影响网络视听行业，带来新的发展增量和转型动能。各网络视听机构加快与产业链上下游企业、研究机构、行业组织合作，构建多层次合作体系，积极布局 5G 相关领域，将人工智能、大数据、VR/AR 等新技术、新应用贯穿于网络视听节目的创作生产、管理审核、推荐分发、终端播放各环节。未来，网络视听将兼具底层技术和生产资料的属性，内涵和外延将不断延展，驱动游戏、会展、教育、医疗、旅游等行业以音视频为核心的数字化转型，并在智能制造、无人工厂、智能交通、安防监控、智能家居等行业广泛应用，构建更加完善、合作多赢的视频产业生态，走向社会化大视听时代。

5.3.2.3 新需求助力网络视听迈向造船出海新阶段

网络视听已经成为满足人民群众美好生活新需要的重要内容。未来，网络视听产业的国际市场规模将不断扩大。全球范围内对网络视听内容的需求持续升温，为中国网络视听行业和中国文化产品“走出去”提供了广阔的发展空间。近年来，国内各大网络视听机构不断加快“走出去”步伐，实现了从内容出海、模式出海到平台出海的模式升级，iQIYI App(爱奇艺国际版)、WeTV(腾讯视频国际版)、Himalaya(喜马拉雅国际版)等中国网络视听平台已实现在海外市场的规模化落地或扩展，特别是短视频平台，已成为出海生力军。随着内容的创新、科技的助力、体制机制的不断完善，越来越多中国网络视听精品必将以更多元的形式走出国门。

5.4 结语

《“十四五”数字经济发展规划》(国务院 2021)提出，中国政府以数字技术与实体经济深度融合为主线，协同推进数字产业化和产业数字化，赋能传统产业转型升级，培育新产业、新业态、新模式，不断做强、做优、做大中国数字经济。数字经济大潮浩浩荡荡而来，作为数字经济新载体的短视频平台为产业带来新机会。短视频平台不再是一个纯互联网平台，而是深度连接多个产业和行业、发挥数字化优势赋能传统产业。以抖音、快手为代表的短视频平台不断提升用户价值、产业价值、社会价值，成为数字经济和实体经济不断融合的“数字社区”。

参考文献

艾瑞咨询(2021a).2020—2021 年中国短视频头部市场竞争状况专题研究报告. https://www.iimedia.cn/c400/76654.html.

艾瑞咨询(2021b).2020 年中国视频内容全产业链发展研究报告(2021-1-11).

https://report.iresearch.cn/report/202101/3721.shtml?=.
顾立(2021).爱奇艺发布2020年Q4及全年财报：Q4营收75亿元全年营收297亿元(2021-02-18).https://baijiahao.baidu.com/s?id=1691992784766535451&wfr=spider&for=pc.
国家广播电视总局(2022).国家广播电视总局关于印发《"十四五"中国电视剧发展规划》的通知(2022-2-8).http://www.gov.cn/zhengce/zhengceku/2022-02/10/content_5672956.htm.
国务院(2021).国务院关于印发"十四五"数字经济发展规划的通知(2021-12-12).http://www.gov.cn/zhengce/zhengceku/2022-01/12/content_5667817.htm.
既明(2020).2020，视频平台需要什么样的自制剧?(2020-06-26).https://baijiahao.baidu.com/s?id=1670569277109298980&wfr=spider&for=pc.
梁嘉烈(2019).优爱腾三大视频平台从积压剧接盘侠，变成了中小影视公司的救世主(2019-05-25).https://baijiahao.baidu.com/s?id=1634430213085273170&wfr=spider&for=pc.
齐鲁人品(2020).直播电商产业链和分成模式逐渐完善，成就短视频变现新蓝海(2020-01-06).https://www.sohu.com/a/365106534_100014474.
央广网(2018).三大视频网站六家影视公司联合抑片酬(2018-08-11).http://finance.cnr.cn/gundong/20180811/t20180811_524329150.shtml.
易观分析，咪咕数据研究院(2022).中国在线视频用户观看行为洞察2022(2022-11-30).https://www.analysys.cn/article/detail/20020832.
中国产业研究院(2022a).2022—2026年中国动漫行业竞争格局及发展趋势预测报告.https://www.chinairn.com/report/20220525/111204376.html?id=1836841&name=qizehui.
中国产业研究院(2022b).2022—2027年中国新媒体行业市场深度调研及投资策略预测报告.https://www.chinairn.com/report/20211221/10560020.html?id=1819395&name=chenguanqiu.
中国青年报(2020).网络视听迎来蓬勃发展新机遇(2020-12-15).https://baijiahao.baidu.com/s?id=1686111219895820188&wfr=spider&for=pc.
中国人民大学国家发展与战略研究院(2020).灵工时代：抖音平台促进就业研究报告.http://nads.ruc.edu.cn/zkcg/ztyjbg/c90764ffcbd641b79e3b9e352abeee61.htm.
中国网络视听节目服务协会(2023).2023中国网络视听发展研究报告(2023-05-

25).https://www.199it.com/archives/1690054.html.
RUI MA(2023).2023 年移动电商应用市场洞察. https://www.sensortower-china.com/zh-CN/blog/state-of-shopping-apps-2023-report-CN.

(张剑锋)

6

创造与社会对话的新方式

——社会话语视野中的视频化社会

在视频化社会中，视频以多种形式建构视觉和听觉空间，有力改变了此前以书面文字和口头语言为主的话语表达方式。社会话语，指在不断演进的表达方式中被抽象与共享的一类社会知识与理念。如此，当视频被大量应用于知识生产，继而成为其基础性的表达要素时，意味着它直接影响了社会话语的构型。本章考察深度浸润于视频中的社会话语实践，以此总结视频化社会生产、共享与交流知识的独特方式。

6.1 导言：社会话语视野中的视频化社会

随着视频成为人们记录、表征、参与社会生活的主要媒介，视频全面融入中国社会的方方面面。这意味着"基于技术创新和产业升级，在经历了'影视视频时代''网络视频时代'之后，我们正在加速进入一个全新的'视频社会化时代'"（人民日报中国品牌发展研究院 2020）。视频化社会，并不是指广义的整体社会形态的演进，而是指狭义的某种意义上的社会视频化，意即社会正在被视频"所化"。一方面，随着技术文明的更迭，视频深度嵌入人们的日常生活，以及人与环境之间的新型社会化进程，当下的社会正在被视频化行为不断重构；另一方面，视频以生产要素的形式进入生产各个领域，并且业已成为一种生产力。

通过图像与声音的共同作用，视频不仅带来了感官上的愉悦，更输出了文化上的意义。作为一种生产要素，视频进入知识领域，源源不断地创造新的文化价值。相比于之前的电影、电视（包括动画）等传统视听影像的形式，提供观看的内容不再是今日的数字视频生产意义的唯一方式。作为数字活动影像，视频的视觉表意包含在以观看为前提的评论、点赞、转发和触屏互动等复杂的视觉性行为中，而非只建立在看与被看这个简单、二元、直接的视觉关系之上。换言之，视频既通过文本的陈述，又借助一系列行为的相互作用，将视觉影像与价值意义联系起来。因此，我们仅立足于影像文本的符号层面剖析视频的意义生产是不全面的，这将使人们忽略视频所提供的影像符号作为一种客体对象，是以特定的系列形式或相应秩序介入了主体对于社会情境的再现与表达中。就这一点而言，社会和文化被视频"所化"的现象呼应了哲学家米歇尔·福柯（Michel Foucault）对于话语概念的使用——"不再把话语当做符号的整体来研究（把能指成分归结于内容或表达），而是把话语作为系统地形成这些语言所言及的对象的实践来研究"（福柯 1998：62）。通过发挥符号的功能运载意义，视频从诞生之初便有足够的理由被定位为语言，但在深度介入社会化进程之后，视频远不止被用于影像展示。由此，视频进一步在意义和知识的创造中发展出与社会对话的新型方式。

那么，视频作为一种知识生产的话语，究竟如何表征社会，如何建构社会，如何与中国当前的社会形态进行对话？话语的实践涉及社会意义的建构、特定行为的规范和各种主体性的构造与认同，并始终与权力关系深度联结。本章将从这几个维度展开对于视频的话语实践的阐释，也为理解视频化社会中的文化形态提供一种视角。

6.2 再现与表征：建构视频化社会的意义空间

再现与表征作为文化研究中的重要概念，虽然都起源于学者斯图尔特·霍尔（Stuart Hall）所提"representation"一词，但分化出不同层面的含义。据赵毅衡（2017）的词源学考据，再现侧重于指向对某个事物的媒介化呈现，而表征是在再现的基础上延伸出的含有文化权利冲突意义的符号式表达。例如，《蒙娜丽莎》的第一层意义是对一位恬静妇女的形象展现，即通过画作的描绘再现该女子，第二层意义则是对美好人性的审美表达，即以女子形象为符号象征文艺复兴时期人文思想的复兴。再现与表征之间虽有区别，但在本质上属于同构关系，两者共同促成了抽象的观念和价值被转达为可被阐释的具体符号。作为影像技术工具的产物，视频天然具有再现事物的合法性，而当视频进入话语实践的领域，以再现为前提的表征过程使它进一步投射出特定的含义。从再现到表征的过程正是视频凭借视觉空间构建社会意义的关键形式。

6.2.1 生成拟像空间：视频化社会的表象生产

随着数字影音技术的不断发展，如今，短视频成为中国使用范围最广、用户增速最多的影像形式，通过短视频事无巨细地再现所生活的世界已经成为多数人的日常。

6.2.1.1 情境化：现实表象的视觉建构

在视频化社会时代，鼓励人人创作成为兼备视频功能的网络媒体平台快速推广自身的重要方式。网络媒体平台既为用户观看视频提供了渠道，又为用户创作与上传视频提供了技术与内容上的全方位支持。在中国，除了快手、抖音等以视频为核心服务的媒体平台外，电商、社交、生活等不同垂直领域的网络平台也纷纷推出多样化的视频功能，向专业化的视频方向发展。身处智能时代的人们可以通过前所未有的便捷方式将肉眼观察到的外部世界用视频记录下来，由此产生的直观性结果是每天都有海量的基于生活素材拍摄的短视频得到生产与传播，无论是人物行动还是环境风景，视频里的世界无所不包，令人眼花缭乱。当人们行走在真实的世界中，身边围绕的大小屏幕同时在向人们展现仿若平行时空的另一处世界，繁杂的现实表现在视频中情境再现，成为构建于观众面前的全新界面。然而，正如相关研究所关注到的，"社交媒体平台上海量的短视频所呈现的令人眼花缭乱的世界，已让人们无法'读出'/'看出'、译解或阐释其意义"（曾一果、于莉莉 2022）。视频化社会的情境再现导向的是世界被媒介化为充斥弥散性和混杂性的拼贴式景观，无形中呼应了后现代文化中碎片化、去中心、表象化的诸种特点。这是否意味着视频的泛化导致意义系统的崩塌？答案还有待商榷。既然视频已经成为工具性媒介而为人人所用，或许不妨认为它正是在情境再现中对现实表象进行了新的构建，从而使意义系统在这个过程中得到迭代以适应视频化社会的到来。

6.2.1.2 体验化：世界图景的虚拟沉浸

曼纽尔·卡斯特(Manuel Castells)在写作《网络社会的崛起》一书时，便已颇具洞见地提出网络时代的文化具有最为特殊的一点——真实虚拟（real virtuality）。卡斯特(2000：462-465)认为，"文化由电脑中介沟通(CMC)组成，一切沟通形式都奠基于符号的生产和消费。因此，在'现实'和象征再现之间并没有什么区别。在所有的社会中，人类都生存在象征环境中，并通过象征环境来行动。新沟通系统构建了真实虚拟"。卡斯特的判断或许有趋向极端之嫌，但不可否认的是，视频化社会加速了视觉符号对现实的生产，真实虚拟的文化环境愈加成为现实。层出不穷的视频技术彻底模糊了真实反映与虚拟再造的边界，视频拍摄早已超出复原物质现实的范围，更多涉及如何与所有沉浸在视频化社会中的人共同创造仿真式的现实图景。如今，许多标榜真实的短视频新闻呈现在观众面前，但是影像中时间、地点、事件的真实性却难以被验证，许多视频都在发布不久后被发现有拼贴或虚构事实的嫌疑。视频在媒介化物质现实的过程中构建出鲍德里亚等人提出的“拟像”(simulacra)，使得人们在获得现实性的观看体验的同时，也沉浸在虚拟的后现代影像世界中。在媒介化现实情境的基础上，视频正是通过生成拟像意义上的新世界创造出独特的视觉空间。

6.2.2 多元话语的表征：视频化社会的意义建构

表征指“一个符号、象征，或是一个意象、图像，或是呈现在眼前或者心上的一个过程”(威廉斯 2005：409)。再现指的是在面向真实的过程中以模拟的方式反映出意义，而表征却重新构造了新的话题，调动视觉符号与社会、文化相联系，同时，表征的过程也使视频在特定的形式中被生产与传播，并影响一个话题能够被共享的方式。

6.2.2.1 文本表征：知识符码的视觉呈现

视频在话语实践中通过文本表征意义。这不仅涉及视频对多种类型的符码的使用，例如最基础的图像、文字与声音，以及附加于此的滤镜特效、超链接形式等，更关键的是，视频以此提供了表象意义与难以具化的观念、情感之间的转换通道。在越来越追求在三秒内吸引受众的短视频时代，视频对于意义的建构早已抛弃传统的长篇累牍形式，而是倾向于将视频画面简化为内容符号的拼贴，后者被认为是最高效的创作方式。通过将复杂的内容拆解为碎片化的像素，并提取出关键符码，一一赋予其特殊的含义，视频将语言中提供关键词的做法转化为提供关键符码的视觉呈现，以此实现高密集度的信息输出。例如，2020 年疫情期间，以各地代表性美食为主题的城市加油影像走红全网，引发国人的高度共鸣。经由视频的拍摄、剪辑与传播，普通的食物被建构为不同城市抗击疫情的信心代名词。同时，每当有新的内容元素被视频表征为知识性的符码时，也意味着它背后所包含的权力关系、身份认同、文化对象等与特定历史时刻深度关联的价值意涵以隐形的方式一并传递给接受者。如今，万里长城的风景画面常在视频中被抽象为国家认同与民族骄傲的视觉符号，而在 20 世纪 30 年代，视觉图像中的万里长城却被用以象征一种古老而无用的景观(吴雪杉 2018：45)。可见，视频的意象表征还受特定历史范围的影响，其表征的抽象价值与可视符码之间并非一一对应的刻板关系。进一步说，视频在话语文本中的意象表征并不是永恒的，它在有效的层面始终处于流动的状态，只有将时间、环境、社会语境等结构性因素共同纳入考察的范围，才能真正洞悉视频如何通过知识符码的视觉呈现实现意义的建构。

6.2.2.2 行为表征：实践经验的视觉传递

在视频化社会中，视频表征的方式逾越了单纯发生在视觉层面的看与被看，而是通过在更加动态化的实践场景中介入人们的行为模式，全方位地创建出日益复杂和弥散的意义空间。如今，动态屏幕媒介无处不在，视频更进一步交织在人们的日常方式中，与人们的生活实践相互渗透。无论是走在街头还是在室内，人们都在主动或被动地通过视频获取行为规范的相关信息。例如，人们在红绿灯处会看到警示交通安全的宣传视频，在电梯里可以从壁挂电视的视频中获得安全提醒，使用跑步机时则可以从内嵌屏幕的视频中获得有关健身塑形的科普。除了呈现抽象的知识与价值，视频的意义表征还在于它直观地传递了一种社会行为与生活方式的规范。在此情境下，视频不仅能够影响人们的认知，更将直接约束或促成人们的行为，从而在经验意义的层面对社会产生影响。总体而言，从知识层面的符号呈现到行为层面的经验传递，映射出的是视频通过视觉空间表征社会意义的清晰脉络。

6.3 在场与互动：推动视频化社会的公共对话

凭借突出的再现与表征能力，视频成为人们表达自我、构建意义的主要方式。在不断变迁的技术条件下，视频已经发展为兼具互动和交往等多种功能的基础设施平台。大众通过影像实践深度卷入社会的过程不仅映射出深度媒介化的社会文化形态，也引发了话语交往方式和交往规范的新一轮迭代。通过影响人们的在场与互动，视频化社会无疑改变了公共对话的形态。

6.3.1 赛博在场：视频化社会的影像身体实践

随着智能通信工具几乎成为人们的第二身体，视频“作为一种存在方式，它确认了在实体与虚拟世界双重存在的新型自我：我拍故我在”(孙玮 2020)。换言之，人的物理性在场由视频的话语实践提供的赛博性在场所替代的过程，伴随着来自身体和认知等不同层面的变化。

6.3.1.1 现身：数字个体的形象重塑

1985年，唐娜·哈拉维(Donna Haraway 1985)发表《赛博格宣言》一文，标志着"后人类主义"(posthumanism)一说逐渐走入人们的视野。在赛博格理论中，人与机器的互嵌造就了技术化身体，后者正是赛博格的构建来源。21世纪以来，随着智能技术的日新月异，进入传播实践的赛博格从传统控制论的人机互嵌进一步发展为智能传播视域下日常的有机体/数据融合(田秋生、李庚 2021)。视频正是在这个语境下重塑了人们的在场方式。一方面，既为技术系统又为象征系统的视频媒介，为物理性的个体创造出媒介性的赛博身份。随着视频直播这个仪式性展演事件在个体之间的遍及，个体的在场早已被视频化为赛博式的现身。另一方面，通过视频界面，与海量数据、智能设备紧紧绑定在一起的传播主体实现了赛博现身，而赛博现身甚至取代了肉身在场，成为人们与社会文化缔结契约关系的关键凭证。从表面上看，以视频作为在场的判断标准意味着在个体与地理空间之间新增了一层虚拟介质。更进一步看，它还涉及人们对于在场的认知如何被一种新的规范影响。对此，只需要查看在社交媒体平台上长盛不衰的视频远程打卡等活动即可。如今，文字似乎失去了用以证明肉身在场的资格，只有视频才能作为人真正前往某个物理空间的有效依据。换言之，只有视频才是公共场景中证明个体身份有效性的主要方式。

在此背景下，由视频的话语实践所构造的在场规范映射出数字影像已经在人们的生活中扮演一种基础设施式的角色，而随着视频话语所共享的一系列制度化的、结构化的认知观念和策略方式的演进，加之视频技术强大的真实模拟能力，足以使它构建出一套欲与真实世界相争的新世界。无论这是不是元宇宙(metaverse)的诞生，视频都已促使人们将实现交往的基础设施介质从物质实体空间转向新建立的虚拟影像空间，公共交往的规范也因此发生改变，并同时体现在个体展演身份的实践中。

6.3.1.2 展演：身份交往的地理重构

如果说通过屏与屏之间的视频传播形塑的仍是以图像符号为载体的在场方式，那么沉浸式媒介技术带来的视频体验则意味着创造出一种全新的虚拟身份演绎方式，沉浸式技术不断推进的虚拟文化生态逐渐将物理的身体元素排除在公共对话的场景中。在沉浸式游戏等全景式的虚拟场景中，人们不再是借助视频投射一个数字化的自我，而是重新生成一个乃至多个由海量数据堆砌而成的虚拟的自我。因此，人们既能在视频所创造的新型文化景观中根据个体与技术的实时状况不断生成新的身份文本，又能以无限接近实体存在的方式在逼真的时空环境中进行身份的展演。在此，由数字影像重塑的时空形态遮蔽了地理的坐标，在场的意义不再是到达一个明确的位置，而是要进入视频，到达某个虚拟坐标。进一步地，沉浸式的视频场景既为人们再造了一个糅杂的时空环境，促成了介于虚拟与真实之间的在场体验，又削弱了原本在公共交往中裹挟人们的感官体验，只留下来自视与听的信号。通过建立虚拟的地理生态环境，视频在身份演绎和感官体验两个维度都改变了人们参与公共交往的话语实践。

6.3.2 数字互动：视频化社会的影像话语交流

在视频化社会中，人们在随时随地观看视频的过程中，也无时无刻不进行点赞、评论、分享、弹幕、购物等附属于视频的互动行为。相比于面对面交流，公众之间借由视频实现的虚拟互动在更大程度上推动了公共话语的生产，也推动视频成为人们共享知识、协商意义的话语交往平台。

6.3.2.1 对话：意义符号的视觉交流

短视频时代，视频成为人们在社交媒体平台中连接他人、交换想法的首要媒介。人们已经习惯通过视频这个更加直观的工具进行交流对话，随时随地为了交换信息看视频或发视频更是常态。除了视频影像本身所能提供的文本意义，更多的意义来自某个社群或团体在进行视频话语实践时所产生的知识交换，在此过程中的点赞、评论乃至二次创作等互动行为更进一步显示出视频在组织公共对话方面的强大作用。尤其是近年来视频的设计越来越突破静态的视觉模式，允许人们在视频页面上通过发送文字与图像符号的弹幕形式改变影像文本的视觉样态。每当有观看者以贴片形式在视频上发布新的内容符号，意味着影像文本的意义内涵在传播的过程中获得了新的延展。在此，视频不仅促进了人们之间的知识对话，甚至有时逾越了内容文本的载体性质而纯粹构成提供话语交流的基础性平台。在一些场景中，由于视频在传播的过程中延展出具有强大共识力的社群属性，经过一段时间的互动发酵，围绕视频进行的知识互动可能与视频本身的文本毫不相关，视频彻底沦为同一社群圈层相互交流的中介性平台，即移动终端中的社交界面。但无论如何，都说明视频有效联动了数字化交往中的社会话语场景，甚至成为生成社会话语的场景本身。

6.3.2.2 协商：集体经验的视觉介入

对于平台媒体的开发者而言，为用户创造出特定社群的交流生态是增强用户黏性、促进文化产出的重要方式，而视频正是构成集体社区的关键元素。视频平台不仅为人们提供了获取信息的渠道，也以其延展出的社交功能为人们提供了一个开放的、动态的虚拟社区。虽然不同视频平台的定位有所不同，但相似的是它们都采取数字算法的精准推荐技术，从而积极地将相似立场的用户汇集在同一个视频界面中。视频将具有相似性的个体联结在一起，并鼓励他们在协商中形成以特定话语和姿态进行交流的集体文化。在越来越多视频生产向垂直领域进发的今天，定位大众或小众的文化社群都能在视频社区中找到自己独属的圈层，并进一步借由视频形成的意义交换网络参与特定集体的实践活动。同时，正是基于如今视频的强社交属性，不同立场的多元价值和复杂体验得以不断地在同一场域中相互碰撞，最终生发出糅杂的意义内涵。这个过程不仅对应了集体协商的话语模式，也说明了视频正潜移默化地将私人性的视觉经验转化为具有公共性的流通文化。

6.4 赋权与重构：重思视频化社会的话语主体

既然视频的话语实践导向视觉意义构建和公共交往方式的不断演进，无法避免的是话语主体的形态也相应地发生了变化。根据霍尔(2013：82)对福柯话语观的总结，主体是在话语内部被生产出来的，主体能成为话语所产生的知识类型的承载者，能成为权力通过它得以传递的客体，而这一切的前提是由话语构成的。正是由于作为知识载体与权力客体的话语主体与话语生产紧密交织，对话语的实践的考察必然导向对话语主体的重新思考。换言之，在以视频为中心的意义表达与规范重塑的过程中，主体何为?

6.4.1 赋权：技术征用中的另类主体

在视频化深度嵌入人类社会的运转机制后，“视频通过对人类感官的重置，再造了图像媒介的虚拟性，创造了个体与外部世界联系的新型方式”(孙玮2022)。由技术带来的赋权视频技术为更多人赋予了在公共平台上说话的机会，话语的主体形态在视频媒介的影响下得到更新。

6.4.1.1 内面凸显：现代主体的技术征用

从 DV 影像时代发展到手机视频时代，视频技术愈加朝向低廉、便携、易操作的方向发展，越来越多的普通人能够轻松掌握拍摄与发布视频的方法，视频记录发展成为他们日常生活中不可或缺的一部分。在中国最主要的两个短视频平台抖音(海外版为 TikTok)和快手(海外版为 Kwai)上，记录每一种生活正是它们主打的口号。如今，具有私影像性质的 vlog 等视频内容占据了平台上的大多数内容，人人主动且乐于将镜头对准私人环境，大方分享来自个体经验的私密感受。在此过程中，自我的内在状态不断获得放大，使主体性的言说与技术所构建的实践联系在一起。在视频化社会中，短视频技术的发展带来了新的话语装置和话语环境，现代性语境中的个体方能将内在自我的认知与感受转化为视频式的话语实践。在技术与文化相互作用的生态环境中，人们借助视频实现了记忆的外化，同时得到外化的还有内面的自我，从而使现代主体在影像话语的实践中不断履新了意涵。

6.4.1.2　自我延伸：视频主体的话语迁移

视频技术对主体意涵的影响还体现在它不仅帮助实现了对自我的展现，也在某种程度上促成了对自我的延展。在人们频繁借助影像向外界传达关于自我的信息时，不可避免的是在创作或传播视频的过程中通常伴随话语的修饰和演绎。欧文·戈夫曼(1989：21-29)在《日常生活中的自我呈现》一书中将人们在物理空间中展现自我的场景比作舞台，并因此区分出前台与后台的不同。在视频网络中，实体空间的消失促使前台与后台的分类不再成立，意味着个人的拟剧式扮演可能时刻都在进行，这不仅是出于个体的主观行为，也与视频技术的逻辑息息相关。为了呈现更好的视觉效果，人们习惯借助视频工具所提供的滤镜、表情、剪辑模板等辅助功能进行创作。因此，不管是有意还是无意，视频技术对自我表达的修饰或是自我在视频创作时偏离真实的展演，都将共同被观者指认为主体的话语。在这个意义上，所谓另类主体的生成指的是，视频技术不仅扩展了个人在物理场景中进行话语表达的样态，甚至围绕主体这个概念建构出与影像传统不一样的知识内涵。

6.4.2　权力运作：创造视频化社会的动态圈层

视频技术对主体的赋权更新了主体的意涵。这个过程从本质上亦可被解读为主体通过话语的实践持续进行新类型的知识的生产。这也使得关于知识与权力的新问题出现在社会话语视野下的视频化社会中。在福柯看来，“权力和知识是直接相互连带的；不相应地建构知识领域就不可能有权力关系，不同时预设和建立权力关系就不会有任何知识”(福柯 1998：29)。在话语实践中，知识的生产必然带来权力的问题，但关于知识与权力的分析并不是为了认识谁主导、谁受益、谁反抗等利害人角色。福柯不赞同暴力-意识形态对立、所有权观念、契约和征服模式被应用于权力的分析中。相反，对于施加于肉体的权力，他认为“人们应该从中破译出一个永远处于紧张状态和活动之中的关系网络，而不是读解出人们可能拥有的特权”(福柯 1998：28)。视频在建构意义、重塑规范的过程中重新形构了权力与主体之间的连带关系。

6.4.2.1 话语生产：权力主体的圈层争夺

视频已是大多数人表达自我认同和社会诉求的话语方式，意味着视频将对普通人之间的权力关系产生影响。潘祥辉(2020)指出，正是短视频的兴起，唤醒和激发了“沉默大多数”的表达欲望和记录热情，从而带来了“无名者”的历史性出场。但他同时也提醒我们注意短视频可能产生的“非预期后果”。例如，是否可能因为短视频这个媒介的流行而产生新的社会分层？短视频媒介是否会导致社会共识上的“圈层效应”和“大数效应”？他的这些担忧并非空穴来风。随着视频技术愈加下沉到不同圈层的话语主体中，勾连话语权争夺的权力斗争也伴随而至。话语场上的声量越是嘈杂，越意味着不同的发声主体必须借由激烈的竞争才能脱颖而出，让更多人听到自己的声音。为此，越来越多的视频自媒体以个人用户的名义进行内容生产，同时也被专业的 MCN 机构运营管理，体现出话语场中的圈层争夺与文化资本等权力场域有着紧密的关联。随着视频的生产和传播愈加泛化，来自政治、经济、文化等各方圈层的角斗趋于复杂，视频将作为因素或中介带来权力运作的新形态。

6.4.2.2 话语垄断：权力主体的位置争议

短视频的技术赋权虽然降低了普通人的话语生产门槛，但也可能加剧互联网权力场域中不平等的垄断行为。一方面，个体用户想要使用相应的视频工具和媒体平台，必须先要无条件地认可并遵从开发者的商业资本逻辑和监管者的管理规则。这意味着影像技术与商业公司的崛起虽然助推了个人的经验知识进入社会话语的场域，但也在一定程度上垄断了普通大众参与视频这个话语生产过程的模式。由于受到视频生产的技术与平台的规制，通过视频进行话语表达的个体在多大程度上具有权力的主体性，仍是一个值得商榷的问题。另一方面，无论视频技术如何普及，仍然存在许多未能掌握视频技术的个体，如老人、视障人士等。在视频化社会中，这些被排除在视频圈层外的群体因在影像中丧失了话语权而更有可能在现实中处于被遮蔽的境遇。这意味着视频通过改变话语的主体位置，为权力的规训增加了新的范式。视频通过话语的实践虽然对于权力和主体关系的影响有着积极的一面，但也会使社会中的个体以新的方式被支配、被控制。视频对主体性的凸显与其所带来的规训极有可能是交织在一起发挥作用的。另外,在视频化社会中,人人在拍也就意味着人人被拍,权力运作的网络无所不在地交织于主体的实践中,话语的权力策略发挥着前所未有的作用。

6.5 结语

构建意义、推动对话和重塑主体是作为话语的视频作用于社会的三个关键方面。通过这三个维度,我们可以更好地理解视频如何实现与社会的对话。通过数字影像的模拟,视频再现现实世界,也使虚实之间的界限不断模糊,极大地促成了拟像的生成。在此基础上,视频对价值观念的构建和传递超越了影像符号的层面,同时以隐形的方式嵌入人们的观看实践。视频在静态的符号与动态的行动之间建立联系,在公共交流中也使人们既能通过意义符号的视觉交流进行沟通互动,也能以虚拟场景的赛博身份为假托颠覆了基于地理空间的传统交往方式。如今,视频的话语实践勾连着社会中的不同情境,不仅渗透到人们日常生活的方方面面,还刷新了人们作为媒介主体的意涵。当视频成为大多数人的表达工具后,它进一步重构了话语中的权力关系,促使话语场中的权力争夺日趋复杂,也引发了更多与结构问题相关联的争议。以视频对话社会的普遍现象使得视频化社会的话语实践不断变化,更激发我们在数字时代深入思考视觉媒介与社会文化之间的关系,从而真正洞察到视频这个新兴媒介为我们带来的改变。

参考文献

雷蒙·威廉斯(2005).关键词：文化与社会的词汇.刘建基,译.北京：生活·读书·新知三联书店.

曼纽尔·卡斯特(2000).网络社会的崛起.夏铸九,王志弘,等,译.北京：社会科学文献出版社.

米歇尔·福柯(1998).知识考古学.谢强,马月,译.北京：生活·读书·新知三联书店.

米歇尔·福柯(1999).规训与惩罚：监狱的诞生.刘北成,杨远婴,译.北京：生活·读书·新知三联书店.

欧文·戈夫曼(1989).日常生活中的自我呈现.黄爱华,冯钢,译.杭州：浙江人民出版社.

潘祥辉(2020).“无名者”的出场：短视频媒介的历史社会学考察.国际新闻界,42(6)：40-54.

人民日报中国品牌发展研究院(2020).《中国视频社会化趋势报告》发布(2020-11-26).http://it.people.com.cn/n1/2020/1126/c1009-31945945.html.

斯图尔特·霍尔(2013).表征：文化表征与意指实践.徐亮,陆兴华,译.北京：商务印书馆.

孙玮(2020).我拍故我在 我们打卡故城市在——短视频：赛博城市的大众影像实践.国际新闻界,42(6)：6-22.

孙玮(2022).技术文化：视频化生存的前世、今生、未来.新闻与写作,4：5-14.

田秋生,李庚(2021).传播研究中“赛博格”的概念史——以及“赛博格传播学”的提出.新闻记者,12：3-16.

吴雪杉(2018).长城：一部抗战时期的视觉文化史.北京：生活·读书·新知三联书店.

曾一果,于莉莉(2022).表征·物质性·日常实践——理解短视频文化生产的三个关键词.新闻与写作,4：15-23.

赵毅衡(2017).“表征”还是“再现”？一个不能再“姑且”下去的重要概念区分.国际新闻界,39(8)：23-37.

Donna Haraway (1985). A cyborg manifesto. In Imre Szeman & Timothy Kaposy (Eds.), *Cultural theory: An anthology* (pp. 454 - 471). New Jersey: Wiley-Blackwell.

(陈昕烨)

7

一种新的文化存在

——视频化社会与新文化生态

数字文明的发展催生了新文明形态。随着视频化社会的到来,一种由社会视频化所构成的数字文化生态正在生成。短视频作为一种社会生产要素,源源不断地生产出新的文化内容,同时,联结了生产、传播、再创造等多个环节,重塑一种新的媒介样态和组织形式。短视频被汇总为一种新的文化层面的集体无意识和文化生态,改变着文化的认知,对社会产生影响。随着后真相(post-truth)时代的来临,短视频制造了断裂、无序的后现代身体体验,孕育了新的视频化生存方式,引发了审美文化的变革。在滤镜加持下的过度审美和由猎奇所驱使的审丑好奇,都创造了独属于短视频文化的屏幕身体。短视频的创作者和观者在自恋沉溺和假想投射的互动张力中,创造出新的情感空间。同时,短视频作为一种生成性媒介,也在粉丝文化的裹挟中生产新的情感诉求。

7.1 视频流与“狂看”的失序文化

德国哲学家马丁·海德格尔写道:“从本质上看来,世界图像并非意指一幅关于世界的图像,而是指世界被把握为图像了。”(海德格尔 1996: 899)放眼环视当今的短视频时代,这句判断似乎可以被进一步扩充和改写。我们可以说:“从本质上看来,世界被把握为流动的短暂影像。”伴随智能手机和数码技术的迅猛发展,视觉被放大到前所未有的重要地位。流动的影像每时每刻以光秒的速度被生产出来,随即在各大数字媒介上滚动播放,又被下一波新制造出来的影像洪流迅速淹没,阅后即焚。这种数字影像的瞬息万变构成了我们当下所处的支离破碎的生活,同时在讲述和形塑我们由文化交往和情感交流所构成的社会样态。

孟建指出，数字文明的来临必然导致新的文明形态的诞生，它将全方位地改变文化的生产、传播和再生产，从而推动整个文明生态的演化和发展。视频化社会的出现，进一步改写事实陈述的方式、审美偏好的沉淀和情感认知的选择。在此背景下，对注意力的争夺使各大媒介平台处于一场没有硝烟的战场中。

7.1.1 后真相与视觉文化

英国学者赫克托·麦克唐纳(2019)在《后真相时代》中犀利地指出，我们所处的世界现如今已在多重传播力量的建构下形若虚构，各种传播媒体、媒介技术、舆论操纵手段粉墨登场，将事实包装成一个又一个舆论意义上或者媒介意义上的真相。我们已习惯于脱离真实生活的重力，而将各种屏幕上的所见所闻视作构成生活之流的无数意义碎片，"现代生活就发生在荧屏上"(尼古拉斯·米尔佐夫 2006：1)。利用情绪的线索，剪辑、重组、拼贴影像碎片，赋予视觉图像以新的逻辑序列，正制造一种脱离现实生活而生存于屏幕之中的新的真实。2016年，随着各种超乎常理的媒介事件在全世界发酵，"后真相"一跃成为民众讨论的焦点，"后真相"一词也被《牛津大辞典》选为年度词汇。当我们谈论后真相时，意味着我们担心在由现代科学技术手段所主导的信息传播的过程中，自柏拉图以来开创的"理式"意义上的真相和逻辑秩序正在被主观忽视、刻意剪裁和任意扭曲。事实的传播不再遵循逻辑的规律，情感操纵一跃成为煽风点火的背后主谋。现代人类前所未有地被一种未经审视的群体性廉价情绪裹挟。

人类对知识和信息的获取经历了"语言媒介—文字媒介—图像媒介—影音媒介—流媒体媒介"的演化过程，其中，流媒体媒介具有直观性和拼贴性，最容易实现"移花接木"的"洗脑"效果。一方面，运用技术工具无缝连接不同时空的影像，打乱事实次序，从而赋予新的逻辑意义；另一方面，通过数字AI合成技术，可以实现人脸更换，使得原本被视为"100％还原真相"的影像不再具有事实公信力。人们长久以来形成的眼见为实的固有思维，更加使得短视频成为合成真相的重灾区。

我们通过何种媒介获取信息，意味着我们将获得何种信息；我们习惯于通过何种媒介形式来塑造我们的思维方式，意味着我们习惯于接纳和消费何种总体性的文化样态，不同的文化样态在无形之中构建着我们的集体无意识和集体记忆。

在语言媒介占据主流的时代，口头表达适用于广场讲演和公共辩论。面对面交流意味着肉身在场，交流双方处于同一时空维度中，语言并不是唯一的讯号，在接收言语的同时，我们也在接收对方的表情、语调、肢体等非语言讯号。当过多的讯号形成干扰时，判断将不取决于逻辑，而取决于情感。这也是亚里士多德(2016)最初在《修辞学》中所着重探讨的。文字媒介占主流的时代，人们的注意力聚焦在逻辑的推演上。到了以流媒体媒介为主流的短视频时代，视频的再现再一次通过技术手段使肉身的在场成为可能。我们不仅在接收语言的轰炸，也在接收由夸张的表情、肢体动作、动感的背景音乐所形成的巨大煽动能量的情绪"表情包"。

流媒体媒介的繁盛，伴随后真相时代的悄然而至，在相互作用中彼此共生。我们生活在由抖音等一大批短视频所制造的后真相中。作为流媒体媒介的主力军，短视频数量众多、传播速度迅猛、涉及范围广阔，使其深深地内嵌至社会结构的生成之中，勾连起文化生产的各个单位。这将深刻改写视频化社会中我们对真实的认知，或者说，这开启了一种建立在鲍德里亚所说的超真实之上的全新的美学。

7.1.2 视频流与"狂看"的盛宴

伴随智能手机和超高无线网速而诞生的短视频，同样是现代都市高度发达的产物。随时可接入的无线网络，意味着都市基础设施的高度完善，智能手机解决了用户在都市的快节奏移动中随时接收信号的难题。人们在智能手机的加持下成为可以自由开关的客户端，这构成了视频化社会中新型的移动关系。个体作为独立的圆点，可以同时与隐匿在都市空间中看不见的网络形成互联，从而与现代都市的赛博存在形成对话。格奥尔格·齐美尔(转引自尼古拉斯·米尔佐夫 2006：117)强调："大量快速变换的图像，在瞬间一瞥中的猛然中断，以及意想不到的汹涌印象，这些就是大都会所创造的心理状态。"现代都市生活使个体通过网络淹没在信息洪流中的同时，又在不断地被接踵而来的新的他者打断。淹没和打断交替进行，循环往复。高强度的视频流的推送，不断制造新的刺激来催化大脑中枢产生让人欲罢不能的多巴胺。蜂拥而至的"信息狂欢"为人们创造了一种新型都市惊奇生活的情感体验。

大数据计算和算法推送奠定了短视频生产和传播的两大基础。媒介后台会根据用户的点击频率和收看时间，通过分析用户对视频内容、风格的偏爱喜好，来进行同类短视频的持续推送。这产生的后果，不单单是将用户困囿在"信息茧房"中，更重要的是，同类短视频的刺激会让用户瞬间产生上瘾机制，像一只蜘蛛一样黏着在媒介之网的囚笼里，欲罢不能地进行"狂看"。"狂看"，意味着视觉焦点的锁定、注意力的永不停歇、肾上腺素的持续分泌,也意味着一种信息碎片的意识流叠加。在此过程中,大脑并没有积极地学习和消化视频内容,而更像是在进行一种消极机械的无意识刷屏,任视频流在自己眼前涌现,促成一种精神上的无营养的暴饮暴食。媒介平台别有用心的系统设置助长了这种“狂看”的盛宴。抖音、微信视频号等平台通过采用极为便捷的上下或左右刷屏的短视频切换功能,使用户获得新的短视频变得唾手可及。它们巧妙隐匿了系统的门阀和开关,用户不再需要启动一个多余的动作就可以进入数字化的梦幻世界。这个系统设置好比自动感应水龙头,用户只需要伸出双手,就会有源源不断的水流汹涌而下。

7.1.3 后现代主义与身心的失序

后现代主义理论家弗雷德里克·詹姆逊(詹明信)在《后现代主义与消费社会》一文中将后现代主义的两大特点归纳为:“现实转化为影像”和“时间割裂为一连串永恒的当下”(詹明信 2013: 343)。他认为(詹明信 2013),后现代文化是“形象”和“摹拟体”泛滥的文化,具有内涵的实体已不复存在,影子的影子、摹仿的摹仿充当前锋。因此,后现代给人一种越来越浅薄微弱的历史感,重要的并不是过去发生了什么,也不在于客观地再现过去的历史,而是要把我们对于过去的观念和观念化的看法再现出来。时间失却了从前那种纵向的历史深度,只与永恒的当下有关。它提示我们反思柏拉图洞穴之幻影寓言可能出现在现实中,即对那些支离破碎的过去的把握,只能依靠囚禁此身的墙壁和墙上反映出的虚幻世界。

詹姆逊指出,后现代主义文化症候本质上意味着拉康所说的精神分裂。拉康将精神分裂视为一种语言失序所导致的表意锁链的断裂。詹姆逊认为,在后现代这个充斥着“文本性”和“文本互涉”的时代,精神分裂表现为实体与能指之间、能指与能指之间、历史与叙事之间的断裂。这个缺乏深度、无历史感、能指漂移的后现代主义造成的结果之一,就是主体性与空间关系发生了根本性的变化,人的身体及其周遭的环境亦发生了惊人的断裂,人与场所之间不再具有舒适而稳定的寄居关系。人们穿梭于流动的空间之中,空间的压迫性超出了人把握和消化空间的能力,以至于身处其中的人无法在空间的布局中为自己确认坐标。“一旦置身其中,我们便无法以感官系统组织围绕我们四周的一切,也不能透过认知系统为自己在外界事物的总体设计中找到确定自己的位置方向。”(詹明信 2013: 407)人们用以定位自身的参照物和代码在后现代令人迷惑的空间中统统消失了。

短视频的观看过程中处处充满这种后现代意义上的失序和断裂。系统在用户偏好设置的驱动下,会持续不断地向用户推送同类型短视频。一旦用户点开了另一类型的短视频,后台推送的方向便迅速发生扭转。同一位用户可以在同一时间观看美容、萌宠、心灵鸡汤、课程培训等五花八门的视频内容,而无法在短时间内将这些内容进行富有秩序的归类,因为这些内容本就在时间、空间、意义叙事上不具备任何逻辑关系。这种后现代拼贴的无意义感构成了短视频文化样态的底色。用户一旦进入短视频所营造的流媒体空间,最直观的感受就是进入了一个没有头也没有尾、没有开始也没有结束、没有入口也没有出口的诡异空间。抖音并不设置任何退出机制,只提供不断翻新的影像之流。用户黏着在手机屏幕上,如同一片随波逐流的树叶,在不同影像所营造的不同时空洪流中来回穿梭。用户和虚拟空间本身不构成任何固定的本质性的逻辑关系。这种短暂、随机的连接,勾连起主体和空间本身暂时性的寄存关系,与后现代情绪中稍纵即逝的片刻安慰形成同构。这也创造出视频化社会中崭新的情感体验。

7.2 滤镜与猎奇:审美文化的极美与极丑

美学风格的诞生往往伴随着文化样态的迭代和更新。审美文化是一种长期情感实践的积淀和集体无意识的共享,随着不同时代的更迭而产生潜移默化的蜕变。审美认知,既受到自我内在理性的滋养,也容易遭受外在流行风尚的影响。在视频化社会的发展中,短视频塑造了独属于自己的美学风格,进而对社会审美的建构产生影响。屏幕中的美学风格显示为极美和极丑的两极分化,在滤镜的过度美化和猎奇的好奇窥探的共同作用下,生产出全新的审美内涵。

7.2.1 滤镜:梦幻仙境与消费主义

滤镜和短视频是一对密不可分的孪生姐妹,短视频的一大属性就是必定有滤镜的加持。滤镜的存在为短视频的呈现制造了如梦似幻的色彩,使短视频的影像内容成为日常生活的悬置,与平庸烦琐的日常生活拉开距离。它使人们逃离琐碎庸常的生活,对短视频里营造的生活场景产生极度的向往。

滤镜在短视频中的运用可以分为两个维度。

一是象征意义上的滤镜,突出其过滤的特性,意味着将影像中丑的、累的、费力的部分过滤掉，遮蔽苦难，只保留美的、松弛的、轻松的部分，从而营造出世外桃源的美好假象。为了达到这一目的，短视频生产者往往通过特殊的拍摄手法和后期剪辑来进行创作。李子柒创作的短视频大多属于这一类别。李子柒通过特殊的打光和后期调色，使视频质感散发油画的唯美光泽；通过镜头剪辑，使视频时间取代真实时间。视频时间指最终呈现在视频内容中的时间，而真实时间指在真实发生的时空中一分一秒流走的时间。例如，李子柒拍摄过一个搭建土灶的视频，在不同机位和镜头的切换中，土灶搭建的过程一帆风顺，似乎在一天之内就搭建完成了。实际上，这样一条短视频的拍摄往往需要耗费无数条原素材，拍摄时间跨度颇大。事件真实发生的艰辛过程，往往在视频的最终呈现中被诗意地遮蔽掉了，只留下令人心之向往的岁月静好的幻影。

二是物理意义上的滤镜，指各种短视频拍摄软件内置的用以美化视频的系统工具。滤镜通过调色、调整光线，制造梦幻的效果；通过对人的五官进行调整，如通过磨皮、放大双眼、调整脸型、瘦身增高等功能，来制造完美的屏幕身体。滤镜的使用和呈现在无形中进行潜在的审美驯化，批量生产出氛围感、糖果色、胶片感、阿宝色等美学风格，也在极端的过度美化中规训特定美丽面孔的模板。例如，一度流行的天鹅颈、A4 腰、芭比眼等，明显带有屏幕审美的标签式驯化功能，激起了现实中人类身体的向往与模仿。不是虚拟在模仿现实，而是现实在模仿虚拟。

滤镜的使用总是与消费主义的场景密不可分。小红书上各色网红在展示优质完美生活的同时，其背后往往有商业资本的加持和软性广告的植入。一个网红账号的孵化和经营，背后往往有一个专业的团队在实际操盘。从博主的人设，到影像的拍摄风格，再到特定用户的圈定、营销的精准投放，无不为特定的消费目的而服务。与传统广告不同，现代营销越来越讲究隐匿性和故事性，即通过打造网红博主的虚拟人设，进行特定内容的分享，建立博主和粉丝的信任关系，再通过博主“自用好物”的分享来推广和销售特定商品。当代社会对“拜物教”的崇尚，意味着对其背后所允诺的美好生活的向往，这往往与对权力、地位、未来的憧憬紧密相连。然而，现实生活的真实筑造，实际依赖一点一滴内在创造力的积累，而不是对消耗性物质的一次性消费。滤镜对拍摄影像的渲染，使人暂时遗忘了现实的不堪与艰难，过度夸大特定商品在人体上的实践效果（如化妆品的美白功效等）。散发着奇异色彩的滤镜对过度美化的失真生活的梦幻展演，只不过在为新一轮的煽动性消费添砖加瓦罢了。

7.2.2 猎奇：审丑的狂欢

短视频生产的普遍化，使猎奇式审丑成为可能。较之电视时代复杂的视频制作过程和严苛的审查制度，短视频的生产和传播都具有较低的门槛。同时，短视频用户的下沉，也使原本消失在大众视野中的景象得到全方位的展示和复归。这里的审丑有两个维度的含义。

一是指对极端丑的欣赏和追求，通过对极端丑的短视频内容的观看，来达到减压、放松的心理效果。如一度流行的"胖汉吃播"、"人类高质量男性求偶"等视频，皆是借着审丑的名义来吸引眼球。从美学角度而言，审丑的文化心理包含两种：一是试图通过对丑的直视，唤起主体情感对丑的否定，从而召唤起内心对真正美的渴望与追求；二是遵循喜剧生成的原理，通过对对象无伤大雅缺陷的嘲笑，来唤起主体的悲悯性情感。

二是指丑并不是真正的丑，而是指不符合主流价值观的审美。如以杀马特、朋克、嬉皮士等为代表的小众亚文化，因其中所蕴含的独特的风格和个性的张扬而焕发魅力。

7.2.3 屏幕身体的制造

哲学家鲍德里亚在《仿真与拟象》开篇引用了博尔赫斯的一个故事来说明拟象的本质。他认为，在博尔赫斯的有关"地图"和"国土"的故事中，不是"国土"先于"地图"，而是"地图"先于"国土"。在这种语境下，仿真的对象不再是具有实体的指涉物或某种物质。拟象成为没有本源存在的摹本，又或者本源也是一种拟象，现实失却了确认自身的坐标。拟象通过模型生成了一种没有本源也没有现实的真实：超真实。"拟真不同于虚构或者谎言，它不仅把一种缺席表现为一种存在，把想象表现为真实，而且也潜在削弱任何与真实的对比，把真实同化于它的自身之中。"(转引自马克·波斯特 2003：4)

短视频作为一种数位像素的构成形式，以比特为存在单位。滤镜对拍摄对象身体的夸张、扭曲和改造，使其脱离了现实生活中本源的身体。以超真实的形式溢出现实中的真实，成为短视频里独立的存在，构成了鲍德里亚拟象意义上的屏幕身体。它意味着一种过度美化，同时，为了实现特定目的的漫画式夸张，使短视频的剧场氛围中充满了戏剧性的张力，这些都与现实中的实际肉身拉开了距离。这里的屏幕身体具备游戏化身的特质。尼尔·斯蒂芬森在《雪崩》中所描绘的景象成为司空见惯的现实："你的化身可以在你的设备的限制范围内，以你所希望的任何一种面目出现。如果你长相丑陋,你可以使你的化身变得美丽漂亮。”(转引自尼古拉斯·米尔佐夫 2006：128)屏幕身体只具备视觉性,重力、嗅觉和触觉在其中不具备度量意义,眼睛成为极为重要的锚定点,将人类肉身的全部感知系统简化为视觉的聚焦,在看与被看的视觉性角力中,投射主体的匮乏与欲望。

7.3　自恋与投射：屏幕背后的爱欲想象

柏拉图(2019)在经典的《会饮》篇章中追踪了爱欲的起源。在柏拉图看来,爱欲是万物之源,扇动翅膀的爱神最先起源于对美丽身体的热爱。尼采同样认为,艺术与美的力量并非源自无利害性,而是出自意志与欲求的激发(转引自理查德·舒斯特曼 2020：145)。然而,只有我们推动灵魂的上升,将对身体美的热爱上升到对属灵,乃至对一切普遍美的热爱,同时保持一种精神无限敞开的可能时,爱神的翅膀才能伴随创造力的蓬勃生长而轻盈腾飞。短视频批量制造美丽的身体,同时制造对美丽身体的迷恋与凝视。人们通过拍摄短视频来展示自己的身体,同时通过观看短视频来窥探他人的身体。传统的柏拉图意义上的爱欲,在视频化社会的屏幕互动中构建新的情感张力。

7.3.1　对屏自怜的纳西索斯

希腊神话里顾影自怜的美少年纳西索斯,可以被解读为流媒体时代每一个手持手机进行自拍的现代主体自恋心理机制的隐喻。纳西索斯终日对着水中自己的倒影流连忘返,就如同对着手机屏幕进行拍摄的主体沉迷于影像映射中自我理想化的完美形象。在深度的自我创造的幻象迷恋中,纳西索斯最终爱上了倒影中的自己,在试图亲吻自己的过程中溺入水底变成水仙花,自拍主体同样沉溺在流媒体翻涌而来的影像之流中。

自恋,已成为这个时代的典型症候,伴随数字社交媒体和点赞文化的兴起,构成主体在流媒体时代的情感模式。腾格和坎贝尔(2017)在《自恋时代》中首次提出自恋流行病的出现和自恋文化在全球范围的形成。可以说,自恋恰恰来自现代人爱欲的匮乏,主体因为内在空洞而迫切需要他者的认可,在他者反射所形成的镜像中确认主体的价值意义。艾里希·弗洛姆(2008)在《爱的艺术》中深刻地指出,爱欲的本质实际上在于主体自身力量的充沛,因其力量的无限充盈而自然而然地向外溢出。爱本质上是一种施与，是通过施与在对方精神上激起同样力量的涟漪，是以自己飞扬的生命力激发对方的生命力，通过给予和分享，在提高自身生命感的同时，也提高他人的生命感。爱欲的结果，在于通过深度联结在彼此身上双向激发出的生命力和活力。

哲学家韩炳哲捕捉到这种积极的爱欲在当代社会的衰败。他在《爱欲之死》中指出，"纯粹意义上的爱，曾经被置于一个悠久的历史传统之中的爱，如今受到了威胁，甚至已经死亡"(韩炳哲 2019a：1)。在他看来，造成这番局面的罪魁祸首，正来自现代社会"他者的消失"。当今社会越来越趋于同质化，我们生活在一个越来越自恋的社会，之前被投入"爱的对象"的力现在被投注到自我的主体世界中，个人主义的盛行导致每一个个体都成为自恋的个体，不再看到他者的世界，也就无法产生爱欲的经验。

吊诡的是，自恋主体看不到他者的世界，却时刻需要他者的关注和认可，以确认自身的意义坐标和价值。流媒体媒介是呈现自恋主义和展示主义的绝佳舞台。人们将自己修饰过的身体和情感展现在社交媒体上，同时也透过屏幕来窥探他人修饰过的身体和情感。一方面，屏幕通过频频制造镜像来理想化拍摄主体，通过使自我镜像化与肉身分离，从而将自身塑造为他者，主体进而爱上自我的人造物；另一方面，屏幕制造了一个平滑的、没有痛苦的世界，一切都鸟语花香，一切都欣欣向荣。人们对他者的关注主要通过点赞或打赏的行为来完成，情感的戏剧性被简化成一套约定俗成的程序。然而，实际上，真正的美和激情是没有丝毫平滑感的，痛苦的否定性使美更为深刻(韩炳哲 2019c)，悲剧性的痛感产生卡塔西斯(Katharsis)，是产生净化的源泉。没有痛感的情感互动，只是在生产平庸的无聊。

7.3.2 情感消费：恋物的阿波罗

在古罗马文学中，阿波罗对达芙妮一见钟情，遂展开热烈的追逐。然而，这场追逐注定是单向的，当阿波罗触碰到达芙妮的那一刻，达芙妮就变成了一棵月桂树。对阿波罗而言，达芙妮是永恒的被物化的他者，是美的物象，是永远被观赏的风景，是欲望的单向投射。达芙妮无法回应阿波罗的爱，就如同短视频中的欲望客体无法真正回应观者的情感投射。观者以自身想象的方式，试图占有影像中的欲望客体。然而，在这个过程中，爱欲却无法产生真正的双向流动。

现代社会的高速发展导致人类生存的原子化。在经济至上原则的作用下，生活的各个方面都简化为绩效，效率是第一要务，“爱被简化成了性，完全屈服于强制的绩效与产出。性是绩效。性感是可以持续增加的资本”（韩炳哲 2019a：27），这无疑导致了情感的商品化。在当代商业社会中，情感价值是一种可以通过货币支付进行购买的商品。在特定的短视频中，“具有展示价值的身体等同于一件商品。他者则是性唤起的对象。不具备‘异质性’的他者，不能为人所爱，只能供人消费”（韩炳哲 2019a：27）。屏幕身体是具有商品价值的，它的颜色、神态、动作、语言都能激发起观者的愉悦感，用以承载观者单方面投射的欲望。

然而，真正的爱欲本质上是缔结一种深度的关系，它召唤出内在的生命力，让我们不再麻木，感受到身体的磁力在向比我们更强大、更重要的方向拉动，它让我们意识到生命的无限可能（Williams 2002）。只有这种双向互惠的关系，才能滋养充满活力的情感流动。但是，在数字化的屏幕中，情感感知表现为一种毫无节制的“呆视”（韩炳哲 2019b）。人与人之间的交流不再是真情实意的双向互动，而是“主-客”两分的“看与被看”。触觉和嗅觉在这个虚拟空间中均不存在，人与人之间用以表达柔情的感官统统失灵，唯有视觉亘古永恒。当征服、使用、控制的功能凸显时，爱欲就被粗鄙化为色情，屏幕身体被当作商品展示，邀请所有人来观看。

观者通过收藏、保存、下载、反复观看视频本身，用一种数字化携带的方式来占有欲望客体。同时，随着短视频再生产在现实生活中的渗透，现实中新世代的情感关系也开始倚赖短视频的互动来缔结和维护。例如，一对情侣在社交软件上的对话，往往通过分享一段短视频的方式来开启，仿佛只有以视频博主的流量产品为中介，才能进行不失尴尬的情感表述。被上传到抖音平台上的恋爱成为一种表演，爱情关系因被展示而充满令人津津乐道的观赏意味。一些视频博主通过捆绑“情侣”关系来大量地吸引粉丝，“Couple 博主”成为一种收割流量的密码，“磕 CP”成为观者消费短视频文化的一种愉悦身心的休闲方式。短视频博主通过生产迎合观者欲望的爱情表演来获取盈利；观者则在短视频的持续“发糖”中，通过观赏和想象他人的恋爱，来间接获得一段恋爱关系的情感体验。

7.4 结语

短视频作为一种新的媒介样态和文化形式，在后真相的语境中，表现为永不停歇的视频之流。它以碎片化的影像形式，参与到当下社会有关知识、道德、习俗等方面的建构当中。值得注意的是，短视频作为一种生成性媒介，处于持续不断的生产、传播和再创造的过程之中，改变我们看待世界的方式、新的审美价值观的形成和对他者的情感感知模式。同时，新的瞬间确定性的东西也在随时形成。短视频营造的虚拟空间随时提供有关白日梦、桃花源或者游乐场的驻所，亦在创作者和观者的互动中创造出新的情感空间，生产新的情感诉求。最终汇总为一种文化层面的集体无意识，从而构建视频化社会的新文明形态。

参考文献

艾里希·弗洛姆(2008).爱的艺术.李健鸣，译.上海：上海译文出版社.

柏拉图(2019).柏拉图对话集.王太庆，译.北京：商务印书馆.

韩炳哲(2019a).爱欲之死.宋娀，译.北京：中信出版社.

韩炳哲(2019b).他者的消失.吴琼，译.北京：中信出版社.

韩炳哲(2019c).美的救赎.关玉红，译.北京：中信出版社.

赫克托·麦克唐纳(2019).后真相时代.刘清山，译.北京：民主与建设出版社.

简·M.腾格，W.基斯·坎贝尔(2017).自恋时代.付金涛，译.南昌：江西人民出版社.

理查德·舒斯特曼(2020).通过身体来思考.张宝贵，译.北京：北京大学出版社.

马丁·海德格尔(1996).海德格尔选集.孙周兴，选编.上海：上海三联书店.

马克·波斯特(2003).让·鲍德里亚思想引论.张云鹏，译.南阳师范学院院报，2(8)：1-5.

马歇尔·麦克卢汉(2000).理解媒介——论人的延伸.何道宽，译.北京：商务印书馆.

尼古拉斯·米尔佐夫(2006).视觉文化导论.倪伟，译.南京：江苏人民出版社.

汪民安，陈永图，马海良(2000).后现代性的哲学话语：从福柯到赛义德.杭州：浙江人民出版社.

亚里士多德(2016).修辞学.罗念生.罗念生全集(增订典藏版)(第一卷).上海：上海人民出版社.

詹明信(2013).晚期资本主义的文化逻辑(第 2 版).张旭东，编.陈清侨，等，译.北京：生活·读书·新知三联书店.

Tylor，E. B. (1958). *The origins of culture*. New York：Haper and Row.

Virilio, P. (1994). *The vison machine*. Bloomington: Indiana University Press.

Williams, T. T. (2002). *Red*: *Passion* and *patience in the desert*. London: Vintage.

（张　祯）

8

我们以这样的方式窥探社会与人生

——视频化社会与复杂观看心理

短视频改变了网民参与网络生活的方式，拓展了现代人生活的边界，使人们在视频化社会中开展第二人生。由于人们在使用短视频应用时面临大量全新的问题，因此，作为短视频的创作者和观看者，短视频平台的用户也成为不可忽略的研究对象。在传播学研究层出不穷的背景下，我们需要回归人的心理世界，在短视频技术的时代浪潮下建设心理学与传播学的对话桥梁，帮助人们更好地参与和体验视频化社会，了解观看时的复杂心理。

8.1 视频化社会：从文化心理学与数字人文视角看时代变迁

8.1.1 短视频的隐喻：一种新型话语实践的诞生

随着移动互联网技术的不断升级迭代和移动设备的快速更替，新型的移动媒介在硬件及配套设施的发展中不断被孕育出来。互联网在萌芽期诞生了以 QQ 为代表的即时通信工具和博客，以及贴吧、天涯、猫扑等论坛。彼时，由于受限于网络技术，用户的交流主要通过文字进行。2009 年，3G 技术普及开来，随后两年内催生了以微博和微信为代表的移动新媒介。这一时期的用户分享模式从纯文字形式扩展为文字与图片相结合的形式。通过互联网技术，人们以一种更新的形式进入读图时代。近年来，4G/5G 网络的普及加速了短视频的诞生。

短视频是由传统视频技术发展而来的。视频的产生早于互联网技术的诞生。从录像技术诞生开始,电影和电视视频便走入人们的生活,成为大部分家庭不可或缺的生活组成部分。但早期因为设备价格高昂,只有专业人士才能制作视频,大众只能观看由电视台或者电影公司制作的内容。此后,随着更多家庭拥有家用DV和带录影功能的手机,视频成为一种主流的记录生活的形式。但由于网络技术的限制,人们录制视频之后只能在家庭内部进行分享观看,这仍是一种私域的分享方式。直到互联网发展早期,优酷、土豆等视频门户网站开始允许用户自行上传视频,用户可以借助链接的形式通过社交网站将视频分享给其他用户,类似的网站还有国外的YouTube等。用户自行制作的视频开始较为正式地进入公域流量并参与互联网社交,但由于传播渠道和传播载体主要借助于个人家用电脑,视频也缺乏制作深度,用户观看体验与如今的短视频仍有很大的差异。

8.1.2 内容与心理:短视频观看心理的研究背景

随着科学技术的发展和人们生活水平的提高,现代人或是自愿或是被迫地进入了读图时代。虽然简短的文字分享可以满足人们获取信息的需求,但由于大脑在人们读图和读书时进行的加工过程有所不同,因此,文字信息需要人们用更多的注意力进行处理,远不及图片可以快速直观地满足愉悦感。亚里士多德与柏拉图等西方哲学家都在著作中论述了视觉在人类感官中的重要性。

视频在文字与图像的基础上又增添了语音,这调动了人类的另一种感官听觉,比单一的文字或者图片形式更为生动与立体,对用户的理解门槛要求也更低。视频是一种更贴近人类原本生活的话语。在已有对于视觉文化的研究中包含大量的心理学研究的同时,话语分析关注各种形式的语言文本和言语行为现象,因此,针对视频的研究也可视作对于话语研究的外延。乔纳森·波特(Jonathan Potter 1987)在《话语和社会心理学》中确立了话语分析在社会心理学领域的作用,话语社会心理学(discoursive social psychology)已正式成为一个研究取向。

社会建构论(social construction)心理学的奠基人肯尼斯·J.格根(Kenneth J. Gergen)在著作《社会构建的邀请》和《语境中的社会建构》中提到,把人们联系在一起的语言、日常通话过程和生活在其中的制度为促成现实做出了贡献。无论人们身在何处,每当人与人之间发生了交流,构建世界的过程就会在那里发生,社会生活就像跷跷板一样在稳定的力量与变化的力量之间不断移动。视频作为记录语言与会话过程的产物，也逐渐成为一种生活方式和文化取向。格根(Gergen 2001)还提到，建构论者认为研究者在选取一个对象进行研究的时候就对身处其中的文化传统发出了讯号，对研究对象的测量就是以一种特殊方式建构了世界。毋庸置疑，视频正逐渐以一种不可阻挡的趋势改变人们所处的环境，并构建一种新的社会。

文化心理学也同样适用于当前的视频化社会研究。心理与文化的相互建构是文化心理学的理论起点。视频作为人创造的媒介，在被人使用的同时也在不断地改变人的生存空间，使人的生活方式和心理发生不可逆转的改变。视频在成为一种文化的过程中与人类社会密切交织，同时又与人类的心理相互勾连、相互建构。

综上，除了从技术哲学和传播学的角度，我们也不能脱离心理学的语境对视频化社会进行研究。视频对于人类社会的意义已经超出作为一项技术或者一种思潮，人们参与视频化社会时的心理同样值得关注。

8.2 观看空间的变化：凝视与瞥视的流变

在视觉文化研究中，拉康的凝视理论是一座无法越过的大山。由于视频是记录影像与声音的产物，研究视频自然不能脱离视觉文化的研究范畴。在视频化社会的背景下，我们同样可以将凝视理论引入对于观看空间和观看方式的讨论。

让-保罗·萨特关于凝视的讨论对于后续拉康对凝视的研究起到很大帮助。萨特(Sartre 2020)认为，凝视不是我对他人的凝视，而是他人对我的凝视。凝视表明“我”是“为他”的存在(吴琼 2010)。在视频化社会中，这样的解读更具象化了。视频被拍摄之后上传到互联网，供他人进行观看，此时的他人并不真切地在“我”面前进行观看，但“我”在进行录制视频时却能确凿地感受到屏幕背后通过互联网有无数他人的目光在通过他们的移动设备对“我”进行观看。在这种由视频技术的使用带给人们的教育之下，人在视频录制中会有意识地进入一种表演状态，这种状态在日常生活中相信也不难被发觉。例如，当人们发现有镜头正在对准他们时，他们会下意识地关注自己的仪容仪表，在意自己的言行举止是否得体。这正是福柯(1999)在《规训与惩罚》中提到的“全景敞视机制”(panopticism)。福柯提到个人被技术编织在社会秩序中，而这种凝视权力不仅存在于统治者与被统治者之间，也成为全体互联网使用者的权力。当你拥有了移动设备，接入了互联网，你就自动成为这一由他者目光建筑的注意力牢笼。每个互联网使用者共同铸造了这个监狱，每个人在成为狱卒时也不可避免地成为监狱里的囚犯。喻国明(2009：21)在全景监狱的理论基础上进行了发展，认为传播的技术革命正在促成“共景监狱”这一新的社会结构，这种结构与全景监狱是相对的。全景监狱是一种宏观结构，而共景监狱是一种微观结构，是众人对个体展开的凝视和控制，人们在信息传递中沟通彼此的信息，设置社会的公共议程。作为视频化社会的参与者，每个人都在以这个新奇社会的独特运行机制对它进行管理。

8.2.1 高墙倾颓：私人空间与公共空间的消解

曼纽尔·卡斯特(2001)在《网络社会的崛起》中提出了“空间即社会”与“流动空间”(space of flows)的概念。在高度信息化时代，基于时间和过程所共享的流动空间正在超越原本由地缘和物理所带来的空间区隔。在短视频盛行的当下，这个趋势变得更为明显。

在传统的社会空间论中，公共空间与私人空间并不难区分，两者处于相对的地位，至少一个人的家庭内部空间毋庸置疑是私人空间，如果人们需要进入他人的家庭内部空间，需要得到他人家庭内部成员的允许，家门内的空间是绝对的私人领域。而在短视频盛行的当下，我们不难看到抖音、快手这类短视频平台或是小红书等生活类分享平台上，大量的视频是在博主家里拍摄的。当在家庭内部拍摄的视频上传到网络平台之后，家门变成了透明的，上传键变成了一把钥匙，任何人都可以通过网络进入他人的家庭。从前的私人空间在短视频中变得公开化，成为公共空间的一部分。私人空间与公共空间之间泾渭分明的高墙开始坍塌，界限开始模糊，传统的区域分割开始消解。

8.2.2 无处遁形：隐私的暴露与窥私欲的满足

尽管视频的分享主题不一定是家庭内部空间，但由于视频的即时性与高可见性，一些人们并没有期待分享的内容不可避免地出镜，比如家庭内部陈设、家庭成员等。近年来用户上传到网络的图片、视频造成用户的真实居住地址被泄露的事例屡见不鲜。

观众对于视频中信息的关注并不局限于视频拍摄者希望他人关注的内容，一些无意中出现在视频中的内容同样是观众愿意探知的信息。早在短视频风靡之前，许多电视节目已经开始制作真人秀节目，这些真人秀节目一经推出便经久不衰。过去，探知他人的隐私成本很高，一些公众人物的隐私需要经由狗仔这类追逐明星与名人的娱乐记者来曝光。由于私人空间的公共化，普通人与公众人物的界限开始模糊。当个人的信息可以被公开观看时，每个人都有成为公众人物的可能。这种变化可能是主动的，也有可能是被动形成的。公共空间的扩张带来的是个人隐私范围的缩小。

除了短视频，直播带来了更大的隐私泄露问题。短视频与直播除了能满足人们分享与获取信息的需求之外，还有极强的娱乐性质。当下，注意力生意的关键在于如何抓取受众的眼球，给受众带来满足感。过去，人们通过观看电视节目或者看电影来体验不同的人生。这些传统形式的节目或是经过精心设计，或是做过一定的加工与处理，人们只能被动地在电视台或者电影公司提供的范围内进行有限的主动选择。而短视频与直播带来的冲击不只是播放渠道的改变，还极大地扩大了受众的选择范围，人们关注的对象从传统意义上的公众人物转向网络平台上的用户。电视与电影的精良制作是它们独具的优势，但这种制作痕迹也使观众较难代入。而短视频和直播的未经修饰反而成为一大特色，也是其获得成功的重要原因。人们需要在平淡的现实生活中寻找一个新的出口宣泄内心的欲望，短视频中展现的生活给人一种可接近感，人们从他人的生活中获得了一种替代性的满足。

这一切都来源于人们的窥私欲。按照弗洛伊德(1984)在《精神分析引论》中所述，窥私欲应当属于一种潜抑作用。现代社会的高速运转与生活成本的增高给人们带来了极大的压力，而直播与短视频是一种低成本的娱乐获取方式，人们的压力在观看直播中获得释放。日常生活中的不满足从他人的生活里得到代偿，大众的窥私欲在这种刺激下得到了满足，从而成为一种无须主动习得的心理状态，并蔓延到每个观看者身上。视频化社会为窥私欲的产生提供了足够的养料和生长环境。

8.3 亲历与旁观：视频化社会的参与方式

在传统的观看行为中，人们是否实地在场是界定人们是否参与的重要标准，而在当下，观看空间的改变使得人们参与社会的方式发生了重大变革。学界在重新审视技术与身体的关系，这对于人们如何产生对世界的新的认知至关重要。

8.3.1 亲历：传统的具身在场方式

在场(presence)是传播学近几年讨论的重要议题，尤其在引入技术哲学的视角之后，被提起的频次大幅度增加。传统的在场模式就是人的身体在现场，人的身体在某个事件发生的场所，亲身经历整个过程，而人在身体在场时也可以与其他在场的身体进行互动。过去，身体在场是人们参与社会最重要的也是最原始的方式，人们通过身体在场获得对世界的感知，获得新的体验，直观地获取信息。

近20年来，认知心理学的焦点论题是“具身认知”(embodied cognition)。身体在认知过程中发挥关键作用，认知是通过身体的体验及其活动方式而形成的(叶浩生 2010：706)。具身认知的主流学说是支持身体论的，强调认知的内容是由身体提供的。“人们对身体的主观感受和身体在活动中的体验为语言和思想部分地提供了基础内容。认知就是身体作用于物理、文化世界时发生的东西。”(Gibbs Jr 2005)这为人们身体在场对世界的理解的重要性提供了心理学上的理论依据。

8.3.2 旁观：短视频观看中的远程在场

在视频化社会中，身体在场的重要性被遮蔽了，变得不再是必须的。前文讨论了人们如何通过交流来建构社会，视频给人们的远程在场提供了最直接的支持，移动互联网的即时性使得远程在场成为现实，“在场与身体史无前例地分离了，虚拟的身体被制造出来，主体在场的方式也彻底更新了”(孙玮 2018)。法国学者雅克·埃吕尔(Jacques Ellul)在20世纪中期针对图像的研究中也有类似的论述。埃吕尔认为，展览通过图像的形式进行教学，这样的形式使我们一眼就能抓住现实的全部。人们通过表象看到了形象、景观、文化，在法国郊区的博物馆里展出关于纽约的展览，这些郊区人也许从来没有去过纽约，却可以对纽约的一切如数家珍(Ellul 1964)。埃吕尔的理论展示了人们对于世界的了解与认知并不仅仅是通过身体在场才能实现的，人们可以通过图像形式的展览来认识世界。作为比图像更为鲜活的技术形式，视频提供的在场体验更不需要做出更多论述。

在视频已与图像变得同等重要的今天，人们可以通过观看视频来达成远程在场，视频记录比图像更多的信息。在视频化社会中，人们是旁观者，也是亲历者，眼睛与耳朵的功能被极大地扩展了，而眼睛与耳朵接收到的信息通过神经中枢传递给大脑，大脑不断地接受视频中的景象，这种影响在一定程度上超越了现实造成的影响。人们通过旁观他人的生活来获取自己人生的经验，这种认知独立于包括大脑在内的身体，从而产生了离身的(disembodied)认知或心智(叶浩生 2010：707)。

在远程在场中，人们借由在视频平台上的功能互动和透过屏幕的观看替代了身体的在场，身体在一个非现场的位置通过对移动设备的操作就可以通过数据传输的形式“到达”现场。学者黄华提出了手机屏幕的具身性：“屏幕围裹下的身体对现实空间的感受能力基本被截除了，改变了身体和在世空间的关联程度。在远程在场的状态下，身体不再是现象学意义上主动的、富有感知能力的身体，而是成了终端，只是技术假体的承受者，消弭了不同身体之间存在的差异性。”(黄华 2020：47)移动设备极大地改变了人的感知比率。如果我们认为移动设备存在具身性，那么这种远程在场的形式同样可以带给人们具身认知。

8.4 模拟人生：视频化社会的复杂观看心理对人格的重构

前文叙述了视频技术如何完成对视频化社会的建构和人们如何参与视频化社会，视频化社会同样在对人们的心理与人格进行重塑。要更好地了解视频化社会究竟对人们产生了怎样的影响，需要从参与的个体着手。

8.4.1 自我与他我：视频化社会中“我”的运作

从古希腊开始，自我就是哲学家们不断讨论的问题，人类认识世界往往都是从认识自己开始，围绕对这个问题的思考，哲学开始发展。弗洛伊德的精神分析学为自我的研究引入了新的学术视角。哲学意义上的自我过于抽象，而精神分析学从人们的行为和思维的角度入手，窥见人们对自己的认识。

弗洛伊德将自我的拓扑结构分为本我、自我和超我。拉康对自我进行了更为深入的研究，提出了镜像理论。拉康指出，理解力、直觉和记忆最先是从外部世界构成，继而到人们用于谈论自己生活的象征，然后回归人们认同的想象(马元龙 2004)。

人类对于自我的认知最早始于人在婴儿期通过镜子对自己的观察。然而，这也是一种他者视角，婴儿借由镜子的反射来观察自己，与此同时，周边亲密的人会不断告诉婴儿镜子中的影像就是婴儿自己。亨利·瓦隆(Henry Wallon)认为，镜子阶段是人的社会性因素和生物学因素相互交接的时期(Lacan 2001)。由于人的自我是从外部世界形成的，因此，人的自我需要借由他人来进行完善。在社会中，人不可能脱离其他客体而存在。人的一生都在接受来自他人的评价和目光，当然，这些目光也有来自自己的。人在进入社会活动之前需要先进行自我审视，就好像我们每天出门之前都需要照镜子确认自己的仪容仪表一样。因此，人的自我是一直在变化的、动态的。

如果照镜子无法让人们清楚地认识到这是一种他者视角的观察，那么视频使这种观察更加显见了。人们在发布视频前会反复确认视频的内容，如果视频中涉及自己出镜，那么这种检视会更为细致。前文在探讨拉康的凝视理论时提到人在录制视频时会有意识地进入一种表演状态，这种表演状态是不完全真实的，而视频也是人们表演的产物。因此，将人进入社会时的自我解释为"他我"更为贴切。这种"他我"是因社会中的各种客体对主体产生了看法，又通过社会规则的规训、要求、约束多方影响两者相互作用而形成的。

8.4.2　自恋与自卑：视频化社会中的比较

自恋最早用于精神病理学研究，早期被弗洛伊德视作一种人格障碍，而后又被认为是一种正常的人格特质。人们在通过观察他人及其生活参与视频化社会时，不可避免地会陷入一种与他人的比较中，而这种比较会天然地产生自恋或自卑的心理。

社会比较是人类社会生活的一大特征(Buunk & Gibbons 2007：4)，比较可能来源于日常生活的各个方面。视频的取材可能来源于生活的各个角落，最直观的是视频博主的生活环境、衣着打扮、身材样貌，这些是可以直接通过视频画面获取的。博主的社会地位、个人背景则可通过博主在视频中对自己的描述性话语或个人简介得到，更为抽象的还有生活方式或所谓的氛围等。这一切都可以成为人们在观看视频时产生比较的标的。

通过前述对自我的探讨，我们得出了自我是借由他人完成的结论，而往往他人并不需要用明确的话语来让人们知晓这一评价。人们通过自我审视来获取对自己的能力的评价，这一点被美国社会心理学家利昂·费斯廷格确认。费斯廷格(Festinger 1954：118)认为，当人们不能用比较客观的手段来评价自己与表达观点时，个体倾向于通过与他人进行比较来表明自己的观点和能力，而只有当比较对象与自己相似时，人们才可能对自己做出有效的评估。在视频化社会到来之前，比较多数从周围人中产生，而比较也存在代际传递。孩童时期，父母就会将孩子作为比较对象。从长相到开口说话、走路时间的早晚,人从一出生就进入了社会评价体系中,被各种标准限制进行比较。

短视频平台扩大了人们社会比较的范围,短视频的可视性和远程在场的特性使人们认为视频博主与自己是非常接近的,从而不自觉地将他们纳入比较范围。人们只能从电视和电影上看见明星时,不会将自己与他们进行比较,因为与社会名流们相距甚远,而与视频博主距离更近。当人们发现自己在某些方面不如视频博主时,自卑的心理就产生了。自卑是个体在与其他客体比较的基础上认为自己不如他人,而关注自己存在的缺点,从而产生困扰的一种情感。视频平台在娱乐大众的同时,反而加重了许多人的自卑心理,从而引发焦虑情绪,如身材焦虑、容貌焦虑等。

8.4.3 认同与模仿

在比较的认知基础上,视频观看者在与视频作者的内容进行比较的过程中形成的自我认知会折射出他人的行为。人在社会化自我认知的基础上会追求社会化的理解与认同,从而形成追随和模仿行为。在观看者对短视频内容的摄取中,内容中的环境、人物、行为在成为比较对象的同时,也成为模仿的标的。模仿是在观察的基础上学习如何做出一种行为。

如前所述,人类对自我的认知来源于外部世界和他人的审视,而视频的传播也会间接形成一种来自他人的审视:虽然这种投射可能并不直接作用于观看者,而是作用于视频创作者本身,但通过观看使得外部世界的动向被投射到观看者身上。观看者通过视频的反馈所获得的认知使得他们在本体世界中的认知被重建为对视频中行为的模仿。

有实验(陈武英、刘连启 2013)表明,儿童在选择模仿什么和选择什么时候模仿时会综合考虑两方面的因素:一是自己先前的经验;二是他们观察到的他人行为的有效性。这于成人也是一样的。由于观众可以看到视频博主每条视频的评论与点赞,这些对于他们进行比较的对象的评价也会在一定程度上塑造观者的认知。在比较产生的自卑心理之外,观者也会通过观看他人并模仿他人以期待提高他者对自己的评价,从而得到一种正向的促进。

8.5 结语

人们在构建视频化社会的同时,也在亲历变化的过程,他们的认知同样被融入建构。在人们构建视频化社会的过程中，社会对人类的生活进行了重构与再造。这种建构是互相的。在研究人们对技术和社会建构的同时，也需要关注技术社会对个人认知的重构。只有这样，才能更好地利用技术的社会建构，而不致使技术对社会产生畸变。

参考文献

保罗・维利里奥(2004).解放的速度.陆元昶，译.南京：江苏人民出版社.

陈武英，刘连启(2013).模仿：心理学的研究述评.心理科学进展，21(10)：1833-1843.

黄华(2020).身体和远程存在：论手机屏幕的具身性.现代传播(中国传媒大学学报)，9：46-51.

马元龙(2004).主体的颠覆：拉康精神分析学中的“自我”.华中师范大学学报(人文社会科学版)，6：48-55.

曼纽尔・卡斯特(2001).网络社会的崛起.夏铸九，王志弘，等，译.北京：社会科学文献出版社.

米歇尔・福柯(1999).规训与惩罚：监狱的诞生.刘北成，杨远婴，译. 北京：生活・读书・新知三联书店.

孙玮(2018).交流者的身体：传播与在场——意识主体、身体-主体、智能主体的演变.国际新闻界，40(12)：83-103.

吴琼(2010).他者的凝视：拉康的“凝视”理论.文艺研究，4：33-42.

西格蒙德・弗洛伊德(1984).精神分析引论.高觉敷，译.北京：商务印书馆.

叶浩生(2010).具身认知：认知心理学的新取向.心理科学进展，18(5)：705-710.

喻国明(2009).媒体变革：从“全景监狱”到“共景监狱”.人民论坛，15：21.

张一兵(2018).远托邦：远程登录杀死了在场——维利里奥的《解放的速度》解读.学术月刊，50(6)：5-14.

Buunk, A. P., & Gibbons, F. X. (2007). Social comparison: The end of a theory and the emergence of a field. *Organizational Behavior and Human Decision Processes*, 102(1), 3-21.

Ellul, J. (1964). *The technological society*. New York: Vintage Books.

Festinger, L. (1954). A theory of social comparison processes. *Human Relations*, 7(2), 117-140.

Gergen, K. J. (2001). *Social construction in context*. New York: Sage Publications.

Gibbs Jr, R. W. (2005). *Embodiment and cognitive science*. Cambridge: Cambridge University Press.

Lacan, J. (2001). The mirror stage as formative of the function of the I as revealed in psychoanalytic experience. *Ecrits: a selection* (pp. 146-178). New York: W. W. Norton & Company.

Potter, J. (1987). *Discourse and social psychology: Beyond attitudes and behaviour*. New York: Sage Publications.

Sartre, J.-P. (2020). *Being and nothingness: An essay in phenomenological ontology*. London: Routledge.

（陈雨轩）

9

无远弗届，穷山距海

——视频化社会传播中国形象的话语机制

本章是在全球视频及其平台不断发展的背景下，考察中国视频及其平台在扩展海外市场过程中运用的话语策略，以此展现关于视频化社会的部分特征。YouTube平台上发布的李子柒视频将人类普通可感知的乡愁接合多种文化情境，来重构易于被不同文化背景的观众理解的新乡土中国。这是斯图亚特·霍尔(Stuart Hall)接合理论在中国的一次影像实践，不但传播了当前中国人与自然和谐发展的风貌，而且满足了不同文化背景的观众对乡村的想象、对中国的好奇和对各自文化的反思与认同。李子柒美食视频中的接合实践正成为解决当前中国影像国际传播的一种机制，其启发了中国影视工业以平和的语言制作，也传播了具有中国特色的、可为多文化观众提供情感共鸣体验的影视产品。由此，话语接合机制为跨文化交流语境下视频化社会的完善提供了一种可行的方案。

9.1 引言

当下，部分“走出去”的中国电影并没有很好地区别国内和海外两个不同市场对国家话语接受程度的差异，虽然在国内取得较好的票房成绩，但海外票房处于较低的尴尬境地。与此形成对比，多部(短)视频在传播国家形象和促进影视产业发展方面都取得了不俗的成绩。学界对此给予了高度关注。例如，徐明华和李丹妮(2019)认为，中国的新型媒介需要主动筛选不同文化之间的相似元素，从而唤起不同文化群体的共同情感。姬德强(2021)认为，共情性作为一种间性思维和情感反应，在传播主体上充满多元性和流动性，是跨文化传播中创造“美人之美，美美与共”故事的重要手段。肖珺和张驰(2020)借用共同解释项来表述发送者和接收者双方心灵之间符号的成功交际是跨文化交流成功的关键。这个过程不只是从发送者到接收者的模式,而是双方相互影响对方心灵的互动模式,传播双方均在符号传播过程中增加对其意义的理解范围或信息量,人类的心灵由此得以开放和充盈。的确,在交流双方存在较大差异的文化语境下,共同解释项启发发送者需突破自我环境的束缚,考量他者的环境,改变文本形成时的意义,从而建构新的意义和符码。相较于共情性,共同解释项也鼓励作为接收者的他者不能囿于旧有的文化语境,要对文本采取开放性态度,从而建构一个意义更加丰富的跨文化交流空间。

已有的研究已经意识到同一个传播活动中两个主体的共生关系,中国跨文化传播及相关研究不能重回直接反驳美欧霸权的老路,而是需要探索不同文化之间相通的话语。这些观念虽然具有先进性,但在构建引起情感共鸣的叙事层面并没有给出实践的建议。本章认为,经过多维构建之后的共同情感、共情性和共同解释项是作为一种可感触的情感结构而存在。成功的跨文化交流范式是在一种微弱的、对话双(多)方可共同感知的情愫的基础上,接合对话双(多)方的不同语境,制造一种既有相似感又对陌生事物怀有好奇心的欲望,从而生产出既能接合本土观众的审美,又能引起不同文化背景观众情感共鸣的叙事。

近年来,多部与中国文化有关的视频在海外平台获得较高关注。例如,“办公室小野”围绕“办公室+做饭”这一主题打造了对全世界大部分人来说都很熟悉的意义空间。“滇西小哥”以云南民族特色美食为线索,结合风土人情,串联起不同文化背景的观众对美好生活的向往。“阿木爷爷”不使用任何钉子或者电动工具,而是采用传统鲁班锁工艺制作的手工艺品诠释着人们对平淡生活的热爱。这些“出圈”的视频在很大程度上都说明不同文化背景的人们的生活方式可能有所不同,但对于生活本质的认知、对于田园自然美好的追求是相通的。

本章借用斯图亚特·霍尔的接合理论来探索何种可感触的情愫可能构建共同情感,并且在此基础上总结中国视频可以借鉴的构建共同情感的机制。

9.2 中国美食类纪录视频的文化实践

9.2.1 斯图亚特·霍尔的接合理论

20 世纪 80 年代前后,英国时任首相撒切尔夫人提出了一系列赢得大众认同的政治和经济措施。斯图亚特·霍尔(转引自 Grossberg 1986)考察了这些措施提出的背景和具体内容，并在此基础上提出了接合理论。他认为，在一定条件下将两种或多种不同要素连接在一起的方式，体现为在差异化的要素中建构同一性的一种关联实践是为接合。在此基础上形成的接合理论，成为在一定的历史和现实条件下，多方社会结构、势力集团等差异性的力量合纵连横的领地，其中并不存在泾渭分明的统治阶级与被统治阶级的区分(Slack 1996)。由此，接合成为多种利益主体通过协商获取新的各方能接受的话语的策略。事实上，接合理论已经成为霍尔和伯明翰学派(文化研究学派)最为重要的理论根基。接合理论强调文化文本可能发出不同的意义，同时，强调同一文化文本的意义始终为斗争和谈判之场域。文化领域充满了为特定意识形态和特定社会利益而接合、解接合和再接合的文化文本的斗争，由此说明接合是在差异性中产生同一性、在实践中产生有机的结构。这一特征也暗示接合理论的反本质主义、摈弃还原论和决定论的特征，是一种以解决当前文化实践中的实际问题为首要目标的理论。

与前人关于意识形态的论述相比，霍尔的接合理论淡化了马克思意义上具有曲解和对抗性的意识形态理念(马克思、恩格斯 1960：29-30)，而是借用阿尔都塞意识形态中的意识形态国家机器概念和主体质询机制(阿尔都塞 2006：701)，以及葛兰西的文化霸权理论(Gramsci 1971)，回调了拉克劳将意识形态等同于话语的性状(Laclau 1977)。接合由此成为一种文化建构，既不是必然的，也不是绝对的，而是语境化的产物。它是各种相异元素在关键时刻相连接的某种方式，这种方式形成某种新的机制或连接后获得某种新的、具有指向性的意义。在这方面，霍尔显然受到葛兰西的文化霸权理论的影响，认为接合并不在于消除其他(阶级)文化，而在于工人阶级意识形态与资产阶级意识形态的耦合。因此，所谓的文化文本可能并非意义之源，而是可以为了特定的、也许是抵抗性的社会利益，在特定语境下生产出的特定的意义场域(Hall 1981)。由此，霍尔的接合理论变成了一个充满谈判、协商与斗争的大众文化的场域，在里面争夺霸权的关键是各方能够在多大程度上接受不同的世界观，使它们之间潜在的对立得到缓和。

霍尔的接合理论强调信息传播过程中需要稀释不同阶级意识形态与社会不同机构之间的对抗性，并且在差异中寻求同一性。在一定程度上，这也表明伯明翰学派的文化研究并不是一种文化精英主义的自上而下的批判，也不是法兰克福学派所强调的文化商品是统治阶级自上而下的、意识形态的统治，而是强调今天我们所熟悉的影视等媒介是一种大众文化，其意义的生产与传播是不同社会力量交流和协商的结果，其中包括自上而下的、旨在维护与宣传国家意志的、宰制性的意识形态，也包括自下而上的、对抗性和协商性的文化样式。霍尔的接合理论带给跨文化语境下的中国视频影像的启示在于：视频是融合了当前国家意志、观众审美和视频影像工业发展水平的社会话语；视频作品是受多种利益主体影响的、由多种力量交织的、包含霸权与协商的文化产品；一部视频的成功传播，是因为其传达的知识话语能够融合社会多种力量，能够接合不同文化背景的观众群体，并且以意义被目标观众理解为传播效果。

9.2.2 YouTube 中李子柒的文化接合实践

YouTube 中的李子柒美食视频通过接合不同文化来构建情感共鸣叙事，使不同背景的观众都能产生一定的情感回应，并且反观自己的文化。这就做到了共同解释项所强调的文化交流的过程可以构建新的意义和符号，是一种文化的增值。李子柒美食视频将中外观众可以共同感知的情愫——乡愁，接合不同文化背景观众感兴趣的社会热点议题，来重构一个新乡土中国的视觉景观。具体来说，李子柒视频将费孝通笔下具有“差序格局”“男女有别”“长老统治”等特点的乡土中国，与表现自然的、亲情的、环保的、女性主义的故事和镜头相接合，以构建景色优美、自给自足、物产丰富、尊重传统、女性解放、易于不同文化背景观众接受的新乡土中国。

李子柒的乡土中国充满了不同文化背景观众都能感受到的乡愁叙事，引发了海内外观众对亲情、家乡和美丽自然的文化记忆，触发了不同背景观众探寻自己的文化归属和精神寄托。乡愁是不同文化中的人皆能感受到的情感。李子柒视频选择性地将费孝通笔下注重礼法、差序格局的乡土中国与“采菊东篱下，悠然见南山”式的、充满亲情的、古风的中国乡村镜像相接合，构建了一个乌托邦式的中国新农村的图景。我们从 YouTube 上视频大量的留言中可以看出，中国文明与世界文明经由李子柒美食视频中表征的乡愁建立了联系，激发了不同文化背景观众对家的回忆和共鸣。在李子柒视频的评论中，很多海外网友表达了对李子柒构建的家庭亲情和古代农耕文明的赞许。诸多网友关心李子柒视频中出镜并不多的奶奶。一条英语评论写道：“我的奶奶就是这样生活的，她的厨房和李子柒的很像，可是她已经去世三年了，我非常想念她。”另一条评论写道：“这就是我们的生活方式，与我们的家人分享着我们的一切。大自然为我们提供了生活的一切。我祝福她和她的奶奶都幸福快乐。”从这些英语评论中我们看到，虽然很多国外观众可能不知道陶渊明式的生活是什么样的，也不理解费孝通笔下 20 世纪 30 年代到 40 年代乡土中国的概况，但是李子柒美食视频所展示的全过程的劳动场景、自家美丽的花园、辛劳且淳朴的生活方式、独自照顾奶奶等情节被接合到不同文化背景观众各自的生活体验中，由此，“差序格局”和“长老统治”式的乡土中国就可能被不同文化背景的观众解读为自力更生、注重亲情和文化传承、性别平等的乡土中国。李子柒根据季节变化种植农作物和烹饪的美味，也与当前全球性的气候变化、健康生活、粮食危机、环境保护等国际热点议题相接合，实现了视频的国际化表达。

从李子柒的采访中，我们可以印证李子柒视频对事物普遍性的关注。例如，当谈及对于美食制作的一整个流程是否有持久生命力时，李子柒很有信心地说：“我是怀着敬畏之心来对待我们的传统文化、传统手艺的，我觉得它只会随着时间的推移越来越沉淀，而不会消失。”“很多‘非遗’文化，像极了一个垂暮的老者，站在历史长河中不断回望，就是那种无力感。所以它需要被很多人看见，需要被很多人关注。”跨文化交流语境下视频的生产需要从现实语境出发，遵循接合机制，生产平和的、务实的、具有国际表达范式的大众文化商品。李子柒视频展示的不仅仅是悠然的生活方式、美味的食物，还将关注点放在非物质文化遗产的保护与传承上，由此引发了不同文化背景的观众对自己文明的关注与反思。视频所体现的不只是一种新的视听样态，也体现为一种新的视听文化，更体现为一种在数字文明到来之时的新文明形态。

视频中很少出现男性，李子柒作为绝对主角的女性身份的设定，很容易使中国观众联想到费孝通所描绘的男女有别的乡土中国。当这一形象与当前中国的新农村建设、乡村振兴和共同富裕的语境相接合时，李子柒的形象变得更加多元，既呈现出一种中国传统女性特质和审美化的古典中国的生活方式，又表征着一位悠然自得且辛勤劳作的农家姑娘，是一种对男女有别的中国乡土社会的记忆重构。在李子柒视频的评论中，有非常多的网友赞赏她坚韧、拼搏的品格和独立的女性意识。李子柒的视频体现了中国女性聪颖、孝顺、勤劳等品质，展现了乡愁文化的农家女性形象，这在一定程度上接合女性平权意识后，李子柒就有可能被解读为独立自主的现代女性形象，是引领全球性别平等的典范。李子柒所表征的女性不再处于父权的凝视之下，不再依附于男性而存在。她用劳作时的肢体符号和劳作成果向观众展示独特的审美魅力，让大众在凝视她的同时被她的魅力征服，逐渐在被凝视的处境下建立话语权，兼具凝视者和被凝视者的双重身份。由此，YouTube 中李子柒视频及其评论建立了一个虚拟的空间，其赋予李子柒的形象既包含平民的、农家姑娘的中国传统认知的女性形象，又包含独立女性的形象，使她的古典形象社会化，而她的独立女性形象也被自然化。这个文化构建达到了共同解释项的构想：既鼓励信息发送者，突破自我环境的束缚，考量他者的环境，也鼓励接收者采取开放性态度，不再固于旧有的文化语境，建构一个意义更加丰富的跨文化交流空间（肖珺、张驰 2020）。李子柒形象不但强调了新乡土中国的当代性，而且为中外观众提供了讨论女性主义的共同解释项。

李子柒视频的可读性与共通性较强，促使不同观众联想到各自的文化和记忆，从而在差异中协商与构建新的意义和话语空间，并由此形成一个如雷蒙德·威廉斯提出的所谓的类似经历分享的共同体。雷蒙德·威廉斯（1991：19）反对操作性的传播效果观，强调传播不仅是传送，还是接受与反应，涉及社会经验的确认，因此，任何真正的传播理论都是一种共同体理论。从共同体的视角来看，李子柒视频中的乡愁之所以能感动不同文化背景的观众，部分原因在于乡愁能够折射和反思人的生存状态：一方面，表达了全球化时代人们普遍具有的对现代性的焦虑（曾一果、时静 2020）、对传统生活方式丧失的担忧（刘志颖 2020）、对工业主义的忧思（姬德强 2020），通过构建前工业社会和传统美好生活来排解忧愁并寻找一种连续的状态（Davis 1970：3）；另一方面，新乡土中国的构建也具有未来指向性（Boym 2001：42-50），它是以现实社会的需求为基点，对文化记忆和文化身份的修正，改写不再适应的集体记忆，通过预设一种未来的文化形象来满足社会对稳定的期许。作为“漫长的革命”的一部分，李子柒视频中的乡愁，正如威廉斯（2013：48，57）所说，就是使独特经验变成共同经验的过程。

霍尔的文化接合理论稀释了不同阶级、意识形态之间的对抗性等特点，适合用来检视李子柒短视频是如何突破意识形态的二元对立思维，将中外不同的美学形式组合到一起，由此连接不同文化背景的观众，在视频化社会中传播中国文化。新乡土中国的文化表征不再与社会学家费孝通所概述的差序格局、长老统治的 20 世纪 30 年代前后的中国农村相提并论，也不再是东方主义视角下虽然物产繁盛但精神堕落、异化的奇观中国（赛义德 1999：8）。新乡土中国的文化构建将中国人的故事通过全人类共同关心的家园、亲情、环保的视角讲述出来。视频中呈现的伊甸园式的乡村美好生活，带领不同文化背景的观众展开了一场文化记忆之旅。相比于 20 世纪三四十年代费孝通笔下乡土中国的镜像来说，李子柒的新乡土中国的审美体验为不同文化群体搭建了一个视频化的社会空间，也有助于不同文化背景的观众理解中国，由此激发出他们对各自文化记忆的想象。

9.3　接合：一种大众的、意识形态属性的传播机制

YouTube中的“办公室小野”“滇西小哥”“阿木爷爷”等中国视频都有多种话语接合的实践。通过对它们在海外传播的分析，可以提炼关于建构和传播中国影像的话语机制，也可以在新技术背景下促进我们反思中国影像国际交流的缘起和目的。

9.3.1　共同体视域下的大众文化建构

李子柒视频的国际传播，充分说明了影视是具有大众属性的文化商品。李子柒视频通过日常化的自觉审美参与，将日常、实用、感性、多元、狂欢化的大众文化相接合，从而构建了新的日常审美范式。新乡土中国表征既来源于中国传统文化的沉淀而显得处处充满生活伦理，又联系当前人们向往回归自然、拒绝工业社会的情绪，更凭借消费主义而创造一种艺术化生活的想象。新乡土中国的文化构建是一种日常生活的审美化体现，促使人们以一种艺术化的生存方式反抗被商品化和异化的命运，努力追求真实美的体验并加以表达（江志全、范蕊2020）。李子柒视频从民族传统中汲取营养，将陶渊明“采菊东篱下，悠然见南山”式的诗意蕴于非常接地气的乡土文化之中。由此，诗情画意之中体现人间烟火的气息，传递了中华传统诗性精神和中华民族对土地深深依恋的民族特质。中国乡土美学被融入影视艺术，传播了鲜明的中国气质、中国风度、中国神韵，其追求价值的中和美，讲求内容的伦理美，表达艺术的诗画美（胡智锋 2021）。李子柒等新一代影视创作者所追求的平和的、务实的、接近大众审美的影像风格，正是当前中国影视话语与世界大众文化审美相接合的体现，是中国电影学派所强调的“活化文化传统，赓续中华美学”的体现。

李子柒视频的接合实践是中国影像在人民电影基础上的一次大众文化传播，是将国家话语蕴于视觉饮食序列所修饰的大众文化之中。接合机制将李子柒视频内化为传播中国文化的主体，使之在不自觉中成为中国话语的承载者。这个接合的意义，如霍尔（Grossberg 1986）所说，既是理解意识形态元素如何在一定的历史条件下在某个话语方式之内被整合起来，也是一种它们如何在特定的时机、是否与一定的政治主体相接合的诘问。从这个角度来讲，中国影像作为传播国家主流话语的主体之一，当然可以宣传中国文化、民族形象、社会样态，展

示中国的文化自信和制度自信，但是也需要运用合适的接合策略，使目标观众在不自觉中接受其意图传达的知识话语。

知识从来就不是中立的、客观的，而总是代表一种立场，代表谁在说话、向谁说话、要表达什么意愿。李子柒视频在肯定自身/民族文化的同时，接合海外大众的审美预期，从而向世界传播易于被大众接受的中国形象。如李子柒所说："美好的东西都具有共通性，我自己喜欢，外国朋友也喜欢。这种美好是不是我带来的并不重要，关键在于我分享了我想过的生活，恰好你也喜欢。这种共鸣让人感到满足。"通过李子柒的视频，不同文化背景的观众感受到劳动的喜悦。李子柒的劳动不是一种作秀，相比于其他关注美食本身的纪录影像，李子柒的视频通过何时播种、何时收割、何时烹煮等劳动全过程展现劳动的艰苦与收获的幸福。劳动的过程存在于李子柒踩入农田的脚掌、采摘作物的手掌中，存在于整个身体的感官记忆中。劳动，对于不同文化背景下的很多劳动者来说都是熟悉的。李子柒通过自己的生命体验捕捉到灵光和感悟，经由纪录片的方式传递到不同文化背景的观众那里。这种劳动摆脱了程式化的、机械式的强迫，而成为主体自由意志的撒播，是一种具有普遍美学意味的构建与传播。

中国影视国际传播需要借鉴李子柒视频中的接合机制，考虑将现实中多种知识话语混合、熔铸、重建，借此采用更加蕴藉的叙事手法和影视语言来呈现中国，从而促使更多不同文化背景观众参与有关中国的影像空间的建构。这种柔性的国家形象的表征不是迎合西方，也不是自我贬低，而是在差异中寻找人类共同感受到的情感，并且以柔性的、协商的媒介文化接合到海外大众文化中，从而逐渐消解不同国家话语之间的差异，最终达到用艺术的话语来尝试推动不同文明之间的对话和交流的目的。

9.3.2 视频化社会中的中国跨文化传播

李子柒视频展示了中国文化的特殊性(奇观)，并且以全球化时代共通性的文化命题(环保、家庭、亲情等)来表达整个社会对温情、美好的自然和人文环境的呼唤。它呼应了全球化时代人类社会对自然主义、环保主义、性别意识、家庭观念的重视。新乡土中国的文化表征采用中西方共通的文化价值来缓解全球化时代人类社会的心灵焦虑，展现了一个积极寻求与西方平等交流的东方对话者形象。它所引起的出色的传播效果，更像是通过对中国当下社会文化的观照来审视全球化的问题。

王沛楠(2021)指出，在加强国际传播能力建设走向深入的背景下，中国政府提出的“人类命运共同体”是一种元叙事体系，为所有“中国故事”的讲述搭建了一套具有指导性的框架。元叙事（meta-narrative）的理论可以提供一种战略传播的思维。元叙事可以被理解为关于叙事的叙事或分析。在全球化时代，元叙事是一种全球性或者先验性的文化叙事模式，作为一种不言自明的叙事形态存在。中国政府所强调的“人类命运共同体”可以通过话语接合建立元叙事体系，即中国的国际贸易和文化交流是在现有的国际规则体系之下，传递关于全人类共同生活在同一个星球的具有国际主义的中国的天下观。中国影像也可以运用接合机制，将多种不同但有联系的有关共同体的元叙事整合为一个话语框架，来阐释人类的交往不是一个零和博弈的过程，而是相互依存的共同体。

史安斌从语言转变的角度提出，应该用“转文化传播”代替“跨文化传播”。史安斌认为，跨文化传播旨在建立和巩固以“美国治下的世界和平”为主题的世界政治经济秩序。美国通过资本输出和意识形态渗透推动美式价值观和现代性话语体系在全球范围内的接受和普及。转文化传播强调全球文化传播的内化属性，不同个体通过对外部文化的发掘、检视、过滤与吸收，在认识论层面超越了初始的文化模式，从而不断进行自我超越和改造（史安斌、盛阳 2020）。换言之，在不同群体间的文化传播过程中，“主位”文化经历了一种超越了文化认同本身并将“客位”文化逐渐“内化”的过程。由此，民族-国家的主体色彩逐渐减弱。转文化传播成为一种国家战略传播行为，其本质上是一套能够体现世界主义理念的制度支撑体系，其目标是塑造更为开放、包容、多元的国家新形象（史安斌、童桐 2021）。史安斌论述的从跨文化传播到转文化传播的转变是在“欧美中心论”的背景下，国际文化交流可以“人类命运共同体”为新的核心理念，强调世界各国可以共同发展，促进文明的平等交流与互鉴。李子柒视频中新乡土中国的构建，打破了“主体-他者”“西方-他国”的二元框架，构建了一个第三文化空间的框架。中国传播学应该持续性地、批判性地运用传播学中的理论和规律，从文化研究等批判性学科中汲取理论，在各国普遍认同的国际体系中构建中国的传播机制和传播体系。

中国学者提出的“共情性”“共同解释项”“转文化传播”可以看作跨文化传播发展的新方向。中国学者强调自己的跨文化传播理念，并不是要代替之前的跨文化传播理念，而是一种可以与其他跨国传播理念和其他文化在协商中共存的沟通理念。这些理念的提出，是为了逐步解决中国在跨文化传播中遇到的“文化折扣”的问题，从而努力构建中国的坚持文化接近、文化共生、文化协商等能够被国际学术界接受和认可的具有标识性的概念和理论体系。

9.4 结语

国家形象的传播是极其敏感的政治性课题。这个传播过程不是简单的自信或对抗，而是如李子柒美食视频，通过接合机制构建贴近生活的、弱语境化的、破除旧的文化界限的、淡化宣传味的、全球性议题设置的、通过国际化的平台传播的影视文化新样式。由此，海外观众意识到中国视频所传达的故事、情感与他们的故事、情感有很多相通之处，不会因为所处社会制度的不同而有绝对的区别。跨文化交流背景下形成的由多种主体参与的视频化社会，其间的各主体处于不同的语境、社会文化政治结构和知识系统之中。他们因相似而产生互动，了解差异，相互适应，并最终接近各自交流需求的满意点。这种以相似情感为基石的接触和修正的过程体现了福柯意义上的知识、话语和权力的表征与相互影响。只看到“共同解释项”在交流中的影响还远远不够，我们需要将乡愁等可以共同感知的情愫作为基本单位，然后接合交流各方的话语和语境，形成有情感共鸣的视频化社会话语体系，以此达到跨文化的交流。视频化社会中的影像跨文化交流是在不同的社会话语体系中，视频观看者凭借相似的元情感作为基础，在寻求传播和理解他者文化的目的下，进行斯图亚特·霍尔意义上的文化的接合。

参考文献

爱德华·赛义德(1999).东方主义再思考. 罗钢，刘象愚，主编.后殖民主义文化理论.北京：中国社会科学出版社.

胡智锋(2021).“新时代中国电影学派”的历史逻辑、现实依据与未来理念.北京电影学院学报，6：4-8.

姬德强(2020).李子柒的回声室？社交媒体时代跨文化传播的破界与勘界.新闻与写作，3：10-16.

姬德强(2021).立足元叙事、识别舆论场：中国国际传播内容体系建设的系统化思维.现代视听，8：5-8.

江志全，范蕊(2020).“走向日常生活美学”——社交短视频的时代审美特征.文艺争鸣，8：98-103.

雷蒙德·威廉斯(1991).文化与社会.吴松江，张文定，译.北京：北京大学出版社.

雷蒙德·威廉斯(2013).漫长的革命.倪伟，译.上海：上海人民出版社.
刘志颖(2020).跨文化传播视域中的李子柒短视频审美解读.当代电视，11：84-87.
路易·阿尔都塞(2006).意识形态和意识形态国家机器.李恒基，杨远婴，主编.外国电影理论文选(修订本).北京：生活·读书·新知三联书店.
马克思，恩格斯(1960).德意志意识形态.马克思恩格斯选集(第三卷).北京：人民出版社.
史安斌，盛阳(2020).从“跨”到“转”：新全球化时代传播研究的理论再造与路径重构.当代传播，1：18-24.
史安斌，童桐(2021).从国际传播到战略传播：新时代的语境适配与路径转型.新闻与写作，10：14-22.
王沛楠(2021).从国际传播到战略传播：搭建中国故事的阐释共同体.现代视听，8：9-12.
肖珺，张驰(2020).短视频跨文化传播的符号叙事研究.新闻与写作，3：24-31.
徐明华，李丹妮(2019).情感通路：媒介变革语境下讲好中国故事的策略转向.媒体融合新观察，4：14-17.
曾一果，时静(2020).从“情感按摩”到“情感结构”：现代性焦虑下的田园想象——以“李子柒短视频”为例.福建师范大学学报(哲学社会科学版)，2：122-130.
Boym, S. (2001). *The future of nostalgia*. New York: Basic Books.
Davis, F. (1970). *Yearning for yesterday: A sociology of nostalgia*. New York: Free Press.
Foucault, M. (1980). *Power/knowledge: Selected interviews and other writings, 1972-1977*. New York: Pantheon Books, 109-133.
Gramsci, A. (1971). *Selections from the Prison Notebooks*. London: Lawrence & Wishart, 235.
Grossberg, L. (1986). On postmodernism and articulation: An interview with Stuart Hall. *Journal of Communication Inquiry*, 10(2), 45-60.
Hall, S. (1981). Notes on deconstructing “the popular”, in Raphael Samuel (ed.). *People's history and socialist theory*. London: Routledge and Kegan Paul, 239.
Laclau, E. (1977). *Politics and ideology in Marxist theory: Capitalism*,

fascism，*populism*. London：NLB，10.

Slack，J. D. (1996). The theory and method of articulation in cultural studies，in David Morley，& Kuan-Hsing Chen（eds），*Stuart Hall: Critical dialogues in cultural studies*. London & New York：Routledge，112.

（顾　准）

10

第三只眼看视频化社会

——从社会批判角度解读

媒介技术不仅改变了人们的观看方式，也作为视觉实践的重要构成而存在。作为当代无处不在的一种媒介技术，正是视频技术在社会生活中的全面渗透助推了视频化社会的到来。视频生产、播放和观看所倚赖的屏幕在某种程度上更是成为当代生活的发生地——视觉性又一次获得了史无前例的存在感。理解视觉性或视觉文化的隐形前提就是要意识到其内含的批判性基调，意识到其已经渗透在社会生活实践中并形成了规模化的隐喻，也成为一种社会治理的机制。在展望视觉性得到加强的视频化社会可能去向何处之前，需要对这个视频盛宴之下的文化隐忧进行批判性的解读，一窥视频化社会所包含的隐喻和视频化社会的治理机制，并探寻视频化社会可能的未来在现阶段播下了什么样的种子。

10.1 引言

视觉文化从摄影开启现代性转向之后，经由电影、电视等大众媒介时代，来到互联网数字技术发展下展开的如今的视屏媒体时代（西冰 2013）。视觉成为感官的最高级，媒介信息近乎无处不在地附着于大小屏幕上，视频化社会的这一大特征即体现在人们沉浸于屏幕带来的信息之中。

中国视频化社会的生成和发展，是以全球视觉文化向视屏媒体转向为背景。随着移动互联网的普及和传播方式的演进，呈现形式更碎片化的短视频应运而生，在全球视觉文化的转向中成为毋庸置疑的新兴力量，也成为视频化社会的主角。2010 年，Instagram 作为一款照片和视频分享的社交网络服务发布。2013

年1月,Twitter推出了短视频服务vine,用户可以录制6秒以内的视频并分享在Twitter、Facebook、YouTube等社交媒体平台上。由此,用户的交流方式发生了视频化转向。在中国。这一转向在同时发生。在vine出现的同年8月新浪推出了秒拍,同年9月腾讯推出了微视,视频化交流在中国社交网络服务中占有了一席之地。从2015年开始,快手和抖音迅速占据市场,主要呈现的内容为短视频和直播。2019年后,主流网络媒体平台(如微信、百度、淘宝、大众点评等)纷纷开通短视频功能,涵盖几乎所有平台类型。同时,直播产业与短视频融合,以抖音、快手为代表的短视频平台成为用户最常使用的网络直播平台,观看电商直播进行网络购物更是融入了人们的日常生活。不仅企业平台和品牌商家发现了这个新大陆,国家政策也开始重视视频(尤其是短视频和直播)作为一股不可忽视的媒介力量在媒介融合中的作用。

视频化社会发展至今出现了以短视频为主的种种全新媒体形式,不仅改变了人们的观看方式、阅读方式、消费方式,产生了社会影响,而且构成了重要的商业板块,在国家层面的举措中也受到重视。在此背景下,我们需要对具有全新特征的视频化社会进行批判性的解读:在当前的视频盛宴下存在什么样的文化隐忧,这些隐忧如何延续视觉文化一贯的现代性忧虑,又是如何被短视频等新兴的视频形式加以强调和强化的?在此基础上,还需要尝试对视频化社会实践的未来进行创想:我们的视频化社会将走向一条什么样的去路?

10.2 视频盛宴下的文化隐忧

视频化社会在短视频、直播等新形态的高歌猛进下形成了全新的网络文化景观,繁荣了文化产业和互联网经济的新业态,深刻地改变了大众的生活、交往、娱乐方式,甚或是政府主导下的主流媒体媒介内容的生产和传播方式,也激发了大众参与文化符号生产与消费的热情。此情此景正印证了马歇尔·麦克卢汉的论断:媒介更多是通过其形式而非其所传递的内容来塑造社会(胡泳 2019)。任何媒介技术都不是中立的,因此,不能忽视在以短视频等为代表的视频盛宴下存在的微观、中观、宏观层面的文化隐忧,以及这些可能潜藏的问题如何延续了伴随视觉文化产生的现代性忧虑,又是如何被短视频等新兴的视频形式加以强调和强化的。

10.2.1 微观洞察：认知退化与主体性的消解

尼尔·波兹曼(2009)提出"媒介即认识论"的观点，认为文字和图像代表两种不同的认知范式、逻辑方式和感知模式。文字代表理性、深刻、富有逻辑的思维方式，图像则对应感性、浅显、直观的思维方式。哲学家雅克·埃吕尔(Ellul 2021)表达了对视觉文化大获全胜的忧虑，认为视觉/图像因其实用性而全面损害人类的智性：使人们失去思考能力与记忆，加强了集体一致性，同时意味着对个人的剥夺；使人失去批判能力，其原因在于图像是建构技术社会的必要部分，其特征便是排除批评；视觉并不反映现实，而是通过表征再造、重构了现实，而眼见为实这种来自祖先经验的本能错觉让我们将图像等同于现实并快速、轻易、不假思索地接受，以至于公正、真理、人性等都不再能阻挡图像所代表的真实，我们认为图像是无可指责的证人，因而本能地接受了图像之下暗示的一切，而忘记图像是可以被挑选角度、编辑和修改的。在视觉大获全胜后，人类历史上的阴暗面便可经由视觉而浮现。以卡廷事件的资料照片为例。尽管画面中堆叠着波兰战俘的尸体，但此图像在第二次世界大战期间同时被苏联和纳粹德国双方用于战时宣传，分别被用于控诉对方对己方的战争杀戮。由此可见，对于视觉性的批判讨论自读图时代便已开始，而这些批判性的洞察在视频时代得到了一定的强化和延伸。

在视频化社会中，人类的阅读也视频化了，动态图像盖过了静止图文，视频进一步推进了以图像为中心的感性认知范式转向。空前增强的视觉性使得婴幼儿无须学习抽象的文字，而是直接经由大小屏幕视听方式来认识世界。视频化社会的认知方式已经发展到以感性直观为特征的视频视觉为主要手段，从而学习以抽象理性为特征的语言的阶段。有学者指出，这意味着我们在整体上进一步"回归到人类认知的童年"(姜正君 2020)。这种回归的意涵并非指向复归于人性本真的生命状态，而是对人的主体性和理性思维的放逐，实则是一种认知的退化。信息的唾手可得看似是人类获取信息能力的进步，实则只是技术的进步，同时是人类抽象思维和理性的萎缩。视频直观、生动、逼真，观众不再需要凝思和想象，而是进入了默认、接受而不批评的状态。这种状态也是视频化社会中用户容易长时间沉浸于不断接受信息的短视频浏览行为的原因之一。

视频化社会将生活与娱乐一体化的特征推至此前未达到过的程度，这表面上瓦解了人的批判精神，实质上则促使人的主体性进一步消解。人区别于其他动物之处在于人具有主体性，即自主性、能动性、创造性等规定性，能够在实践活动中按照自己的意志改造世界。短视频的盛况空前意味着大众容易陷入浏览时的高刺激阈值所带来的快感包围中，一旦停止浏览，快感透支后的精神虚幻又会促使其继续寻求刺激。这种寻求感官刺激和消遣的状态，必将使人逐渐放弃思考，无声无息地成为娱乐信息的附庸，慢慢丧失热情、抗争欲望和思考的能力。

10.2.2 中观质问：算法牢笼的巩固

随着移动互联网技术的发展，算法牢笼已不再是一个隐性问题，尤其是它导致了信息茧房的出现。算法推送技术发展为一个被随身随时携带、无时无处不在的用户监视器，向受众提供个性化的定制内容，在海量的信息中根据用户浏览视频的类型和数量计算出用户感兴趣的内容，同时过滤掉用户不感兴趣的部分信息。这在最大限度地迎合用户的同时，在无形之中打造出信息茧房，使得用户获取信息内容越来越单一，视野越来越狭窄，兴趣爱好得不到拓展，乃至日益固化。舆论极化现象得以延续乃至强化，也离不开信息茧房的加持：由于算法不断推送用户既定偏好的信息，"群体成员一开始即有某些偏向，在商议后，人们朝偏向的方向继续移动，最后形成极端的看法"（桑斯坦 2003：47）。在视频化社会中，平台运作原理依然是依据算法，从用户阅览某类视频的数量出发进行计算和分类，由此向用户精准推送视频，同样延续了算法的牢笼，把用户圈在一贯制的视频茧房内。用户最终沉浸在算法推荐的碎片化视频所构建的假象景观世界中，算法投其所好的行为渐渐演变为同质化视频内容对观看者的愚弄。在这堆叠的巨型景观面前，往往越是依赖短视频带来的逼真影像，越是与真实世界相隔绝。其中隐含的一层危机是，中国视频化社会中数量庞大、来自三线以下城市、县镇与农村地区的所谓"下沉市场"（商务部国际贸易经济合作研究院课题组 2019）的用户，他们对短视频的浏览偏好原本就被视为可能是庸俗的、土味的、未受教育的、缺乏内涵的或是易被操控的，而信息茧房对这种偏好的不断加强，必将鼓励相当数量的伪知识、低级趣味或是煽动性的视频内容的生产。一方面，这将使下沉市场持续处于下沉位置，达不到文化政策方针所指向的以媒体作为把关人来提升社会总体智识水平的目标；另一方面，这可能使视频生产方为迎合具有数量优势的下沉市场而持续产出观看量极高但高度同质化且被认为是低俗的、缺乏伦理责任和对社会民生问题的观照的视频产品。

视频化社会的算法牢笼伴随着信息茧房所带来的另一个问题是侵犯用户隐

私现象的加重。市场机制认为数据即资产，短视频平台通过算法大量收集用户的个人信息，再将收集到的信息作为文本内容分发机制的依据，侵犯了用户的隐私。尤其是短视频、直播等与生俱来的敞开式的、易于共享的、自我表演的特性，使个人用户不可避免地在平台上留下使用足迹。在这种封闭的、被割裂的空间中，任何微小的活动都受到监视。企业通过分析这些足迹，以推送用户偏好视频增强用户黏性，最直接地体现在各平台的"推荐"和"猜你喜欢"等板块，其分发的内容直接基于算法对用户播放记录、关注内容等数据的综合分析。同时，短视频、直播平台经由对用户数据的高度窥探所获得的推送算法成为大量商家愿意进行广告投放的基础。算法牢笼之外是平台和商家的编织与窥探，牢笼之内则是被困于海量但同质化信息之中的用户群体。

在大众媒介时代，斯迈思(Smythe 1977)提出受众商品论，认为大众媒介内容是吸引受众的免费午餐，吸引受众的光临，目的则是将受众出售给广告商。在基于算法推送和用户分享的短视频成为主角的视频化社会中，作为受众的用户也作为被消费的一方，甚至成为媒介市场的免费劳动力，生产型消费者被纳入视频生产、交换、流通体系。商家乐于借新兴视频形式的东风投放广告，促使电商广告内容成为短视频和直播领域的重要组成部分：通过含有故事性或精彩视觉效果的短视频吸引注意力，同时在其中植入广告，或是直接以电商卖货直播的形式兜售商品。受众的时间和注意力成为平台经由视频向广告商或是投资商出售的商品。生产型消费者的参与则更多在短视频领域。由于短视频模糊了休闲与劳动的界限，消费者的生产劳动因而成为被资本剥削的一部分。例如，抖音为用户提供丰富的15秒背景音乐库和易于学习的短视频基本制作教程，鼓励用户自己拍摄制作完成短视频内容，而用户创造的视频接着又被当作免费午餐以吸引新一批用户。除创作外，基于短视频平台高交互性界面特征，点赞、评论、转发等指尖劳动都会经由算法作为商家和投资者了解用户忠诚度和注意力的数据组成。由此，视频化社会的算法牢笼在为用户编织茧房、侵入隐私后，还可能进一步使用户受到被剥削的威胁。

10.2.3 宏观反思：规训与惩罚

哈罗德·伊尼斯(2003)曾敏锐地对西方文明现代化转向和传播过程中的偏向性做出警示。随着全球化的发展，这个颇具前瞻性的警醒成为人类文明社会发展的箴言。当我们以批判性的眼光审视视频化社会，会发现其似乎延续了哈罗德·伊尼斯关于传播媒介技术进步对文化冲击的洞见，即视觉本位的传播技术对文明的冲击，导致肤浅之物成为必需之物，并且变成了艺术。同时，视觉文化媒介对传播的垄断之势，强调个人主义，突出非稳定性；更加逼真的效果也造就了更大的虚幻。

视频化社会作为视觉文化发展至今并塑造社会的一种全新形态，其隐含的危机促使我们以审慎的眼光进行宏观层面的反思：视频化社会如何对人们进行规训与惩罚？视觉文化危机中包含的文化合法性、公共领域式微、社会阶层分化等问题在视频化社会中是否被加强，或呈现出新的表征？

对于视频化社会带来的文化问题的反思分为两个方面。第一，显而易见的是消费文化得到进一步加强。短视频和电商直播为商业力量推销产品、促进消费搭建了一个便捷的平台，其借助移动网络技术的易接触和易获得性间接加速了用户从观看到消费的过程。视频不再只是媒介形式和内容，更成为网络销售和购物消费的集散地。数字视听语言的感官同步特性与故事性植入广告或直播主体的沉浸式推销相结合所带来的全方面包围的逼真性，进一步削弱了用户想象和思考判断的空间，即削弱了理性，导致用户对商品近乎盲目地相信和下单消费。视频用户被视频塑造成消费者，而这种规模化的塑造必然带来消费文化、物质主义和享乐主义的盛行，民众不再有充分的时间和精力去关注精神追求或公共问题，权力的规训和享乐主义不再被认为是互不相容的（汪民安、陈永国 2011）。第二，文化权力的再分配与文化合法化的不可得所呈现出的吊诡现状。前文已提及中国视频化社会无法忽视的参与者——庞大的下沉市场用户，其借助便利的移动网络技术得以拥有生产创作符合其偏好的视频作品的权力，这在一定程度上打破了文化权力被主流话语控制，进而进行单方面传输的局面。非主流人群所偏好和产出的大量“土味”视频伴随短视频的盛行突破了地域文化限制，获得了从普通网民到网红博主的自发传播、模仿，而其创作者也成为视频化社会新的一批红人。针对此类现象，有学者从亚文化视野将之视为边缘或底层人群对主流文化的抵抗与反叛，随之必将经历商业资本的收编和主流意识形态的规训而走向式微（陈志翔 2018）。然而，对大众追捧这些视频的思维和行为模式的审视可以发现，这更多的是一种娱乐性质的玩梗，而非真正对他们所代表的下沉文化的认可。尽管他们确实可能将这些视频的流行视为一种针对主流文化的反叛，但当主流话语对他们表达出不认可和攻击时，或者当他们身在不便于展露反叛的场合时（例如个人网络账号转发玩梗，但要屏蔽家中长辈、职场领导和同事对此内容的观看），他们便又自动回归主流话语的队伍中去。反叛也就被娱乐消解了。尽管规模庞大，并且主流文化之外的视频创作者也通过移动视频传播机制获得了部分文化生产传播的话语权力，但由于合法性终究是由占据权力制高点的主流话语所规定的，这部分人群创作的视频及其代表的文化最终还是被归于“土味”甚或低俗文化。这使人们重新思考视频化社会在多大程度上为不同群体和阶层带来了更多样化与更广阔的发声渠道，视频化社会必然促进文化多样性和平等的说法未必准确。

在上述文化隐忧的基础上，视频化社会带来公共领域式微和阶层分化与固化似乎是不可避免的。在大众媒介时代，中国为迎接改革开放，对彼时的主要媒体报纸、电视台等进行“事业单位、企业化管理”(刘鹏 2019)的改制，引入了大众媒介的商品化实践，在激活新闻传播业的同时，也一并带来了一定的行业伦理问题。在视频时代，尽管主流媒体在媒介融合的方针下主动拥抱了短视频，力图设置有序的短视频媒体议程，但由于短视频本身就是商业互联网平台出身的产物，其市场化的视频传播机制决定了要以盈利为主要目的，因此，以短视频为主角的视频化社会并没有带来公共领域的新希望，反而加剧了媒介对公共领域的威胁。短视频在生产制作过程中为避免冒犯受众和广告商，加上受到一定的媒介政策的限制，需要规避过于显著的政治和社会话语，最终往往落脚于用娱乐消解一切的表达方式，公共信息也丧失了严肃性，媒介的社会责任也无从谈起。同时，视频作为一种媒介技术本就不是中立的，技术本身蕴含鲜明的意识形态。在移动网络社会，尽管短视频具有准入门槛较低的特征，但并不意味着平台上代表不同阶层的不同类型的视频，抑或说现实中存在分化的不同阶层整体之间就可以存在平等的对话。相反，在算法基础上，视频化社会的重要社交网络平台从一开始就分化受众，为不同阶层的人创造了不同的活动空间。这种具有先入性质的更加分明的等级化结构，更容易加剧阶层分化、城乡分离等已有现象的固化。快手用户自动被等同于农村受教育程度偏低的人群，抖音则被称为城市版快手，形成了两大用户群“互相看不上”的对立(陈世华、陈佳怡 2021)。简而言之，视频化社会为多元化的主体提供了比以往更易进入的表达平台，但并不能促进真正多样化的平等友好交流，甚至在算法的引导下，同一阶层愈发抱团，不同阶层愈发对立与分化，相互之间的包容性愈发减弱，精英与草根、城市与乡村等的对立，逐渐被固化和强化并带入社会，乃至形成盲目仇恨的情绪。这在一些社会事件的视频评论区立场不同用户的辩论乃至骂战中常有体现。若任由此类现象发展和放大，则终将演变为对社会整体不利的因素。

视频化社会作为一种以移动网络和视频媒介技术为基础的社会形态，尚在以一种数字化和视频化圆形监狱的方式，对身处其中的人们进行规训与惩罚。

视频技术和算法技术作为这个社会的座架,通过超越人本身能动性的方式推动社会中的人们解蔽自身,进而进一步形塑人们的行动与知觉(郝喜 2021)。

10.3 人与视频技术共创生的未来

尽管短视频并非完美的或理想的,以短视频作为主角的视频化社会并未实现前人所曾希冀的电子大同,但短视频作为一种技术媒介形式,客观上确实改变了人们的交往方式,乃至对社会样态进行了重塑。“一种新的媒介的长处,将导致一种新文明的产生。”(伊尼斯 2003：28)视频化社会能发展出什么样的文明样态?我们面临的是什么样的未来?对此进行探索,脚步仅停留在批判层面是不足以找到答案的。

媒体融合是时代所向、大势所趋,备受国家重视。作为媒体融合的一个重要发展方向,视频化社会受到各类媒体的重视。大量主流媒体主动拥抱视频化社会,商业化视频媒体为持续获取市场回报和有效规避合规风险而持续进行自我调整、主动融合,大量个人用户加入视频化社会中视频文化符号的生产、传播、消费、流通,多方面的交互运作构成了视频化社会旺盛的生命力。

若要把握视频化社会未来的运作和发展方式,不能仅以传统的单方面治理(具体包括平台监管、社会监督、法律法规、道德约束等)为唯一手段,而应更多地考虑到视频化社会交互的特征,以及随之带来的新生态。媒介是在环境中创造自己的环境,所见的世界始终只是一个以与系统相关的方式被区隔并得以展现的那个环境(黄旦 2020)。与大众媒介相比,如今的视频展示了更极致的逼真,人们所能认识到的视频化社会的样态是由视频媒介所营造的一个仿真的拟像的社会。马歇尔·麦克卢汉所说的内爆实则也发生在拟像与真实之间,拟像已超出原先对某种指涉对象或实体的模拟,拟像与真实的人融合一体,成为我们每日生活的现实。有学者将此传播现象称为媒介泛在时代的沉浸传播,其主体成为“沉浸人”(李沁 2015)。我们作为视频化社会中的沉浸人,随时随地沉浸在超真实之中：通过移动网络技术观看短视频、新闻、电视剧及进行社交,只要有屏幕,视频和交往便可以无时无处不在。

当沉浸在视频化社会中,真实的人的交往对象只有另一个人的肉身吗?又或者说,视频化社会的交往只发生在肉身的“人”这个唯一主体之间吗?并不止如此。在马歇尔·麦克卢汉(2000)看来,媒介是人的延伸。一种新媒介的延伸都塑造出一种新的人。视频化社会中的人在超真实的环境下，将视频作为其身体和意识的延伸，同时也成为视频技术的外化。视屏时代这个环境意味着视觉性（观看的社会化）和技术性（通过大小屏幕传递的信息）的统一达到新的高度。在移动网络技术的要求下，网络信息的输入都需要依靠身体物理功能。此时，身体作为人的基础设施与网络、视频具有了相同的物质基础。同时，观看、制作、传播视频的一系列行为背后是算法的运算机制在起作用，我们并非仅仅与他人共享视频，在经由视频抵达另一个人之前，我们已经在与算法，即与视频技术机制进行接触。在将人作为对象，以二进制的方法进行接触、了解和判断后，技术对我们的回应直接体现在每一个“猜你喜欢”的视频内容和每一次视频的推送发放当中，而我们每一次看与不看，每一次点击的“喜欢”或“不喜欢”，都是对技术主体行为的又一次回应。这时候，与其说是人的真实和拟像融合，毋宁说是作为主体的人和拥有主体性的技术在视频化社会实现了一种新的交往。

由于装置和环境正在成为有机性的，我们比以往任何时候都更生活在控制论的时代。环境积极地参与进我们的日常活动中，而全球智能化的出现意味着递归性将构成我们未来环境的主要运算与操作模式。算法递归性将深入人体器官和社会器官的方方面面。技术参与的模式是环境性的，同时也改变着环境。媒介技术营造出一种环境，其有机性使之与人共生互动、进一步融合，两个可自创生的系统由此交互在一起。自创生系统论强调的是一个系统自我生成的能力，有机体的人、具备有机形式的技术系统都可被视为自创生的。共创生系统则打破了前者的自我封闭性，将多个自创生系统融合为一种新型的系统（孙玮、李梦颖 2021）。照此趋势发展，视频化社会面临的未来是人与视频媒介技术的交往、互嵌、共创生，而这种状态可能引发何种对人类文明危机的担忧，也许正是我们可以提前思考的问题。哲学家唐娜·哈拉维（哈拉维、刁俊春 2017）用“克苏鲁纪”（Cthulucene）来形容当前的文明纪元。正如克苏鲁神话中的触手神，地球作为一个文明系统是由多样力量和集合事物构成的。在这个由各种共生性势力和力量组成的动态进程中，人类是其中变动不居的一部分。为了避免文明进程的断裂，只有带着强烈的奉献精神和合作精神，与其他主体一起努力，包括人类在内的丰富多样的繁荣才可能发生。技术主体正可被视为多触手力量中的一种。当我们以共创生的视角去看待视频化社会的发展前路，就能意识到文明的前景并不是人类主体与技术主体的二元对立。正如曾被误解为技术决定论者的马歇尔·麦克卢汉（2000：14）强调的，控制变化不是要和变化同步前进，而是要走在变化的前面，预见赋予人转移和控制力量的能力。提前思考，使人类作为主体的思考有可能领先于未来的变化，以在最大震荡的革新中还能保持文明的平稳，正是批判的意义所在。

参考文献

陈世华，陈佳怡(2021).狂欢与沉寂：短视频的政治经济学批判.现代传播(中国传媒大学学报)，6：133-138.

陈志翔(2018).抵抗与收编："土味视频"的亚文化解读.新闻研究导刊，7：74，76.

哈罗德·伊尼斯(2003).传播的偏向.何道宽，译.北京：中国人民大学出版社.

郝喜(2021).数字化"圆形监狱"：算法监控的规训与惩罚.昆明理工大学学报(社会科学版)，21(6)：39-45.

胡泳(2019).理解麦克卢汉.国际新闻界，1：81-98.

黄旦(2020).建构实在：大众媒体的运作——读尼古拉斯·卢曼的《大众媒体的实在》.国际新闻界，11：54-75.

黄旦(2022).延伸：麦克卢汉的"身体"——重新理解媒介.新闻记者，2：3-13.

姜正君(2020)."短视频"文化盛宴的文化哲学审思——基于大众文化批判理论的视角.新疆社会科学，2：97-107.

凯斯·桑斯坦(2003).网络共和国：网络社会中的民主问题.黄维明，译.上海：上海人民出版社.

李沁(2015).泛在时代的"传播的偏向"及其文明特征.国际新闻界，5：6-22.

刘海龙，谢卓潇，束开荣(2021).网络化身体：病毒与补丁.新闻大学，5：40-55.

刘鹏(2019).为何是王甘——王中、甘惜分新闻思想及"甘王之争"的产生原因与时代背景.国际新闻界，4：21-48.

马歇尔·麦克卢汉(2000).理解媒介——论人的延伸.何道宽，译.北京：商务印书馆.

尼尔·波兹曼(2009).娱乐至死.章艳，译.桂林：广西师范大学出版社.

商务部国际贸易经济合作研究院课题组(2019).下沉市场发展与电商平台价值研究(2019-09).https://www.caitec.org.cn/upfiles/file/2019/8/20190917104133474.pdf.

孙菲(2020).公共危机治理中的网络舆情引导困境与解决理路.福建论坛(人文社会科学版)，12：184-192.

孙玮,李梦颖(2021)."码之城":人与技术机器系统的共创生.探索与争鸣,8:121-179.

唐娜·哈拉维,刁俊春(2017).人类纪、资本纪、种植纪、克苏鲁纪 制造亲缘.新美术,2:75-80.

汪民安,陈永国(2011).后身体:文化、权力和生命政治学.长春:吉林人民出版社.

王建磊(2020).视觉文化:从"隐喻式"观看到"泛众化"实践.华夏文化论坛,2:141-148.

王楷文(2021).文化权力与合法性的"一步之遥"——对土味视频的批判性考察.淮南师范学院学报,23(5):65-70.

西冰(2013).视屏媒体时代与传媒理论创新.现代传播(中国传媒大学学报),8:1-8.

Ellul, J. (2021). *The humiliation of the word*. Eugene: Wipf and Stock Publishers.

Smythe, D. W. (1977). Communication: Blindspot of Western Marxism. *Canadian Journal of Political and Social Theory/Revue canadienne de théorie politique et sociale*(3): 1-27.

(凌冰清)

中编

实 务 运 作

11

视频化社会视听内容生产的革新

本章运用大众文化、传播学和叙事学等相关理论，分别从生产环境变化、媒体功能转向和内容生产新趋势三个方面入手，结合具体案例，系统性探讨视频化社会视听内容生产的革新。

11.1 视听内容生产环境的变化

11.1.1 技术迭代助推生产革新

高新技术的迭代对传统媒体而言既是机遇也是挑战。2015 年前后，高速率、低时延、广覆盖的 4G、5G 网络技术快速普及，4K/8K 超高清影像飞速发展，各种视觉效果落地应用，开启了真正由数字技术推动的视频影像繁荣的时代。技术的发展使得视听内容生产不断创新生产方式和内容，引发了以电视、广播、报纸为代表的传统媒体的巨大变革，数字技术开始广泛应用于视频媒介的采集、制作、传输和播放环节。

在视频化社会中，视听内容的生产与消费都发生了深刻变化，其中最核心的是从传统媒体向以互联网为载体的新媒体的转变。这一转变不仅带来了信息传播方式的革命，更对传统的内容生产、分发和消费模式产生了巨大的影响。随着 4G 时代的到来，互联网企业借助数字化技术，打造出微信、微博、抖音等一系列融合娱乐、社交和传播功能的新型平台，生产赋权使得普罗大众获得了更大的发言自由，从而改变了他们的生活方式。以新浪微博为例。新浪微博官方发布的《微博 2020 用户发展报告》显示，2020 年微博平台拥有 3.8 万余个“蓝 V”认证媒体账号，互动量达 66.8 亿余次，全年阅读量更是达到 24 000 亿以上（新浪

2021)。央视新闻官方微博上的话题“武汉日记”获得了超过102.3亿的阅读量和超过519.7万的讨论量;人民日报官方微博上的话题“未来你好”引发了热烈讨论,阅读量高达24.7亿,讨论量达到529.5万。

移动终端和网络浪潮的迅速发展广泛地改变了社会生产力和产业组织模式,进而带来了视听内容生产的深刻变革。如果说4G时代媒介及其内容主要作为一种信息单元流动于传播生态圈之内,那么在5G时代,媒介更多地作为一种生产力要素融入社会结构的每一个面向,并以媒介逻辑形塑和改变社会生产生活的运行方式(周翔、李镓 2017)。5G技术将成为一个强大的信息传输平台,为智能家居、智慧城市、远程医疗和教育等社会生产生活领域提供支撑。媒介不仅可以提高社会生产力,还可以将社会各个领域的资源和信息连接起来,使人类社会进入一个全新的时代,实现万物互联、万物皆媒的理想。

随着5G技术的发展,传播从单一的信息传输转变为一个社会性网络。5G技术的发展为人工智能、云计算、大数据和远程通信等技术带来了巨大的推动力,同时意味着竞争将变得更加激烈。在媒介格局重塑的进程中,传统媒体仍然拥有政策优势。例如,5G商用牌照的颁布使中国广电获得了700 MHz左右的高质量频段。该频段拥有许多优点,比如广泛的覆盖范围、极强的穿透能力、较低的信号传播损耗和组网成本,这些都将为未来的5G视频通信服务提供有力的技术支持。

11.1.2 媒体融合唤醒全新体验

数字技术的飞速发展使传统媒体和新媒体融合发展成为必然,技术革新带来了信息接收和传播方式的变化,重塑媒介内容的生产格局。技术上的局限导致传统广电媒体显露出被动性的特点。王岳川(1995)指出,电视本质上是一种“为了沟通”的“不沟通系统”。随着新媒体时代的到来,电视努力寻求融合转型,通过“摇一摇”“扫一扫”等方式拥有更多互动的属性。2015年中央电视台春节联欢晚会联合微信平台特别增设了“春节摇红包”的全民互动环节,该活动的互动总量达到110亿次;还通过“晒晒全家福”环节鼓励观众在春晚当天通过“摇一摇”上传全家福,并且在节目直播过程中“摇”出明星的拜年语音,从而实现了一场真正的全民参与的联欢盛会。

在媒体融合背景下,内容生产主体打造传播展示和互动交流齐驱并进的融合内容生产平台,为观众带来全新的视听体验。在台网并重、先网后台等思路得到广泛应用的背景下,传统电视台积极寻求融合转型。面对年轻观众由大屏转向小屏的偏好,电视台积极探索与长视频、短视频平台合作的可能性和新的发展点。通过合作，不仅能够在多个平台上进行综艺节目的联播，还能够将上游的研发制作与下游的播出宣传结合起来，为观众和用户提供优质的内容。央视的“央young”IP 系列节目《冬日暖央 young》《开工喜央 young》利用其独特的资源优势，以央视的主持人为中心，运用年轻的语言、生动的内容表达和多媒体交互的形式不断制造热门话题，引发广大观众的共鸣。

媒介受众逐渐被市场细分，传统的视听内容生产主体逐渐摒弃了电视、报纸等概念和框架，而是围绕视频这一表现形式广泛地连接社会各个行业和媒体部门，打造具有高度服务价值的信息传播渠道和平台。在内容创新方面，创作者不断深挖一些垂直领域和小众文化，将它们用视频艺术作品的形式打包呈现给观众。

此外，“短视频＋文化”“短视频＋教育”“短视频＋旅游”等领域也在不断扩张，“视频＋”在多元化应用场景中迎来生态爆发，以适应受众的不同需求。随着高品质内容的涌现，原本留存于博物馆、艺术殿堂和人们记忆中的历史悠久的传统文化都焕发了活力。例如，专业戏曲演员在传统戏曲和现代歌曲的基础上开发了新唱腔。通过抖音软件的人脸识别技术，用户可以轻松获得川剧精美的妆容，并且只需要配合口型就可以模拟出精彩的戏曲表演和唱腔。过去，戏曲表演需要经过专业训练的演员和精心打扮才能完成，而抖音的兴起使人们可以在平台上进行个性化的戏曲表演，促进了传统文化的传承和发展。短视频应用场景和领域也将不断衍生。正如麦克卢汉(2000：33)所说，“任何媒介对个人和社会的任何影响，都是由新的尺度产生的；我们任何一种延伸(或曰任何一种新技术)，都要在我们的事务中引进一种新的尺度”。这个观点在媒介的衍变和革新中一次次地被证明。

视频化社会的到来对我们的生活重新赋能，对人们生活的方方面面都产生了颠覆性的影响。从技术层面看，视频化的本质是信息数字化，其核心是数字内容的生产和消费；从社会层面看，视频成为重要的沟通工具，人们的信息获取方式发生了根本性的、由传统的文字阅读向基于互联网的视频阅读的转变。同时，短视频具有生产门槛低、创作周期短的特点，能够快速吸引用户，形成规模经济。

11.2 视频化社会的媒体功能转向

11.2.1 重构传播秩序

移动时代视频应用的普及，带来了一种面向普罗大众的草根化的内容生产方式。在传统媒体时代由政府和媒体机构共同主导的信息传播模式下，内容输出形式以单向灌输和引导舆论为主，以事实为基础，反映重大社会问题的具有权威性、导向性的宏大叙事。随着互联网和移动终端的快速普及，短视频呈现爆炸式发展势头。在文字和图片之后，短视频成为第三次大众表达革命的催化剂，全球互联网和社交平台正在经历一场规模庞大的由全民主导的传播秩序重构和话语体系创新。

在传统媒体时代，专业媒体牢牢把控传播的话语权，受众只能作为信息的消费者而非生产者，信息由媒体流向大众，传受方向是单一的。4G技术普及后，迅速发展的移动媒体使信息生产变得更加贴近普罗大众，不但拓宽了普通用户发声的渠道，更激发了普通用户生产信息的潜力和积极性。新媒体环境在传播者与受众之间建立了一种平等的互动关系，使受众对于信息的接收不再是被动的状态，可以实现与信息传播者的交流和讨论，从而实现了传播者和受众的平等对话(郑和武 2013)。

在用户生成内容模式下，大量用户积极参与到短视频新闻的制作中，并在社交平台上广泛地传播起来，成为新闻媒体珍贵的素材来源。以央视《焦点访谈》节目为例。以往普通民众主要通过拨打热线电话、发送短信的方式举报社会上的不良现象，而随着短视频应用和社交平台的普及，越来越多的观众选择通过在官方账号下留言或@官方媒体的方式进行舆论监督，提供新闻素材的同时推动解决了大量的社会问题。同时，直接从短视频平台获取新闻资讯成为用户的信息消费习惯，尤其是面对部分威胁公共安全的重大突发事件。为了能够及时获取事件进展信息，受众往往倾向于通过时效性更强的短视频平台来获取一手资讯。例如2022年11月发生的韩国梨泰院踩踏事件，中国受众最先在微博、小红书等社交平台上浏览到与该事件相关的图文和视频，随后几天才浏览国内各大媒体发布的官方报道。

在新媒体技术的赋权下，媒体与大众之间的传播秩序和权力关系遭到重构，大众不再满足于被动地作为消费者去观看视频，而是主动参与视频的生产创作。亨利·詹金斯(2016：44)在《文本盗猎者：电视粉丝与参与式文化》中提出“参与式文化”的概念，即传统主流权威消解，以公民个体或个人工作室为代表的“草根”群体成为重要的生产和传播的生力军。数字技术的快速发展使传播渠道变得更加开放，应用也变得更加便捷，除了接收多元化的信息外，用户参与信息生产、发布的主体性充分体现出来。技术发展赋予了普罗大众自主制作短视频的能力，视频的生产范围从专业从业者扩大到整个社会。

5G时代，媒介全面融入社会的各个领域，并且渗透到人们的日常生活中，视频内容变得丰富多彩。5G视频成为社会生活的基本要素，从医疗保健到交通安全，从生产调度到物流旅游，都将从中受益。大多数视频不再具有大众传播时代的传统的仪式感和权力感，传播秩序也将进一步发生重构。对此，传统的广电媒体应不断调整和扩大视频内容的范围，充分利用其丰富的专业视频制作经验和人才资源，做好为社会各行各业生产和创作多样化视频内容的准备。2019年下半年，安徽广电携手移动、联通等多家通信企业，共同构建“5G＋智慧广电＋智慧旅游＋超高清视频”的融合发展模式，同时推出“5G＋智慧旅游直播黄山”系列项目，以满足不断变化的市场需求。该项目利用5G传输在合肥天鹅湖畔的户外大屏、手机屏、电视屏和电脑屏向路人和受众实时直播黄山秀美风光(安徽广播电视台 2019)。这一项目旨在将电视媒体的内容生产融入人们的日常生活，并通过跨界合作来提升其影响力。

11.2.2 改写权力关系

视频化社会的来临使社会舆论格局发生了深刻变化。一方面，传统的纸质媒体逐渐被数字化的电子媒介取代；另一方面，大众传媒的话语权由精英向普通公众转移。在视频化社会，视听内容的消费模式由受众被动接受向受众主动选择转变，受众不再是单纯的被动接受者，而是主动参与者和互动体验者。短视频作为一种数字化技术下的表达工具和方式，赋予了普通用户制作并传播信息的权力，满足了个体记录生活、表达自我的需求，进一步激发了用户生产内容的积极性。

Mob研究院(2020)发布的《2020中国短视频行业洞察报告》显示，在2020年抖音和快手平台用户中，本科和硕士及以上的用户占比约三成，其余大多数用户为专科或高中及以下学历人群。多数短视频用户普遍缺乏创作意识和专业能力，但在技术的轻便性和普众化优势下，专业素养和职业设备不再是制作视频的必要条件，创作者也无须遵守固定的叙事范式，这为短视频的制作提供了极大的自由度。以电影和电视为代表的长视频对视听语言、叙事结构、观看环境都有着特定的要求，短视频实现了对影视制播的去专业化，任何人都能够随时随地拍摄并发布短视频。

得益于制作门槛低、传播范围广、社交属性强、用户黏性强的优势，在平台的引导下，越来越多的用户在观看传播短视频时，基于自我表达、吸引关注的心理需求，自发地生产并上传自己创作的视频。在这个过程中，用户的身份从视频的消费者向内容生产者转换,个体的权力不断增强。中国社会学家陈序经(2010)认为,“文化的发展,不只是依赖于创造,而且依赖于平民的、均势的、连续不断的模仿与传播”。短视频平台为迎合用户需求,在观看页面下方的显眼位置设置了入口,用户想要查看或拍摄同款视频只需点击入口便能跳转至同款视频页面,而后使用模版、拍同款和对口型等快捷方式进行视频的生产创作。

相比于传统媒体在视频中常常呈现的高度凝练、模糊不清的群体形象和现实事物,视频平台上海量用户提供的海量视频对日常生活的方方面面进行渗透,大大提高了影像对现实空间和群体面貌的覆盖程度。由草根创作、被草根接受的短视频内容多取材于日常生活,凸显出个人作为视频主人公的地位。这些视频或以记录的方式呈现简朴的生活质感,或对现实进行二次加工,总体上为观者呈现了原生态、去精致化的面貌。

区别于客观理智的宏大叙事,短视频的内容则是对生活舞台的戏剧化放大与景观化展示。普通人创造的草根文化大多由情感驱动,通过个体在前台拟剧化、带有表演成分的具象化言说,将个人私密的情感体验和生活感受传达给视频平台的受众,激发双方的情感共鸣,使传播内容真正为受众所接受。例如,以李子柒为代表的网红通过情感沟通和个性化的影像叙事展现中国文化。截至2022年7月1日,李子柒 YouTube 订阅用户人数高达1 700万人,是该平台订阅用户数量最多的中文频道(冯薇、任华、吴东英 2022)。

大量传统媒体正进军主流短视频平台,并开发出各种独特的短视频产品。短视频的移动性和轻量化特点使得发布者可以在任何时间、任何地点轻松上传、观看和分享内容,为他们提供了更多的信息来源和传播渠道。同时,“短视频+直播”通过具有现场感和互动性的表达方式,大大提升了短视频新闻产品的实时性、互动性和受众参与性,使受众能够更加深入地理解和接受主流文本,从而更好地实现信息的传播和交流。

短视频内容涉猎的领域愈加广泛,日常生活记录、情感表达、文化传承、趣味故事等都被纳入短视频的世界。视频内容上呈现出多元化与垂直化的倾向,海量的垂类内容既成为满足新形势下内容消费直观化的最佳方式,又成为构筑视频化社会文化景观的丰富素材。

Z世代的年轻人成长于移动互联网蓬勃发展的时代,在视频平台和社交媒体上一直是最为活跃的有着旺盛表达欲的主流用户。受青年亚文化的影响,年轻人根据自身的兴趣爱好和审美倾向自发构建起虚拟社群,通过对亚文化符号的接力使用和创作形成特殊的话语体系。以“饭圈”为例。粉丝不仅热衷于观看和传播与偶像相关的视频，还会自发将偶像的采访片段、舞台表演、拍摄花絮等影像资料以混剪、盘点的方式进行二度创作，引发圈层内部的网络狂欢。

观看传播行为和生产创作行为的不断交叠，制作者、发布者和受众之间的界限越来越模糊，传播者同时是受众，在某个平台账号空间完成表演及推广行为之后，又在另一个场景成为他人的观看者和媒介受众。传统的传受关系被打破，传者和受者的界限日益模糊。短视频满足了受众表达情感与围观的心理需求，受众通过阅览、点赞、评论等行为满足了社交需求。个体角色在融合趋势下身份双重化甚至多重化，已经成为其显著特征。

11.3 视频化社会的内容生产新趋势

11.3.1 叙事方式与时俱进

11.3.1.1 时距叙事：叙述速度的变化模式

时距叙事是视频影像之于叙事时间的建构方式，强调的是情节推进的速度快慢。人们建立起一种快速的审美模式，高效、及时的反馈不断刺激人们的神经，重塑了现代人认识和感知世界的方式。短视频的影像时空与大众的生活时空无限接近，现代社会的加速度表征也因此成为短视频场域鲜明的时空修辞特征（刘永昶 2022）。在视频流媒体平台上，如何在有限的时间内吸引用户的注意力成为短视频叙事的重要课题。短视频突出一个短字，必然会压缩叙事时长，但为了兼顾内容的丰富性和可看性，常常采取倍速播放和快切剪辑等呈现方式。快速叙事是短视频故事叙事方式中最为普遍的一种，创作者利用概括、提炼、浓缩等方式将故事内容在叙事文本中呈现出来的时间一再缩短，大量省略了情节发生的建置和铺垫的过程，直接呈现最富戏剧性的部分，产生叙事时间远远小于故事时间、情节落差远远大于情节密度的审美感受。

现代人开始不断探索减速的可能性，希望通过放慢生活节奏来对抗速度对现代生活的宰制。近年来，以缓慢哲学为基础的慢速生活方式被现代都市人倡导，一场追求平衡的慢速革命正在现代社会展开。虽然现代性的快速被认为意味着拥有效率与权力，我们却可以通过慢速对速度生存带来的压力进行反抗。短视频平台上出现了一批以展现农耕生活为主要内容的视频作品，视频主人公身穿粗衣布鞋，用最原始的方式进行劳作，种植水稻从浸种子开始，制作秋梨膏从清洗梨子开始，将全部流程事无巨细地用特写镜头呈现给观众。这种缓慢的叙事方式的优点在于对日常生活细节的放大，用特写镜头和重复镜头精细地写实，同时，因为故事时间较长，叙事节奏也随之舒缓。慢速叙事与剧作法中的小情节有异曲同工之处，即在叙事过程中不注重外部事件的戏剧性，更多关注人物内心的情感，达到从情感层面打动观众的目的。不追求庞大信息容量和强烈感官冲击的慢速叙事，看似违背了现代人追求短期快感的审美需求，实则是在用另一种价值标准来回应不断加速的现代生活。

11.3.1.2 互动叙事：非线性自由选择

互动叙事是影视与游戏融合的产物。互动性是游戏最显著的特征。游戏设计师席德梅尔认为“游戏就是一系列有趣的选择”，游戏文本的推进需要游戏者参与其中做出选择。当故事结合了游戏艺术的互动性特征，故事的叙事方式也将随之改变。

传统视频叙事中多是用线性叙事方式来呈现作品，而互动叙事更突出作品中的互动性，叙事常伴随互动而发展。区别于传统影视的经典设计，非线性的互动叙事创造了一个故事的发展随观众所做的互动和选择而改变的故事世界。故事在时间中随意跳跃，从而模糊叙事的连续性和连贯性。互动叙事可以发生在读者与作者、读者与读者、读者与故事、作者与故事，甚至故事里的角色与角色之间，每个选择都会改写故事走向，并最终导向截然不同的故事结局。2020 年 5 月，首部竖屏古装互动剧《摩玉玄奇》在腾讯微视平台播出，该剧讲述了宫女若琪在后宫之中历经重重考验，最终扳倒皇后、成功复仇的故事。该剧在每集 5—8 分钟的剧情中设置了多个互动点，用户在观看过程中平均每 60 秒即可参与一次互动，根据剧情提示主动改变人物命运，进而产生一百多种故事结局，让观众在欣赏影视的同时获得游戏的交互性审美快感。

11.3.1.3 聚焦叙事：有限视角的在场感

区别于宏大叙事经常采用的全知全能视角，聚焦叙事是以个人化有限视角观照世界的叙事方式。在短视频中，时常能看到聚焦创作者本人的、具有浓郁个人色彩的身份叙事和以创作者为第一视角的聚焦叙事。这些以多元视角聚焦微小的叙事切口的视频作品能够反映出创作者的个性风采和个人生活经验，也容易引发观众的心理认同和情感共鸣。

聚焦叙事往往采用近景或特写拍摄、单一镜头和自拍视角的拍摄手法。在这种贴近化、精细化的微表达形式中，作为视频主体的个人的魅力被无限放大，有限视角中的事物也呈现出特殊的质感。传统影视作品以讲故事为中心，个人在其中服务于故事而存在,而短视频的生产创作方式决定了它“以人为本”的特性,叙述者通过聚焦个人经历、开放私人空间充分地展示自我。

今日头条为了突出时代主题,推出“三农”短视频系列。在这个系列中出现了许多具有浓厚的农村气息、昵称带“农”字的网红,例如“乡野丫头”“农村四哥”“我的农村 365”等具有身份特征的“三农”短视频创作者。“巧妇 9 妹”的视频呈现了一个令人向往的生活场景:视频记录了从用石磨磨米浆到制作河粉完成的全部过程和人们日常生活的细节,还呈现出许多独具特色的农村元素,如菜园、草垛、鱼塘、果园等,观众能够在高度聚焦的视角中体会到身临其境之感。

11.3.2 内容形式百花齐放

11.3.2.1 虚构剧情类:二度创作与原创微短剧

虚构剧情类短视频主要分为对影视作品的二度创作和原创微短剧两类。短视频平台上影视作品的二度衍生开发类型广泛,主要内容是对影视剧作进行剪辑、配音等后期处理,使其独立于原作,形成全新的内容与体系。二度创作与影视内容中混剪盘点向短视频的主要区别为是否形成新的剧情或体系,单纯的混剪盘点只是对具有某个共同特质的片段进行组合和陈列,二度创作则用蒙太奇手法、配音等为影视作品赋予新的表达和含义。二度创作类短视频可简单区分为组合剧情向和配音逗趣向,是对影视作品进行的全新二次创作,也是影视内容的重新开发。

对于短视频平台而言,包含电影在内的影视娱乐类关键意见领袖具有较高的数量占比和较强的活跃用户渗透率,影视娱乐类内容属于优势内容范畴。具有娱乐化、轻量化、生活化等特征的短视频平台在一定程度上消解了电影本身的冗长与严肃,符合现今互联网用户追求短、平、快的心理特征,促进了电影解说、电影混剪、电影综合类等电影二度衍生作品的开发,一大批电影类关键意见领袖随之出现。

短视频已经成为电影营销宣传的重要阵地。短视频用户与电影观众群体高度重合。以抖音平台为例。年轻群体是抖音和影院的双重使用者,抓住短视频平台用户显然是为票房引流的最高效方式。短视频与传统的图文模式有着本质的不同,它能够通过画面信息、蒙太奇剪辑和配乐等手段,在极短的时间内激发观众的情感,进而带来深刻的认知体验。短视频平台的多种玩法已经能够有效实现电影热度向观众想看指数乃至预售指数的转换,而这才是营销成功的关键,才能真正实现为票房引流。短视频平台的兴趣分发机制越来越精准、完善,使平台在大量积累用户数据的基础之上，能够深入挖掘用户兴趣，从而更容易覆盖电影的兴趣群体。

此外，我们也看到，长视频和短视频平台共同发力，纷纷加码微短剧赛道。2021 年 4 月，抖音发布短剧“新番计划”，面向多频道网络(multi-channel network organization，MCN)或个人创作者招募优质好看的短剧作品，并对参与该活动的创作者提供亿级流量扶持和百万现金奖励，在平台上引发了一阵创作微短剧的热潮。腾讯微视高调进军微短剧竞争赛道，“火星计划”投入 10 亿元资金、百亿流量扶持精品微剧业务的发展，为微短剧赛道下的内容生态建设提供充分的支持。同时，腾讯微视推出自己的微剧品牌“火星小剧”，加速微短剧 IP 品牌化进程。快手“星芒计划”全面升级为“星芒短剧”，在持续深耕女性向高甜剧场的同时，大力发展男性向爆燃剧场。长视频平台纷纷加码微短剧赛道，芒果 TV、腾讯视频、优酷等长视频平台推出针对微短剧的各具特色的合作模式和扶持计划，在商业变现、内容合作等方面进行新的探索。

微短剧与 IP 相互赋能，网文、动漫、游戏等 IP 渐渐成为微短剧内容精品化的重要引擎。为满足用户多元内容需求，视频平台与网文平台进行深度合作，共同探索微短剧孵化 IP 模式，从 IP 筛选、剧本改编到制播剧集，形成一套较为成熟的微短剧开发机制。

11.3.2.2 专题类：主流新闻和社会热点

短视频平台成为信息传播的重要渠道，用户习惯将短视频作为了解新闻、资讯和动态的途径。

各大主流媒体在孟晚舟回国、中美贸易谈判等外交关键时刻，多选择以华春莹、赵立坚、汪文斌等“外交天团”为短视频主体，向用户传递最新外交信息。此类短视频借外交官坚定的语气树立了新闻事实的权威性，同时，通过外交官们传递出的中国声音、中国立场与中国态度展示出中华民族自强不息的精神，辅之以恢宏的背景音乐，调动起受众强烈的爱国之情，在一定程度上完成了情感输出，有利于维护中国的国际形象。

主流媒体在制作新闻资讯类短视频时多采用碎片化与组合式相结合的方式进行议题设置。具体操作大致可分为两类。第一类将短时间、碎片化的新闻按照时间顺序或逻辑顺序排列，再通过连续发布，将重点议题进行集约化的呈现，在最短时间内提高用户黏性。第二类是将相关议题整理归入合集。“央视新闻”抖音账号在神舟十二号成功发射后，设立了“揭秘航天员太空生活”的特辑，引发短视频平台用户的热烈讨论。

为迎合年轻受众的接受习惯，主流媒体在新闻资讯类短视频的语态与情感表达上做出了一定调整。例如，在标题中，许多主流媒体会运用具有强烈情感色彩的词汇，如“致敬”“最美”“自豪”“加油”，并采用感叹、反问或其他复杂的表达方式；媒体采用表情包、段子等多种表现方式，改变人们对传统主流媒体的固有印象，以更加贴近日常、更具趣味性和可视化的方式拉近与用户的距离；通过使用背景音乐调动情绪，渲染气氛，加强印象，深化主题。这些短视频通过突出细节、音影结合营造出的“此时此刻”场景化与强烈冲击感，对引发受众共鸣和认同大有裨益。

11.3.2.3　记录类：强调纪实性与科普性

随着视频产业的快速发展，纪录片这个兼具独立美学个性与影视产品共性的体裁，循着电影时代的纪录电影，经电视时代的电视纪录片和纪录栏目，到网络平台时代的纪录类 video weblog（vlog），走向纪录类短视频的全新纪元。

作为一种强调纪实性与科普性的影视产品类型，纪录类作品带有求真、考据的性质。其独特的视听语言体系，能否适应小体量、窄空间的短视频形式？其厚重的科学人文底蕴，如何更贴合扁平化、碎片化的新收视习惯？这正是短视频时代纪录类作品创作面临的问题。以抖音平台创作者张同学为例。张同学视频拍摄的内容以记录农村生活为主，时长在 5—10 分钟。这些视频看似普通寻常，却真实地反映出中国乡村最本真的模样——朴实、自然、充满烟火气。与其他农村生活视频不同的是，张同学的记录作品有着独特的叙事方法、专业的运镜与剪辑技巧，兼具趣味性、艺术性和纪实性。张同学在抖音平台斩获了上千万的粉丝量。

在政策支持与技术加持下，纪录类短视频在内容和形式上均能不断打破既有束缚，创造更高的社会价值。立场正确、主题积极、艺术精湛、内容扎实的纪录片作品更容易脱颖而出。一系列前沿制播技术的应用，则为纪录类叙事与短视频形式的磨合提供了有力保障。

未来，背靠成熟台网平台的长视频纪录片将继续发力进军短视频领域。真实记录、科学思维和艺术表达，是纪录片在漫长发展历程中不断实现的受众期许，更是纪录片作为一个独立的影视作品类型的美学支柱。可以预见的是，纪录片垂类下的长视频和短视频内容联动、台网与短视频平台的合作将进一步加强，优质的内容创作和成熟的运营模式将相互促进，为行业带来更加繁荣的发展环境。

11.3.2.4 实验类：虚拟数字技术在短视频中的应用

在前沿科学技术不断更新和日益成熟的当下，虚拟人能在短视频平台发光异彩，甚至在更多的平台场景下逐步实现高效沟通和真实的交互体验。由于动画短视频与虚拟技术的融合相配度更高，甚至可以作为一种语言，目前出现了对虚拟数字人的开发，例如BOSS耳机推出了用数字人替代真实明星的代言方式，采用超写实数字人AYAYI作为广告代言人。

作为短视频产业链中的重要组成部分，动画短视频更多地依托全新的互联网技术和计算机技术的不断发展，在2017年之后被广泛应用于人机互动、虚拟现实、网络虚拟主播、线上购物体验等方面。近年来，信息技术的革命性进步导致游戏行业的运营模式、内容类型、服务渠道和传播媒介都出现了前所未有的重大转变。电竞、云游戏等新业态持续爆发能量，元宇宙、超级数字场景等新概念纷纷涌现，产业的边界不断被突破，用户的体验不断被刷新，庞大的需求不断被创造。

如今，新型技术有待挖掘，可激发全新短视频内容创作的潜力。动画内容创作者可结合具有交互性虚拟现实技术进行创作。具体而言，通过物联网传感器的数据采集、动作捕捉设备的动捕数据和自然语言处理技术，可以实现基于人工智能算法的虚拟与现实之间的交互。

11.4 结语

对于普通大众而言，用手机拍摄的视频不仅能够记录下生活中的点点滴滴，还能通过影像化的方式展示出多元的生活场景，从而实现对现实世界的深度刻画。海量的碎片化的短视频宛如日常生活的一片片拼图，借助每个普通人的手机镜头将微观的生活细节拼凑成近似现实社会的视频空间，最终呈现一个视频化的景观社会。

视频化社会视听内容生产必须适应新的时代特征，积极探索新形势下的发展道路。首先，要充分认识并把握网络传播的特点，主动适应网络传播去中心的趋势，改变自上而下的单向传播方式，通过建立多平台、多终端的信息发布体系，使受众能够随时随地获取信息、发表观点。其次，要顺应视频化社会内容生产的新趋势，积极探索融媒传播规律和方式，不断提高创新意识，打造人民群众喜闻乐见的视听内容精品。

参考文献

安徽广播电视台(2019).安徽广播电视台加快推进5G+4K融合发展(2019-07-18). www.ahrtv.com/system/2019/07/18/030014052.shtml.

陈序经(2010).文化学概观.长沙：岳麓书社.

冯薇,任华,吴东英(2022).短视频时代怎样向世界讲好中国故事——李子柒在YouTube平台上的跨文化传播策略研究.传媒,16：65-68.

亨利·詹金斯(2016).文本盗猎者：电视粉丝与参与式文化.郑熙青,译.北京：北京大学出版社.

刘永昶(2022).生活的景观与景观的生活——论短视频时代的影像化生存.新闻与写作,4：24-32.

马歇尔·麦克卢汉(2000).理解媒介：论人的延伸.何道宽,译.北京：商务印书馆.

王岳川(1995).当代传媒的"后现代"盲点.童庆炳,王宁,桑思奋,主编.文化评论——中国当代文化战略.北京：中华工商联合出版社.

新浪(2021).微博2020用户发展报告(2021-03-12).https://data.weibo.com/report/reportDetail?id=456.

郑和武(2013).新媒介环境下传受关系的演变.传播与版权,3：1-3.

周翔,李镓(2017).网络社会中的"媒介化"问题：理论、实践与展望.国际新闻界,4：137-154.

Mob研究院(2020).2020中国短视频行业洞察报告(2020-10-27).www.mob.com/mobdata/report/114.

(吴予澈)

12

视频化社会中的内容价值变现与社群建构

——基于中国主流短视频平台的研究

短视频平台内容价值的变现扩展了视频变现的通道，使传统长视频通过第三方采购、广告等间接变现的方式发生了翻天覆地的变化。本章从视频化社会中的内容价值变现与社群建构两个方面，以中国较为流行的几个短视频平台中的短视频场景为例，探究短视频内容价值变现的策略、特点、存在的危机风险和应对策略，并且以此为基础，探究各平台用户的社群建构特点与建构方式，以期发掘视频化社会视频价值变现的新形式。

12.1 短视频的内容价值变现策略

短视频用户规模的不断增长，为其带来了内容价值变现的巨大市场。如何实现流量的合理变现，关乎短视频本身能否实现健康持续发展。笔者将短视频平台的内容价值变现策略大致分为两大类：一类是广告内容变现；另一类是依托平台流量变现。

12.1.1 广告内容变现

12.1.1.1 显性/传统原生广告投放

广告是基于视觉传播的图像景观，一直以来都以直观的方式在受众眼前投放，以激发受众的消费欲望。直观的广告投放是一种硬性广告，也就是显性广告，用户不用加以甄别，就知晓其背后的目的。原生广告诞生于2011年，指由广告商自己聘请专业摄影团队，围绕产品请演员、模特(或无人出镜)或者制造动漫、特效拍摄的传统专业广告。在短视频尚未出现或者尚未普及之前，传统原生视频广告的投放对象一般是电视台和长视频平台。

信息流广告是在2006年由Facebook率先推出的广告类型，改变了传统广告的传播方式，一般夹杂在内容流之间，后来依托大数据和算法的不断进步，定位越来越精准，极大地提升了用户的广告体验，广告从原本的无差别投放进入精准投放时期。信息流广告具备原生性、互动性、个性化等特点，是短视频平台中广告投放得以变现的常见方式。

以微博视频号为例。微博的信息流视频广告安插在图文评论区之间或微博视频之间，自动跳转。微博视频号的信息流广告投放，契合了用户的兴趣爱好，同时，微博视频号与天猫、京东等电商软件达成合作，会在信息流视频广告中插入商品链接，用户若是对商品感兴趣，可以直接点击链接跳转。例如，牛奶品牌特仑苏在2022年7月8日投放的信息流广告，获得了424万次观看，远远高于官方微博其他视频播放量。

目前，原生广告以信息流的方式投放，仍是各大短视频平台的惯用变现模式，主要获利方是平台本身，广告的投放需要广告商与平台的直接接洽，还要依托大数据和算法的支持。视频化社会不仅使广告的投放变得更加多场景，还反过来影响了广告内容模式。许多广告商在拍摄原生广告时，就开始思索广告的投放平台和场景。信息流广告的变现通路，或许正在为广告行业带来一场大变革。

除了信息流广告之外，各大视频平台常见的原生广告投放还有贴片广告、中插广告两种方式，这两种方式同样具有原生性。受众对于这类广告的接受度比较一般，但大量强制投放对于强化品牌记忆不失为一种便捷有效的方式。显性广告对受众的影响是潜移默化的，虽然在短视频日益风行的情况下，广告链接直接跳转使传统广告的变现通路被打开，变现速度增加了不少，但更多影响的还是受众的日常生活选择。

贴片广告和中插广告更多地出现在长视频中，通过紧贴正片的短暂广告和剧集中穿插的广告来强化品牌记忆。在短视频平台的场景中，这类广告模式也经常出现。贴片广告和中插广告与信息流广告一起，构成了短视频平台中最常见的原生广告投放方式。这也是短视频平台内容价值变现比较常见的、成本低、难度小、到达率高、广泛持久深入的方式。

12.1.1.2 隐性/非原生广告投放

与显性广告相对，非原生广告投放(场景植入、挑战悬赏等)则是一种隐性广告。隐形广告的定义尚有争议，总体而言，“隐性广告的内容具有隐蔽性、隐匿性，受众无法察觉产品和品牌的功利性，借助传播媒介单向与受众产生联系，利用视觉符号体现无意识的意境表达”(陈姝均 2022)。非原生的隐性广告投放更具短视频平台的特性,因为它是在用户原创内容模式下用户自发生产广告,从而转被动为主动地代替广告商进行营销推广的方式。非原生广告的投放一般分为两种：一种是广告商寻找短视频博主合作,由短视频博主主导拍摄、广告商协同,博主获得广告商的投放费用或者按比例分佣获利;另一种是广告商直接寻求平台合作,固定自己的广告投入,由平台和广告商共同建立话题,鼓励短视频博主制作产品的推广视频,并且根据最终的推广效果分发费用。

广告商寻找短视频博主进行合作推广,拍摄场景广告或者进行分众推荐,以提高产品的知名度。短视频博主在合作过程中实现内容价值的变现。由博主主导的非原生广告投放大致可以分为两种。

第一种是博主与品牌方进行深度合作,由博主掌镜拍摄与品牌方内容价值十分契合的民间广告。此类广告一般质量较高,也能较好地体现品牌文化,除了并非品牌内部设计之外,其模式接近原生广告。以抖音账号“@艺术菜花”为例。该账号曾为阿玛尼丹砂口红、YSL1971、金典牛奶等拍摄相关广告。在 2022 年 9 月为阿玛尼新色丹砂拍摄的推广广告中,博主采取拍摄微电影的方式,为产品书写了一个浪漫而富含中国底蕴的故事,巧妙地将新品口红融入一个能够体现品牌文化(守护、坚持、发现美)的主题,既全方位展示了品牌,又十分具有艺术性和可看性。此类广告时长偏长,不符合传统原生广告快节奏、强记忆点的特质,但由于制作精良,在短视频平台收获了十分好的效果。博主收取品牌方的佣金,又将产品挂到购物橱窗,不少用户被浪漫的艺术广告吸引而买单,为博主实现了内容价值的变现。

第二种是依据分众投放的场景植入广告。在短视频平台上,视频博主的分类十分明确,受到年轻主流购物群体关注的短视频博主类型有时尚美妆类博主、护肤家居类博主、萌宠博主等,不同的广告商会依据不同的产品寻找不同类型的博主进行合作。例如,美妆品牌多会寻找美妆类博主进行产品推广：或是要求博主使用产品化妆,以展示其特质;或是要求博主评测产品,对用户进行真实反馈;或是要求博主将产品加入自己的日常爱用物分享中,以为受众“种草”。博主选择场景进行植入,从而实现内容价值变现。依托分众和博主类型进行的精准广告投放,是视频化社会中最节省成本且行之有效的变现方式。广告商实现产品推广和盈利,受众节省了产品挑选时间,博主则实现了内容价值变现,三方获利。

广告商由于时间紧张或者期望覆盖面更广、更加突破圈层的产品推广,会选择越过博主，直接与平台达成合作。广告商准备数额不等的资金，发出“挑战悬赏”，广泛邀请各类博主主动拍摄所需推广产品的相关视频，然后根据推广效果，将资金分发到制作视频的博主手中，帮助他们实现内容变现。除了“挑战悬赏”，还有“话题模式推广”的投放方式，广告商可与平台协商，建立产品相关的话题词条，或者升级制作相关的特效等，利用话题的推广来为产品实现知名度提升。例如，某咖啡品牌在2022年10月4日发布了“咖啡冲不冲翻唱挑战”，相关视频获得超过60万次点赞和超过13万次分享，一时间在抖音引发翻唱热潮，相关产品随着挑战获得了大量曝光。

12.1.2 平台流量变现

12.1.2.1 平台补贴与流量福利

大部分短视频平台都会计算视频生产者的播放量和互动量，据此进行流量奖金的分红。平台为了招揽优质的创作者，经常采用各种“计划”的方式为视频生产者进行补贴式的奖赏。平台补贴，是用户生成内容模式下早期视频生产者最主要的获利方式之一。除了补贴，部分平台为了最大限度地留住优质博主，会直接与博主建立长期且稳定的合作关系。双方通过合同约定在平台进行视频生产的时长，博主获得平台的数据扶持，平台则通过博主吸引更大的流量，并根据合同与博主进行分成。不过，随着目前视频平台生产用户规模的不断扩大，平台已经不需要通过这种方式来留住博主，转而追求更高质量的视频生产和优质内容的系列输出。流量补贴的份额逐渐减少，相关计划出现频次降低，有些平台甚至直接取消了此类补贴方式。视频生产者更加需要不断地明确定位、吸引垂直受众，从而接到相关广告，直接与广告商建立合作关系，实现内容的稳定变现。

部分短视频平台还开放了非直播状态下的用户打赏机制，微博视频号下就有打赏按钮，用户若是真心喜欢博主生产的某条视频内容，点赞、评论、收藏之后仍觉得意犹未尽，可在有限度的情况下对博主进行金钱打赏，数额不限。哔哩哔哩在用户打赏的机制上别有巧思，最初便创立了一种虚拟的钱币代替现金进行打赏，用户可通过各种途径获取钱币，然后将它打赏给自己喜欢的视频。视频生产者依据钱币的多少，向平台换取，实现价值变现。如今，用户打赏和早期的流量分成都已经不算是各大短视频平台生产者主要的变现方式，但在早期，它们为视频生产者提供了资金支持，对一些刚刚起步的生产者具有扶持作用。

12.1.2.2 IP化延伸开发

IP即知识产权(intellectual propert)，IP化延伸开发获利的本质是不断挖掘粉丝群体创造出巨大的流量，依赖粉丝的消费形成环环相扣的经济产业链。

知识付费是短视频平台上的IP化延伸开发的一种方式。自短视频成为视频化社会的风口以来，人们越来越多地从线上视频中获取知识。根据美兰德数据统计，约有41%的短视频受众拥有"知识丰沛实用"的需求。在这样的大趋势之下，出现了许多知识IP打造成功的案例。例如，博主"@董十一"在发布一系列运营抖音账号主题的视频后，顺势推出训练营、书籍等，实现内容变现。董十一等博主的知识IP打造通路相对一致，先通过短视频进行知识科普或者课程介绍，建立用户对其的信赖，依托这种信赖和情感联系，达到售卖相关知识课程变现的目的。开发一门付费课程需要大量的前期准备，在视频平台上制造噱头和爆点。视频生产者兜售课程，让用户为知识付费，本质上也是对个人或者机构IP的一种打造。

目前，知识付费在短视频平台上蔚然成风，百度好看视频甚至明确主要方向就是进行泛知识领域的探索。总的来说，知识付费在短视频平台上呈现如下趋势：第一，各平台极力扶持，力度较大，推出各种计划进行泛知识布局；第二，泛知识本身的内容在进行转型升级，各平台打造自己的IP，平台自制综艺、直播上线，如快手的《新知懂事会》、百度好看视频的《你的生活好好看》等；第三，实用技能、生活科普等越来越多地与直接变现相联系，除了传统打造IP进行课程付费，博主们越来越多地在相关视频中直接插入商品链接，打通变现的路径。

除了知识付费，IP化延伸开发的获利方式还有比较传统的周边出售。视频生产者通过打造自身（或者视频内容）的IP，可以开发出各种各样的变现模式。这类周边有可能是汉服博主自创的汉服品牌，有可能是cosplay博主开发的同款衣物，有可能是微短剧主角的道具等。IP化延伸开发具有非常高的灵活性，可以依据用户喜好随时调整售卖对象，将平台的公域流量转化为私域流量，再实现内容价值的变现。

未来，短视频平台是否会出现更加多元的内容价值变现策略，值得进一步观察和研究。

12.2 短视频内容价值变现的特点与风险

12.2.1 特点

相较于传统图文平台的内容变现，短视频内容价值变现的第一个特点是与电商联动十分紧密,使得变现价值较之前获得了极大的提高。

短视频变现与电商的紧密联动表现在电商广告思维的转变。传统以商品为主体的思路转化为以视频制作者为主体,依靠场景植入和用户自发的视频内容导向宣发商品,从而让受众自然而然地接触到商品并选择购买与否。这样的模式在一定程度上消弭了用户对于硬性广告天然的排斥感,因为广告植入一般都融入在短视频的主体内容之中,虽然用户知晓是投放,但并不会影响观看体验。这种消弭有利于短视频与广告商,尤其是与电商的进一步紧密合作。

短视频与电商的联动还表现在直播带货这个特殊经济景观的出现。短视频平台开辟电商通路,让博主在直播过程中对商品进行实时的介绍和优惠券的发放。不过,这个模式更多的是一种电商平台的迁移,而非短视频内容价值的直接变现活动。有些短视频博主也会直接拍摄简单的商品推广视频,并附以商品链接。这种视频虽然辐射人群不够广,与传统硬广告相似,但是其贴近生活的推广方式还是会吸引一定的受众。

短视频内容价值变现的第二个特点是短视频内容存在非常明显的平台化特征,表现在各个短视频平台不同的变现内容上。例如微信视频号、微博视频号主打醒目广告,依托洗脑式的简单广告在观众脑海中迅速建立瞬时记忆,或是依靠生活实用类、干货类知识吸引年龄偏大的群体,以此推广知识付费。抖音、快手等平台变现视频多种多样,视频制作者会根据自己不同的受众来调整变现的模式。哔哩哔哩平台上的用户年龄相对偏小,并且呈现出明显的泛娱乐化、泛二次元特质,变现的内容和商品与前述平台区分度较大。在短视频平台不断细化内容板块以求优质发展的同时,平台内部的内容受众具有明显的分众特征。短视频平台上的内容价值变现比起其他平台更具有分众特质,例如美妆博主主推美妆类产品广告、知识科普类博主主推知识付费等。这造就了短视频平台内容价值变现紧贴平台、分众化明显的特征。未来,这条变现通路会朝着更加细致的划分行进。

12.2.2 风险

伴随视频化社会中短视频内容变现价值的增长,其风险也逐渐显露出来。基于平台逐年增长的用户量和短视频极高的互动性,拍摄视频、发布视频在短视频平台上成为越来越常见的现象。大量内容的涌入给平台的监管带来了极大的困难,平台对于植入视频内部、不易被发现的内容存在审核短板。短视频平台内容价值变现主要存在四个问题。

第一，虚假广告泛滥，售后服务和运费险等消费保障缺失；同时，由于短视频平台不是主攻电商的平台，审核和保障机制存在许多亟待完善的地方。审核问题、乱象频生的广告问题容易使消费者获得不愉快的购物体验，从而影响到平台的内容价值变现信誉。

第二，变现路径固化，亟待开发新的赛道，以求突破发展的瓶颈。在各大短视频平台上，直播带货、广告植入、流量补贴是三大固有的变现路径。自短视频平台创始之初，这三大路径就开始不断地影响平台、视频制作者和受众，影响视频化社会的经济景观。在视频化社会深入发展的背景下，新赛道亟待开发，能否从固有的三大变现模式中探索出另外的路径以推动短视频可持续发展，决定短视频平台未来的发展方向。

第三，在短视频平台内容价值变现策略中，对于个人或者团队账号粉丝的依赖程度较高。在以广告植入为主要变现模式的个人账号中，粉丝对于账号博主具有部分情感黏性。以黏性为基础，博主可以创新自己的视频内容，并植入相关品牌完成变现。但是，情感黏性的维系十分脆弱，倘若博主损失口碑，粉丝便会如同潮水一般退潮而去，博主账号的变现价值就会大大地降低。即使博主一直维系稳定的内容输出，粉丝对于博主的情感黏性也受到时间的限制。平台采取的策略是接连不断地捧红新人，这固然为平台带来了接续不断的吸引力和优质博主，但也容易造成 IP 难以长效发展的问题。短视频实现内容变现的最终目的还是将观众转化为账号的消费者，天然对粉丝具有依赖性，粉丝们带来的注意力经济或许在一时之间能为账号实现前所未有的内容价值变现，但是当潮水退去，能否实现持续发展，是困扰每一个账号的难题。网络时代媒体的热点迁徙变得越来越快，IP 在短视频平台上难以长效发展，为短视频平台实现稳定的内容价值变现带来了极大的风险和挑战。

第四，平台同质化。各平台之间虽然有基本的受众差别，但存在相互替代性。微信、微博视频号这种存在于非视频主体平台上的短视频场景，优质的内容创造者相对较少，于是，平台便时常出现搬运其他平台短视频为自己吸引眼球的事例。视频号搬运其他平台的视频为自己实现内容变现，本质上是版权意识的缺失。此类问题在其他平台也时有发生。目前，部分平台针对此现象进行了监管和限制，例如微博大数据会监测相同内容的视频，在寻找到源头的情况下为视频标记是否为转载内容，但是这类限制方式十分粗糙，尚未收获较为明显的效果。视频内容的来回搬运使各平台之间的相互替代性加强了许多，在微博上就能刷到在抖音短视频中刷到的内容和商品，因此，用户一般不会选择在别的平台中重新寻找。长此以往，各平台将逐渐趋于同一，参差不齐的现象会愈演愈烈，从而影响到平台的价值转化。

12.3　平台社群建构的特点与方式

短视频平台上的内容价值变现与社群建构（粉丝文化）息息相关，这与以往传统媒体时代截然不同。这种基于内容价值的社群建构，必然带动了粉丝经济消费，然后产生价值变现。粉丝并不是只会被动地接受内容完成消费，而是如陶东风（2009：10）所说，“粉丝的生产力应划分为三个领域，分别是符号生产力、声明生产力和文本生产力”。笔者拟以平台为划分依据，对粉丝文化、平台和创作者三者之间的互构进行探讨。

12.3.1　各平台社群建构的特点

12.3.1.1　微信/微博视频号：依赖附加流量，集群散漫

微信是由腾讯出品的主流社交平台，长期以来牢牢占据中国社交 App 的榜首位置。微信视频号是 2020 年 1 月 22 日腾讯公司正式宣布并开启内测的平台，位于微信主界面“朋友圈”的下侧，与微信直播毗邻，十分醒目。微信视频号没有单独的 App，十分依赖微信作为社交平台带来的附加流量。因此，微信视频号的主要受众并非传统的短视频直接受众，或者说观阅微信视频号的受众并非带着刷短视频的目的进行浏览，更多的时候是在使用社交功能时不自觉地浏览到。

为了给微信视频号进行引流，微信官方曾挖来李子柒等已经在其他平台有一定名气的博主，但收效甚微。目前，微信视频号上最主要的视频内容依旧是知识科普、采访搬运等非典型原创内容。由于微信视频号中的视频在朋友圈转载十分方便，因此，部分需要在朋友圈进行引流的内容生产者特意开通了微信视频号。微信视频号从建立之初到如今的种种迹象表明，它对微信这个社交平台的依赖极大，用户对平台的情感黏性低、互相交流少，社群建构十分散漫，几乎没有成形的社群存在。

与微信视频号情形十分类似的是微博视频号。相较于微信视频号，微博视频号更加自由，只要发布微博视频，就能够开通微博视频号。不仅有 1 分钟以下的短视频，也有 15 分钟以上的中视频，真正地做到了兼容并蓄。但是，微博获取

即时资讯的功能要大于观阅视频功能，因此，微博视频号中较受欢迎的内容还是以短视频为主。微博的大V视频号中，游戏、美妆、数码领域等逐渐分野，相较于微信视频号，做出了初步的区分和受众划分。

微博视频号中用户的社群建构仍旧十分散漫，这是由微博本身社交属性远远大于观阅属性的特质决定的。大V博主不必依赖视频账号就能够完成社群建构。微博视频号与微信视频号一样，主要用户都不是纯粹以观阅视频为目的的用户，平台集群散漫，并不能作为视频内容价值变现的主阵地。

12.3.1.2 抖音/快手：辐射用户最广，分层明显

抖音短视频和快手短视频作为短视频行业的两大头部平台，是目前短视频平台中用户最多、辐射范围最广、日活跃用户数最高的平台。根据美兰德数据（见图12.1），抖音和快手的深度用户比其他短视频平台高出数倍。

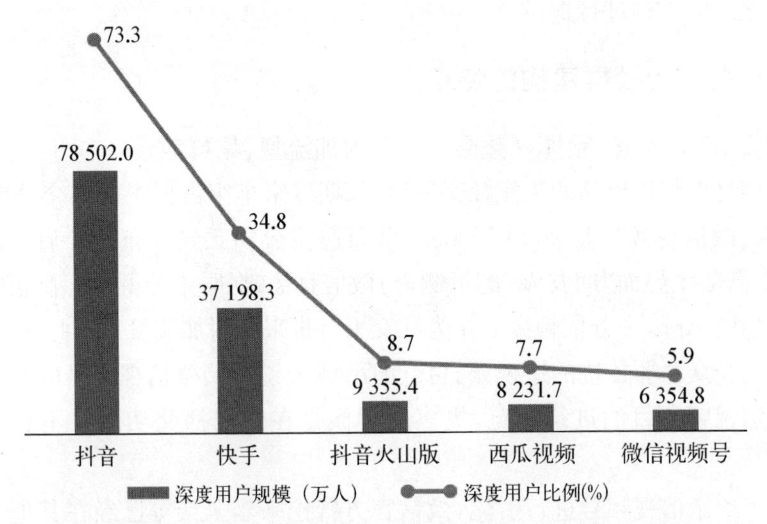

图12.1 2021年用户规模TOP5短视频平台深度用户规模和深度用户比例

（数据来源：美兰德中国电视覆盖与收视状况调查数据库）

用户规模大，视频生产者也多。抖音和快手的视频生产者囊括美妆、护肤、美食等几乎所有博主类型，平台和视频生产者根据分众范围制定内容价值变现的具体策略。

用户规模的庞大，为平台带来了巨大的经济利益，也使得平台内部反而不容易构建稳定的社群。由于选择性增多，同一用户有可能会对多领域的视频感兴趣，与感兴趣范围内的其他用户产生互动，但平台本身缺少社群建构的社区，并且用户的选择范围实在太广，难以在同一个领域长时间地倾注目光。就

算是以固定时间直播形成的社群，如“刘畊宏女孩”，其共同的特征也不过是跟随同一位博主进行一段时间的健身训练，用户之间的互动少，并且十分依赖平台流量的推送，过一段时间，这类临时社群就会逐渐消失。由此可见，抖音和快手平台的社群建构十分依赖大数据，由于用户规模太大，兴趣领域分层明显，不能在某个层面过多地关注和停留，虽有社群建构，但社群十分不稳定，具有一定的时效性。

12.3.1.3 哔哩哔哩：平均年龄最小，黏度高

哔哩哔哩在2009年创设之初是一个以动画、漫画、游戏三类内容的创作与分享为主的视频网站，后来依托兴趣圈层逐步向外拓展，开设了不同的分区，并开始由中视频向长视频和短视频试水。独特的建立过程决定了哔哩哔哩用户的泛娱乐化、泛二次元属性。从美兰德数据(见图12.2、图12.3)可以看出，哔哩哔哩的主要用户以Z世代(1995—2009年生人群)和Y世代(1980—1995年生人群)为主，其余年龄层相加的占比不到17%。这一点表现在年龄上更加明显，哔哩哔哩的主流受众年龄集中在35岁以下，具有十分明显的年轻化特质。

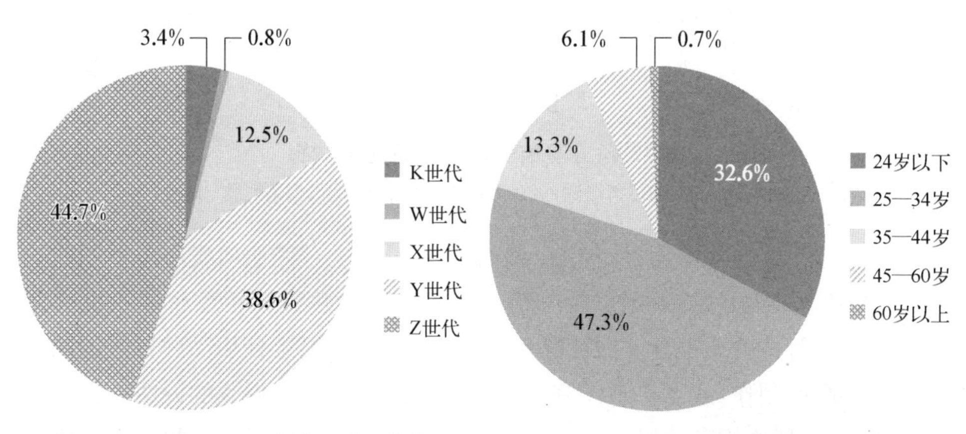

图12.2 2021—2022年哔哩哔哩微博热议人群画像(年代)

(数据来源：美兰德传播咨询视频网络传播监测与研究数据库)

图12.3 2021—2022年哔哩哔哩微博热议人群画像(年龄)

(数据来源：美兰德传播咨询视频网络传播监测与研究数据库)

主要用户偏低龄，并且本身就是依托兴趣社区而建立，决定了哔哩哔哩的社群建构比其他短视频平台更加成熟。近年来，短视频逐渐成为经常出现在哔哩哔哩首页的内容，哔哩哔哩的用户多半有着较为长期且明显的兴趣导向，情感黏度高，这让哔哩哔哩的社群建构更加稳定。

12.3.2 短视频平台上的社群建构方式

短视频平台上社群建构的方式主要是兴趣导向。以美食类视频的社群建构为例。据美兰德数据(见图12.4)统计,集群的主要群体年轻族群在短视频上观看内容占比最高的就是美食类,近三成的短视频年轻用户经常观看美食烹饪/吃播内容,大众对食物的需求从量的满足转向质的提升,美食类短视频显现出竞争优势,也成为内容价值变现的热门领域。

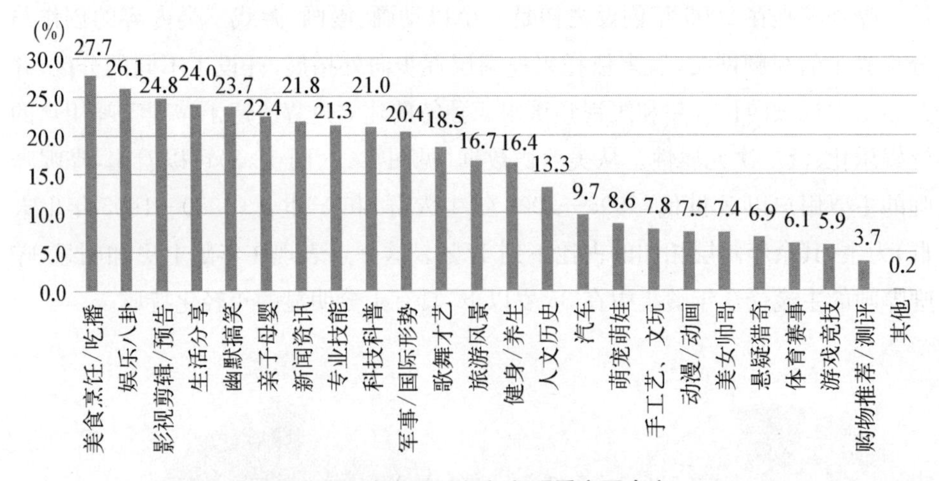

图12.4 年轻族群短视频观看主要内容

(数据来源:美兰德传播咨询2021年中国视频消费行为习惯系列线上调查)

以抖音平台的头部美食博主"@噗噗叽叽"为例。噗噗叽叽发布美食制作类视频并不露脸,只是以"固定机位+精美布置+独特食谱+精致包装+温馨氛围"的模式,打造独属于自己的社群受众。噗噗叽叽通常会使用品牌方赞助的产品完成菜品的制作,或者在制作完成后对广告产品做一个短暂的说明。由于内容插入巧妙、博主推荐真诚,其推荐的橱窗商品往往能获得较高的销量。截至2022年11月,噗噗叽叽已拥有超过1 800万粉丝和2.6亿获赞,商业价值极高,是抖音平台上最具内容变现价值的美食账号之一。噗噗叽叽的粉丝社群依靠美食大类内容集聚,聚焦其个人IP消费。同时,美食大类内容下的不同博主经常进行交流和互动,其粉丝社群也可能在中间流动。这在一定程度上反映了短视频平台社群建构的基本方式:用户在选择平台之后,依靠兴趣内容大类议题建构粗略的集群,并在不同的博主之下完成更进一步的社群建构,博主的评论区一般是社群内交流的主要场所,社群具有一定的流动性,并且不局限于同一议题之中。

分享和情感联结是集群建构的又一种方式。分享是短视频传播的特点之一。依靠分享(包括点赞、转发、评论等),短视频平台完成了从视频发布者到观看者再到被分享者的链式传播。在这条传播链上,基于共同兴趣爱好被吸引的用户逐渐建立起成形的社群。分享和互动的本质其实是用户通过视频与另一批用户建立起来的情感勾连。短视频平台(包括其他平台)上的社群主要是通过情感的共通被建构起来的。集群记忆也是在共通情感的基础上根据身份群体的不同而生发的。

有学者对短视频平台上的农民工群体进行过社群研究,指出"技术赋能下的情感互需"是农民工群体乡土记忆生成的动机(于晶、谢泽杭 2021)。不仅是农民工群体,拥有共同兴趣爱好的小众群体、归属同一地域的用户等社群建构的方式都是在短视频平台的机制下进行情感填补。社群的建构对于短视频平台的内容价值变现起到了十分重要的作用,不仅使消费群体变得更加明确,情感的需求也成为用户的重要消费动机之一。

12.4 结语

本章探讨了短视频内容价值变现的主要策略,指出其特点和存在的风险,并借此讨论中国主流短视频平台中社群建构的特点与方式。在视频化社会中,短视频内容价值变现的多样化、规范化是促进中国视频产业不断发展的重要动力之一,而社群建构方式的不断丰富是视频文化不断更新的重要保证。本章希望通过讨论促进中国视频产业和文化的健康发展。

参考文献

陈姝均(2022).隐性广告的视觉叙事研究.长春:吉林大学.

陶东风(2009).粉丝文化读本.北京:北京大学出版社.

于晶,谢泽杭(2021).故乡何处是:短视频平台上的农民工社群建构与乡土记忆——对抖音"福建村"的考察.新闻界,9:44-57.

(田雅文)

13

影像形式与经济景观的交互建构

——视频化社会的商业形态

当前，视频在深入生活的过程中表现出新的经济景观。视频不仅作为一种视听表现与行为载体而存在，更象征着资本的流通与媒介的迭代。本章将概述长视频、中视频和短视频的特点，梳理各类视频的商业模式。在此基础上，对直播经济、知识付费、游戏、动漫等视频的具体形式、内容和商业模式进行研究，力图展示视频化社会如何造就一个更为平等的商业联通网络。

13.1 视频平台商业模式现状

13.1.1 长视频经济景观

长视频的主要形式为电视剧、电影、综艺、晚会等。长视频的形式和内容相对传统，观众形成了一定的观赏习惯，多集中于头部视频平台，五大视频平台占据大量市场份额，市场集中度进一步提升。2021 年持续增长的用户线上服务需求推动爱奇艺、优酷、腾讯视频、芒果 TV 和哔哩哔哩五大视频平台实现进一步发展。从 2021 年财报来看，爱奇艺第三季度营收同比增长 6%，达到 76 亿元。其中，在线广告服务收入为 17 亿元，内容发行收入为 6.27 亿元，订阅会员服务收入为 43 亿元(中国网络视听节目服务协会 2021)。虽然国内流量红利见顶，但海外业务为爱奇艺带来喜人收获：在多个东南亚国家的日活跃用户数环比均有增加；在多个国家中的 App 下载量也位居首位。

随着短视频成为最流行的视频形式，将原作品剪切进行商业传播的侵权行为成为长视频产品面临的主要问题。2021 年 4 月，爱奇艺、优酷、腾讯视频、芒果 TV

和咪咕视频等流媒体平台，携手53家影视公司发布《联合声明》，呼吁短视频平台与公共账号生产运营者在未经授权的情况下，不得剪辑、切条、搬运、传播相关影视作品(杨哲 2021)。此后，不断有长视频平台发声，尝试以版权为切入点实施自救。在视频化社会下，对于视频版权意识的提升意味着对于视频文化属性的保护与认同，促使创作者每次的视频创作都更明确地注明个体表达的属性，加强了视频创作的严肃性。视频化社会是文字表达向视频表达的社会演进，而视频版权的保护是官方层面和社会层面在此进程中展现出的对于视频的集体认同。

2021年10月，爱奇艺、优酷和腾讯视频三家长视频平台再次联手，相继取消剧集超前点播服务，进一步优化平台用户使用体验。中国网络视听节目服务协会发布的《2021年网络视听发展报告》显示，连续包月用户数量近半，选择超前点播的用户数量占据两成，用户决定购买超前点播的主要原因还在于平台内容的优质化(杨哲 2021)。在视频化社会下，平台用户对于视频内容的选择既体现个体的审美差异与生活节奏，也影响视频平台的经济收益与内容产出导向。随着观看视频日渐成为人们生活的一部分，视频平台开始通过提升视频画质、仅限会员观看、超前点播、电视投屏等各种服务获得经济收益。这是在视频化社会中最基础的通过提供优质的视频服务获得经济收益的商业模式。

13.1.2　中视频经济景观

西瓜视频、抖音、今日头条联合发布的《中视频2021发展趋势报告》显示，2021年中视频月活跃创作者数年增长超80%，内容数量同比增长98%，内容主要分布于泛生活、泛知识、泛兴趣等内容赛道。相比于长视频在内容层面的多元化、在收益层面的服务导向，中视频显现出在内容层面的泛知识化、在收益层面的多元化(西瓜视频、抖音、今日头条 2022)。

中视频依托知识内容优势，借力平台补贴政策获得长足发展。中视频选择的发布平台以哔哩哔哩财经等为主，主要推出知识学习、产品测评等类型的内容，坚守创作者核心，加上专业团队辅助IP运营。例如，获得哔哩哔哩2021年度百大UP主、2020年度最佳作品奖UP主的“老师好我叫何同学”，截至2023年1月21日，其拥有1 065.6万粉丝，视频、专栏、动态累计获赞4 396.1万，视频内容主要涉及机械、电子产品制作、电子产品体验、日常生活学习等题材。2019年6月6日，该UP主发布视频《有多快？5G在日常使用中的真实体验》，获得《人民日报》、新华社等众多官方媒体的报道和转发，其视频播放量平均能达到每条1 000万。“何同学”毕业于北京邮电大学电信工程及管理专业，拥有通信技术专业知识和科学素养，利用专业优势，其视频内容围绕科技主题并统一标注“何同学”标签，以打造个人视频IP化、方便用户检索，并且以独特的解说视角和精致的转场特效突出个人特色。其在视频中制作的自动打字键盘、自瞄开灯机器、AirDesk等，也都成为“何同学”IP的周边产品。

中视频除专业性与实用性，还具备垂直性特征。创作者必须使用明白易懂的语言输出专业知识，确保用户能在较短时间内掌握视频内容。正是高质且高效的表达，成功提高了中视频用户对于平台的忠实度。同时，各平台下足了功夫帮助创作者解决职业化道路上的推广难题，纷纷发力扶持优质视频产出。西瓜视频2020年拿出20亿元补贴创作者，2021年继续加码，联合抖音、今日头条推出“中视频伙伴计划”。这个计划首次打通了抖音、西瓜视频和今日头条之间的链路：内容分发支持一键同步三端，后台统一一站式管理，并给予创作者三个平台的流量分成。在多平台流量的加持下，超4 000位中视频创作者年入50万元。半年内，粉丝数小于1万的新人创作者共获得总分成金额超1亿元。除了平台分成的保障，“中视频伙伴计划”大力支持多元化的商业变现方式。62%的中视频创作者拥有直播、电商、商单、内容付费等中的两种以上收入来源（西瓜视频、抖音、今日头条 2022）。

中视频生产倾向于以职业化为核心，这个特征有助于广告的精准投放。在中视频的赛道上，拥有专业人才团队的主流媒体是真正的主角。比短视频更长的时长和更大的信息量，要求创作者有更精良的剪辑逻辑与专业技能。因此，中视频里专业生产内容占比更高。哔哩哔哩凭借中视频成功出圈，成功吸引大量青年群体加入其中，为内容创作者提供了更多发展机会，扶持优秀的专业用户制作的视频，通过打造特色内容IP成功留住用户，最终实现流量变现。《2021中视频营销趋势白皮书》显示，由于中视频具有叙事完整、表达深入、场景丰富等特征，广告创意和品牌种草有更大的发挥空间，中视频正成为内容营销的新阵地。已有近3万创作者在加入“中视频伙伴计划”后获得商单，人均商单收入近10万元。中视频创作者“温义飞的急救财经”，自2020年入驻字节平台以来，发布了72个财经类中视频，粉丝数超1 200万。他与理想汽车合作的一期广告视频，用8分32秒深入解读了2022年国家放开汽车行业股权保护的影响，最后才推荐了理想汽车。该视频在抖音播放达1 000万次，账号涨粉20万（巨量引擎、西瓜视频、知萌 2022）。

中视频以相对职业化的创作者、专业性的视频内容吸引到垂直领域的受众，投放精准的广告使得视频创作者与品牌商家进行更深度的融合，视频为商品提供深度解说与专业科普，商品则为视频的权威性进行背书，形成双赢局面。

13.1.3 短视频经济景观

短视频用户规模持续上升，短视频持续占据互联网流量高地。截至2022年6月，通过各类渠道及终端观看短视频的网民占比达93.2%，较2021年增长2.8个百分点，短视频用户突破9.2亿人，但用户规模增速明显放缓，增幅从2021年的9.3%降至6.4%。短视频用户结构趋于稳定，50岁及以上用户比自2021年快速提升后稳定在四分之一以上（CSM 2022）。

短视频有着多种盈利模式，包括平台补贴模式、流量变现模式、品牌付费模式、服务盈利模式、打赏盈利模式、IP账号运营模式和内容付费模式。短视频创作者的快速增长、创意性拍摄手法的涌现推动了短视频内容质量不断提升，尤其是人工智能、物联网、5G、区块链和虚拟现实等技术的加持，使得短视频从素材采集到内容生产的过程逐渐智能化和自动化。就短视频平台使用情况而言，抖音和快手明显占有头部优势。快手起步早，拥有深厚的用户基础，并且积极拓展游戏直播、电商等业务；抖音虽然起步较晚，但入驻关键意见领袖数量多，在带货推广方面也拥有不错的成绩。就短视频平台格局而言，除了位居头部的抖音与快手，央视频、西瓜视频、哔哩哔哩、腾讯微视等也已成为用户较常使用的短视频平台。短视频的飞速崛起标志着内容红利时代的正式到来。这要求短视频必须进入内容升级的新时期，“流量＋内容”成为短视频新打法，进而实现最大化营销（中国网络视听节目服务协会 2021）。

2021年，用户生产内容、专业生产内容两类内容现身短视频平台。各行各业的专业人士与影视媒体创作者大批涌入短视频赛道，提升了视频的多元性与专业度，进而有效提升了用户黏性。伴随着内容品质与用户数量的上升，短视频的商业变现空间亦有增大。《2021年短视频用户价值研究报告》显示，72%的用户从短视频平台这个通道中购买过商品或者服务，将近七成的客单价在51—300元（CSM 2021）。另外，农村用户下单比例也有提高。

短视频电商生态仍在持续优化，平台不断提升销售服务水平，以便更好地迎合用户需求，切实提升用户体验。然而，在短视频如火如荼发展的景况之下，短视频平台实际面临亏损的状况。2021年第三季度财报显示，快手营收金额204.9亿元，净亏损70.9亿元。快手对此做出了一些调整，但收效甚微（杨哲 2021）。可见，如何扭亏为盈是短视频平台未来需要面对的重大课题。

短视频以碎片化的形式和高效的传播方式成为视频化社会中对于人们影响最大的视频形式。由于试错的时间成本低，人们更易接受这种视频形式。短视频在短时间内强势输出观点或进行营销，使得用户极易被吸引并沉迷其中。短视频在当下的生活中是无孔不入的，它可以占据视频化社会中人们最后一刻的碎片时间。短视频创作者将生活的日常、利用视频手段剪辑的奇观、利用视频美化手段塑造的形象、利用商业营销手段包装的商品等压缩进短视频中，通过迅速且广泛的传播形式获得经济效益。这是视频化社会借助短视频的社交属性、私人创作属性和商业属性形成的社会文化景观。

13.2 视频化社会中视频经济新景观

13.2.1 直播经济

直播是一种基于视频直播技术的互动形式，通过这种即时互动形式，可以产生即时经济反馈。直播经济大体可以分为两种形式：一种是通过直播讲解与卖货平台的联动，形成直播带货的经济形式，例如李佳琦、罗永浩在淘宝的直播等；另一种是通过直播本身的内容输出，形成网红直播打赏的经济形式，包括游戏直播、娱乐直播等。自 2016 年以来，中国直播电商快速崛起，市场持续高速增长，风口正盛。艾媒咨询(2021)数据显示，2019 年，淘宝直播入驻主播达 20 000 万人，同比增长 233%，其中 177 位主播年度商品交易总额破亿元。在 2020 年“双十一”期间，头部主播展现的带货效应更为强劲。其中，李佳琦在“双十一”预售首日为淘宝带来 38 亿元的销售额。2020 年受新冠疫情影响，网络直播获得更多发展机会，居家办公、线上购物、线上教育等都利用网络直播技术实现了最直观的信息传播。报告显示，2022 年直播电商行业企业规模达 1.87 万家，同比增长 17.61%。2018—2021 年直播电商的企业规模分别为 3 545 家、5 684 家、7 502 家、1.59 万家，其中，2021 年企业规模增速最快，为 111.94%，五年来呈现波动增长(网经社 2023)。

消费者参与直播带货的主要心理机制是基于对网红产生的信任机制。这种信任机制产生于品牌产品与网红之间的相互背书，例如李佳琦的直播带货中往往会选择一些受到消费者信赖的大品牌。这种信任机制还产生于网红效应带来的粉丝经济。例如，李佳琦通过微博、小红书等平台分享自己狗狗等日常生活，并且会参加一些综艺来扩大自己的知名度。这些活动既吸引受众，又建立起粉丝社群，增加消费者的黏性。在此过程中，消费者的心理机制通常表现为情境消费与求廉心理。消费者往往会被主播煽动性的语言和实时下降的库存吸引,产生抢购的心理。然而,直播带货往往通过捆绑销售与批量销售获得折扣,虽然单价相对便宜,但是消费者往往容易购入自身本无需求的商品。

在直播带货市场中,淘宝、抖音、快手三家平台贡献了行业主要成交额(纷析智库、夸克网 2021)。淘宝以传统电商为基础,用户购物属性明确,同时,依托原有供应链,具有海量商品,头部效应最为明显,但是商家自播比例最高。抖音具有庞大的活跃流量池,正在积极推进电商生态建设,主播头部效应最弱,同时,大力发展商家自播。快手用户黏性最强,为构建强信任电商奠定基础,正在扶持中腰部主播,同时,大力引进品牌以改善白牌居多的状况。

不同于依托电商平台的直播带货,内容直播售卖的产品是直播内容本身,包括游戏直播、娱乐直播、秀场直播等。从内部比例来说,秀场直播和电商直播的用户占比此消彼长。短视频用户端增幅远超直播用户,甚至直接从直播平台分流走了原本看秀场直播的用户。直播的可看性、娱乐性已经远不及短视频,直播的功能需进行调适。在秀场直播中,主播通过个人直播的内容输出,吸引更多用户进入直播间,而用户进入直播间的流量尚不能够直接变现,还需经由打赏获取主播收入;而直播带货通过购买标签化用户的方式实现流量的增长。在商业模式上,秀场直播以打赏模式为核心,而直播带货以佣金收入为支撑。在内容输出类的短视频流行后,内容直播不再具备内容优势,娱乐直播呈现出渐渐让位于带货直播的趋势。

13.2.2　知识付费

艾媒咨询(2023)数据显示,2022 年中国知识付费市场规模达 1 126.5 亿元,预计 2025 年市场规模将达 2 808.8 亿元。随着知识付费市场规模的不断扩张,得到、知乎、豆瓣、网易云课堂等专业的知识付费平台崭露头角,在深耕知识付费的过程中率先获得了红利。

抖音(品玩 2021)发布的《2021 抖音泛知识内容数据报告》显示,抖音泛知识播放中有四分之一为知识类视频。用户利用短视频获取知识付费的约占 73.7%。抖音、今日头条和西瓜视频等平台联合推出"学浪计划",旨在融合应用型、通识型知识信息,通过知识付费平台形成的内容来帮助用户快速、高效、精准地获取相关知识,并且实现用户与平台的深度交互。"学浪计划"的传播载体并不局限于短视频本身,而是提供多种平台形态给用户选择,因而能够为处于中腰尾部的创作者提供更多机会和市场。

抖音和快手等平台陆续通过一系列活动来助推知识类短视频的发展:抖音

联合多平台发起全国首个短视频全民科普行动“DOU 知计划”；快手推出“教育生态合伙人计划”，打造快手光合系列演讲。2021 年以来，泛知识赛场战火再次升级。抖音陆续打造了“抖音 doutech 计划”“知识创作人”“宅春节涨知识”等计划和活动。快手升级打造了“光合新知新职”计划，推出大型直播活动“快手新知播”。好看视频也加入其中，推出全新创作者扶持计划“轻知计划”。2021 年 9 月 2 日至 15 日，抖音开学公开课邀请了洪子诚、戴锦华等 8 位来自清华大学、北京大学、中国科学院大学、武汉大学等大学的教授学者，围绕文学、电影史、物理学、生物学等领域进行公开讲演(中国日报 2021)。知名学者的加入使得用户对平台产生更多信赖，从而认可平台的知识产出能力。此次公开课正值开学季，主要针对大学生群体。对用户的精准定位、对广告的定时投放帮助抖音平台获得更广大的潜在知识消费用户基础。

2021 年 6 月，北京大学电影与文化研究中心主任戴锦华在哔哩哔哩网站上发布了第一条视频，仅仅一个月便有超过 379 万人次观看。戴锦华在哔哩哔哩上发布的视频从学术视角切入探讨电影，通过回答网友留言等方式增强与网友的互动，从而成为哔哩哔哩知名的知识分享博主，其后在哔哩哔哩上推出自己的系列课程作为付费知识。对于戴锦华而言，投身新流量世界也是一次大胆的尝试：她一生都在反思并批判精英主义，坚信教育不应该是精英专享，相信互联网技术给知识平等创造了前提。知识类视频的分享使戴锦华的学术成果走出北京大学课堂，课堂以外的人们也能够接触到这些内容，并给出反馈。这对于戴锦华是一种莫大的鼓励：当这些原本属于课堂的内容进入社会的各个空间时，会产生与课堂完全不同的效果。知识分享类视频使得知识的传播更为广泛，所有人都拥有一个“看见”与“显现自身”的机会。知识付费是视频平台所能提供的一种更为显著的知识变现方式。

13.2.3 游戏产业和动漫产业

13.2.3.1 游戏产业

在数字经济蓬勃发展的背景下，中国游戏产业也在发挥资源和用户优势，推陈出新，通过技术驱动、产业融合和文化创新等方式加快产业发展步伐。2022 年，中国游戏市场实际销售收入 2 658.84 亿元，游戏用户规模 6.64 亿，自主研发游戏国内市场实际销售收入达到 2 223.77 亿元(GPC 2023)。随着多种技术的融合创新，游戏产业和其他相关产业实现了终端、平台、场景、应用等多个层面的跨界合作，游戏产业的自身建设也迎来了新的发展契机。目前，中国游戏产业竞争加剧，产品市场的马太效应愈发明显，头部企业的技术研发能力、渠道运营能力、产品推广能力、用户规模和市场份额等方面都具有较为明显的优势。

移动游戏是区别于客户端游戏而言的，可以运行于手机、平板电脑、笔记本电脑等各类手持硬件设备上的游戏类应用程序。随着智能手机等移动终端的普及和高速网络覆盖面的扩大，移动游戏迅速成为全球增长最快的游戏细分市场。根据专业从事游戏市场研究和数据分析的调查机构 Newzoo 的《2021 全球游戏报告》，截至 2021 年 10 月，在全球 30 亿游戏玩家中，约有 28 亿玩家通过移动设备玩游戏。在 2021 年全球游戏市场收入中，52%来自移动游戏(Newzoo 2022)。游戏产业通过各种技术革新，给予玩家视听的双重感受。在某种程度上，游戏的发展也是通过视频媒介与玩家形成互动，使得观众通过影像获得具身性体验。游戏玩家对于游戏的选择和评价，最先是从游戏的画面、场景、系统、玩法、音效、操作等方面入手，通过画质的清晰程度、音效的契合程度、游戏操作的流畅程度等层面，评估游戏对视觉、听觉和触觉三个维度的沉浸感满足程度。例如，《原神》通过提升兼容性、细化渲染效果、完善云技术等手段，创建全新的低语境文化虚拟场景。在游戏场景的渲染中，《原神》在草木、云团、游戏人物等场景的光影中采用静态烘焙阴影、模拟实时投影、实时阴影、体积阴影等方法构建出接近现实世界真实光影的虚拟世界。逼真且动态的场景制造使得玩家在游戏过程中通过影像的表现获得更强的沉浸式体验。游戏通过塑造深入人心的形象也能产生发达的周边市场。

13.2.3.2　动漫产业

得益于国家政策的保驾护航，2013 年以来中国动漫产业总产值持续增长，2020 年达到超过 2 000 亿元的总产值规模，产业整体发展迅猛。其中，动画产业已成功打通上游内容市场和下游衍生品市场，实现全产业链的创收增效，在全产业中占比超过 70%，是动漫产业增长的核心贡献力量(易观 2022)。

国产动画实现多轨同步发展，全民性逐步显现。国产动画按播放渠道主要分为电视动画、动画电影和网络动画三种类型。2016 年以来，随着新媒体动漫平台的不断涌现，网络动画逐渐崛起，与电视动画、动画电影一并发展，共同推动国产动画的增长。从百度搜索指数来看，互联网国产动画受众人群以“90 后”用户为主，30 岁以上用户占比超过三成(王灿 2021)。国产动画吸引的用户人群已经从低龄群体拓展至更宽泛的年龄层，消费受众的圈层持续扩张。

新科技研发运用提升了动漫产业供给效能。随着 5G 时代的到来，受众追求超高清画质的需求得到满足，动画制作公司和视频平台相应地提供更高质量的作品和更完善的服务。扩展现实技术和人工智能技术开始被运用到动漫产业中,国产动画逐渐打破传统制作方式和呈现形式的限制,动画体验由单一视觉朝着更多元、更立体的方向丰富,制作过程由人工重复朝着人机交互的更高效方向深度发展。

市场的平台搭建拓展了国产动画的内容边界。多个头部视频平台基于平台优势推出扶持计划与激励政策,在物质激励方面整合行业资源提供分层次的流量、运营与商业支持,在精神激励方面主要是积极、及时地为创作者提供正反馈、正激励。扶持更多底层创作者成长,调动底层创作者的积极性与创作性,将为整体国产动画内容生态繁荣提供更坚实的基底支撑。哔哩哔哩(B站)基于优质内容实现价值突破与全球拓展,在动漫产业发展中成为举足轻重的视频平台,首先,B站保持长期优质内容的供给,2018年至今,B站出品国创178部、上线国创作品430部,已搭建起国创内容生态,可持续产出有活力、强共鸣、高质感的国产动画内容。其次,平台为国产动漫所设分区"B站国创"已拥有初具规模的观众基础,累计观看人数3.4亿,用户互动总数20亿。通过多元化题材开发,B站国创受众圈层持续拓宽,例如现代都市题材国创作品《时光代理人》,吸引了大量非典型动画用户群体。最后,B站国创已逐步培养起用户的付费习惯,国创会员收入年均同比增长超120%,用户付费率增速超过番剧(TechWeb 2021)。

线上动漫产业的发展会带动衍生的线下动漫经济发展,包括IP形象授权等。IP形象授权是将动漫作品核心元素授权给品牌方使用的商业合作模式。近年来,非实体商品向的动漫IP形象授权异军突起,包括民宿、主题展览和活动在内的线下实体商业授权蔚然成风,成为IP形象授权商业模式发展的新动力(iResearch 2020)。

13.2.4 元宇宙概念下的新视频经济

在元宇宙语境下,交互技术能进一步加强人类在虚拟世界中感官的全方位连接。这意味着人们可以通过跨媒介或媒介联合实现全面立体的交互方式,还能通过实践实现内容联合生产,形成独特的参与式文化。近年来,以《头号玩家》(2018)、《失控玩家》(2021)为代表的影游联动电影展示了后数字时代创作者对于不同艺术形式进行融合和共生的能力,同时勾勒出在科学技术和显示技术成熟的未来,视频产业在影游融合上更广阔的可能性。

基于模拟计算算法和被模拟主体的多样性,电影和游戏在视觉还原后的呈现准确度各不相同。关于元宇宙中的影游联合,被期待的不只是影像的延伸和扩张，也不单是对物理空间的模拟和三维建模实现，更不是各种虚拟形象与物体之间行动轨迹的夸张性再现。基于计算机数据库和基于算法的元宇宙是电影和游戏对于虚拟空间的重塑与探索的必然走向。这对元宇宙支撑下的影游发展提出了更高要求：既要将人类在真实世界的情感体验移植于数据库的虚拟空间中，也要借由视觉和触觉的真实参与感展开叙事，即在虚拟世界中实现情感模拟维度和视觉维度相辅相成的效果。

在元宇宙的虚拟空间中，影片的整体叙事框架将游戏互动和电影凝视完美结合。影片借助双时空的超链接叙事，将整体框架建立在游戏本身具有的世界中，从游戏中去获取电影叙事的规定情境。在电影的叙事基础上，影片融合游戏叙事的种种特性，既有观影感，又有游戏互动式体验，每次观众视点的转换都是有逻辑前提的：游戏的娱乐和交互属性。这种跨媒介叙事既能增加受众的参与感和认同感，又因具有反馈系统和自愿参与的特征，使电影感和游戏性相互作用，并且电影中出现游戏的诸多因素必然会带来一定程度的互动性，更易增加观众的参与感和认同感。

元宇宙的技术模糊了计算机虚拟空间和物理空间的边界，让虚拟空间与现实空间、消费空间相融合。很多商家能够用更贴近生活的方式对自己的用户群体进行精准的产品营销，他们用短小新颖的方式直观地将商品的特点告知消费者。未来元宇宙面对更加完善的虚拟技术，或许很多品牌的商品更能在虚拟世界中全真立体式地展现出来。同时，在数字孪生技术的刺激下，更多基于物理世界的符号消费被转变为以虚拟现实符号为主的消费，数字文化消费在人类文化消费的占比也会呈现指数级的变迁。

数字经济发展在一定程度上会扩大受教育程度较低和收入水平较低的弱势群体与主流群体的消费差距，形成数字鸿沟，但元宇宙为数字经济提供了经由视频进入虚拟世界共享经济的可能，通过模拟现实技术来增强虚拟世界的体验感，提升人们的幸福度，优化人们的生活方式。

13.3　结语

在视频化社会下，视频观看逐渐从文化传播扩展成为一种泛大众化的沟通方式。随着智能手机的普及、视频平台的多样化和5G技术的发展，人人都拥有视频的制作工具、分享平台和高效的互动反馈能力。对于个人创作者而言，视频成为一种更直观的数字语言，满足了一切表达者的需求，在文化之外成为一种具有极强生命力的经济形式。不同的视频形式指向不同的收益模式，而每个观看者都平等地受邀于所有视频形式中，不受限于地域与阶层。视频化社会的经济景观是一次个体间的显像和个体与群体的双向受邀。

参考文献

艾媒咨询(2018).2017—2018 中国在线音频市场研究报告(2018-04-11). https://www.sohu.com/a/227973829_281328.

艾媒咨询(2021).2020 年中国直播电商行业热点议题、典型平台、头部主播战绩及发展问题分析(2021-01-08).https://www.iimedia.cn/c1020/76525.html.

艾媒咨询(2023).2022—2023 年中国知识付费行业研究及消费者行为分析报告(2023-03-05).https://mp.weixin.qq.com/s/TDpX0NiY_q9lnQuw9CIUTg.

艾瑞数智(2020).2020 年中国动漫产业研究报告(2020-05-26).https://baijiahao.baidu.com/s?id=1667742107051017434&wfr=spider&for=pc.

纷析智库，夸克网(2021).中国五大主流电商平台关于用户数据的最新规则汇总(2021-09).https://www.docin.com/touch/detail.do?id=2761302730.

巨量引擎，西瓜视频，知萌(2022).2021 中视频营销趋势白皮书(2022-04-14). https://m.book118.com/html/2022/0414/8062012032004072.shtm.

品玩(2021).抖音发布 2021 抖音泛知识内容数据报告(2021-10-13).https://baijiahao.baidu.com/s?id=1713472603511891738&wfr=spider&for=pc.

王灿(2021).互联网国产动画受众以 90 后用户为主，30 岁以上用户占比超三成(2021-12-28).https://baijiahao.baidu.com/s?id=1720350927295192081&wfr=spider&for=pc.

网经社(2023).2022 年度中国直播电商市场数据报告(2023-03-22).https://www.100ec.cn/zt/2022zbdsscbg/.

西瓜视频、抖音、今日头条(2022).中视频 2021 发展趋势报告.https://studio.ixigua.com/magic/eco/runtime/release/61d42ad530c393033e69533e?app Type=ixigua.

新榜(2022).中视频 2021 发展趋势报告：超 4 000 人年入 50 万(2022-01-11). https://mr.mbd.baidu.com/r/UzN50CjR6M?f=cp&rs=4093968472&ruk=

4La8jyXPcEPMKNKkIi qKtA&u = 3393bc3d6cbe6a12&urlext = % 7B% 22cuid% 22% 3A% 220iv0ul8A2igfiH8N0 aSEa_uS-a0GaSi3_8vvig8DHilDu SfQg8vpultlQarFfQRuIH0mA%22%7D.

杨哲(2021).2021 年网络视听发展报告.中国广播影视,23: 64-69.

易观(2022).国产动画潜在价值巨大,渐成中国动画产业增长核心(2022-01-13).https://m.thepaper.cn/baijiahao_16253836.

中国日报(2021).抖音"开学公开课"累计观看人数近百万,知识直播大获好评(2021-09-17).http://caijing.chinadaily.com.cn/a/202109/17/WS61442d0ea310f4935fbee46e.html.

中国网络视听节目服务协会(2021).2021 中国网络视听发展研究报告(2021-06).http://www.cnsa.cn/attach/0/2112271351275360.pdf.

周洪(2021).喜马拉雅 2020 年终成绩单: 在线新经济崛起,"听"改变用户生活方式(2021-01-08).http://www.cnr.cn/shanghai/tt/20210108/t20210108_525386761.shtml.

CSM(2021).2021 年短视频用户价值研究报告(2021-10-28).http://www.100ec.cn/index/detail--6602520.html.

CSM(2022).短视频用户价值研究报告 2022(2022-12-11).https://mp.weixin.qq.com/s/Oc5Ubg7GFR_fJwjlp-RfCQ.

GPC(2023).2022 年中国游戏产业报告(2023-02-16).https://mp.weixin.qq.com/s?__biz = MzI4ODQ1NTMyNw = = &mid = 2247691734&idx = 2&sn = 2061a8f048460ce73a3f514 1d3f2fe84&chksm = ec338226db440b30d5dcc5c87e98ee3457f5deb54be57937961e12d9781ed5c4032acc2e1a11&scene=27.

iResearch(2020).中国动漫产业研究报告(2020 年).https://pdf.dfcfw.com/pdf/H3_AP202005261380250477_1.pdf.

Newzoo(2022).2021 全球游戏报告.https://newzoo.com/cn/trendreports/newzooglobal gamesmarketreport2021free chinese version/.

TechWeb(2021).李旎: 过去四年 B 站国创累计观看人数破 3.4 亿 年平均增长率达 40%(2021-11-21).https://baijiahao.baidu.com/s?id=1717000028170341789&wfr=spider&for=pc.

(程 诺)

14

视频化社会下被记录的生活

——以 vlog 类、新闻类短视频为例

在视频化社会的创作语境中，vlog 类短视频与新闻类短视频是较为特殊的两类创作序列。前者突出私人影像的直观呈现、沉浸式解说代入与强互动交流，后者突出公共影像的时效性与实时性，两者都显示出情感化导向、亲临性在场与微观化审美等特点。通过这两类短视频的创作分析，能够发现它们在不同程度上完成对于社会公共生活的再公共化讲述，并借助短视频特有的情感方式形成共情化、多元化的情感导向结构，最终显示出当代视频化社会中的碎片化、微观化特点，折射出当代媒介经验中的日常媒介生活审美化特质。

14.1 导言

近年来，短视频持续占据互联网新媒体发展图景中的热点与高位。自 2021 年起，在 5G 与媒体融合背景下，短视频进一步成为移动端流量入口，成为塑造中国新媒体行业版图的重要构成部分。短视频的深度沉浸、高度互动、多元连接等特征，也重构了中国视频领域的内部生态。一些权威数据调查显示，通过短视频平台、微信、电视等各渠道观看短视频的网民占比达 94.8%。截至 2022 年 12 月，中国网络视听用户规模已达 10.40 亿，超过即时通信(10.38 亿)，成为第一大互联网应用。网络视听网民使用率为 97.4%，同比增长 1.4 个百分点，保持高位稳定增长。其中，短视频用户的人均单日使用时长为 168 分钟，综合视频的人均单日使用时长为 120 分钟(中国网络视听节目服务协会 2023)。

短视频改变媒介生态的具体表现也在产业发展数据中有所体现。2020 年，中国数字出版产业全年收入超过万亿元，达到 11 781.67 亿元，比上年增加

19.23%(中国出版传媒商报 2021)。在排名最前列的新媒体产业形态(如互联网广告、移动出版、在线教育和网络游戏)中,都催生、衍生出无穷尽的短视频生产潜力和市场前景,更不用说短视频作为一种文化形式、传播形式和营销手段对上述产业产生的反哺效应。

中国新媒介版图上的短视频已经发展为一个具有复杂内涵和多维外延的文化概念和媒介研究术语。在内容生产层面,短视频代表中国本土视听媒介层出不穷的创新思维与同质化的内容生产之间的抗争和理念变迁;在传播理念层面,短视频是中国式融合新闻和移动新闻的拳头级产品与试验品,承载传统主流媒体的移动化、社交化传播的转型之梦;在文化生态层面,短视频是在创用同盟、流量经济、网红效应、社交营销等新鲜理念与实践的合力下出现的一种创新叙事,却以一种零散、自我解构、自下而上的非中心式话语陈述自己。

本章以 vlog 类短视频和新闻类短视频为研究对象,分析其中的公共话题选取与呈现,进而构造出多元、可共情的感知结构,最终分析这背后的一种媒介化、视频化、互联网化的日常生活审美趋势。

14.2　被记录的生活的再公共化叙事:中国"群"的公共意识

在《在群中:数字媒体时代的大众心理学》里,韩炳哲论述了数字领域如何决定一种新的群体化生活,并表明我们所处的生存危机是发达的媒介技术化进程必然引发的。其中最值得注意的地方在于,他给出了群体研究的一个新术语,即"群"(Schwarm)(韩炳哲 2019:5),显然区别于"公众""人群""大众"等已经形成共识的群体概念。这个词有两个含义,即群与崇拜对象,前者近似英语中的小组(group),后者近似知名人士或社会名流(prominent)。我们可以将其视为一种数字时代的群体形态。在韩炳哲的论述中,数字居民的个体性是必须要看见的,只不过数字居民的个体身份夹杂着群体的复合性,构成了"没有内向性"的群体心理。个体与群体之间的关系则变为汇集但不聚焦的特殊形式,形成了带有复杂性的群体拓扑结构。个体不寻求关注,但会以"快闪"的方式形成对一种数字对象的群体行动,如同狂欢节一般,极其短促、不稳定且充满流动性,并且丧失对公共议题的有效表达。除了批判个体在群中的现象,群体的相关论述也触及数字人依据寻求幸福的媒介目的,并且形成群体与个体共同的、共通的幸福诉求,从而在一定程度上形成数字生活伦理层面的一些价值观共享。这与阿苏利建构工业化与社会共同感关联的推导具有内在的家族相似性。值得注意的是，数字人群体的被动性是预设的，他/她主要是独立坐在电影屏幕前的、与世隔绝的、分散的蛰居族，究其本质是典型的当代西方原子化个体存在形式，与当代中国社会中的网民原子化生存有着一定程度的差异。西方原子化的本质是启蒙运动以来的主体性必然命运，而中国当代网民的原子化既包含大城市高速发展等历史原因，也包含媒介原因，但其本质所展现出的“线上狂欢、线下沉默”“假性社恐”等症候，仍然与社会实际运作本身的高度结构化、组织化、社区化等形成有趣互动。前者表明个体与群体的复杂性，后者表明差序格局作为潜在结构的文化延续，两者构成的复杂性正是探讨“在群”意识的出发点。这种复杂性本应展现出较为丰富的网络话语现象，但 vlog 类短视频和新闻类短视频显示出较为统一的网络言语行为与数字公共意识。

无论是制式化、仿电视化的长视频和系列视频，还是用户生产内容或专业生产内容，中国网络视频都经历了大浪淘沙、生死艰难的十年变迁。从最早的“闪客动画”到“拍客行动”，从逆袭的“网综网剧”到“微纪录”“短视频”“竖视频”，从“无社交不新闻”到“万物互联”的创想，新词新物层出不穷。在这些新词新物出现的潮流中，新媒体短视频重构了观众与用户的娱乐时空观、社交体验、信息和知识分享模式，在生产的根源上更是重构了迥异于传统媒体时代的叙事逻辑与文化图景。短视频“微叙事”实践，通过对数字技术编码再造的视听符号的创意性组合，将个人化、经验性、世俗化的信息内容汇聚成流，在大数据、算法等数字技术的统筹下川流于不同的个人界面，生产、分发、互动、消费，生成了独具特色的个体兴趣图谱和丰富多元的短视频文化图景。这完全打破了原有的传播时间与空间观念：一方面，短视频呈现的时间是细碎的、点状的，又是整体性的，数以亿计的短视频内容累积成数据仓库，在平台与算法的协同下，按照兴趣、习惯等特定的匹配规则进行排序、重组、分发、展示和反馈，使信息与知识在时间轴上以零星状态和整合状态不断交替与转换；另一方面，短视频的空间呈现是虚拟的、跳跃的，这种虚拟空间与主体的生活空间相混合，数字技术的融入又起到了增强现实的功能，通过内容与技术不断的更新、迭代，极易使人产生沉浸或坠入的使用体验。有学者称之为数字“超空间”（裴萱 2017），其表现为一种更加自由、多元和动态的空间流动形式，伴随自我资源的整合、经验的提炼与表达、心理的粉饰与表演、自我与社会的互动及评价等，在围观、转发、戏仿等行动中建构的文化景观。

在众多 vlog 类短视频作品中，以哔哩哔哩（B 站）的数据统计为例。在 2021

年1月至今的热门标签里，以“vlog”为标签的话题浏览量为155.3亿，讨论量为7 151万，作品数为142万，播放量为338.9亿，UP主数量为13万；以“美食vlog”“探店vlog”为标签的话题浏览量为87.4亿左右，讨论量为2 522万，作品数为39.6万，播放量为234.4亿，UP主数量约为3.7万。在B站的众多板块分区中，以“vlog”“vlog日常”为标签的视频分别占据生活区总视频量的76.86%、88.21%；以“萌宠vlog”为标签的视频占据动物圈的99.51%；以“美食vlog”“vlog我的探店笔记”为标签的视频分别占据92.85%、50.26%（ividea 2022）。此外，还有“vlog夏日挑战季”“种草vlog”“vlog人生分享会”等众多热门标签。这些标签表明美食类、探店类、日常生活流类、旅行类等题材占据主要位置，体现出中国人对衣食住行领域的特殊关注。这些作品的内容往往侧重呈现创作者较为个性化的叙事模式和人设形态，将各类有趣的现实生活进行偏写实化创作。

美食探店类侧重展现一种专业化的美食点评解说，围绕厨师手艺和做饭技巧进行个性化点评，每个点评人之间的身份差异很大，但都突出“毒舌”属性和“厨师”身份，并且结合具体餐厅级别的定位，形成多元的个性化表达。这些点评人就如同韩炳哲所言，充分体现出“个体在群中”的关系生态(韩炳哲 2019：16)。他们以权威身份进行严苛点评，同时，代入平民视角进行亲切对话，建构一种新的即时二元结构，即作为个体的意见人与作为群体的消费者。与美食探店类相似，旅行类短视频的文本形式几乎没有本质区分，都是围绕展示与点评展开，将叙事者与观众进行身份叠加。在视觉风格方面，写实化的快闪式的开场、主观视角与客观视角、沉浸式的观察位置、碎片化的场景道具信息等，无不体现出流动性与固定性的有益结合。美食探店类短视频呼应观众群体的流动性与汇集性，旅行类短视频则以各种短暂的静态讲述，完成一种想象互动中的审美满足。日常生活流类vlog短视频(如健身类、上班或学习类短视频)以整体与局部互动的流水账式记录为主，更多的是借助更为私密化的空间场景或私人化的主观视角，将个人化的隐私空间作为一种噱头展现给众多网络用户，同时渲染出一种当代小布尔乔亚的都市轻生活图景。相比于旅游类短视频所突出的外在奇观，日常生活流类短视频的隐私奇观看起来与很多人的生活没有太多区别，地铁、共享单车、咖啡厅、吃饭等，但这种日常性恰恰是“在群中”的立场与视角，不寻求自己形象的表达，反而彻底将自身融入群体。

与vlog类短视频所设置的生活公共议题不同，新闻类短视频重点围绕新闻突发事件或者社会新闻热点，更加强调人们在数字公共领域的理性参与或者情感表达。随着媒体融合的不断深入,短视频新闻报道迅速崛起,主流媒体纷纷布局短视频领域,积极创新媒体传播方式,以短视频为手段,承担起网络舆论的正向引导责任。在受众注意力稀缺的当下,新鲜、有趣的新闻内容及报道形式更受欢迎。短视频新闻凭其"短、平、快"的特点,能够有效增强新闻报道的真实感和现场感,或将成为新闻报道最有效的手段之一。主流媒体应该结合实际,利用短视频平台构建起融媒体时代的传播矩阵,在全面掌握短视频平台传播特点与规律的基础上,积极探索短视频新闻的发展空间,在确保舆论走向正确性的同时,以受众喜闻乐见的形式传播正能量。截至 2020 年 4 月初,人民日报和央视新闻抖音账号的粉丝量都超过 7 000 万,人民网、新华社、中国网直播在抖音平台上的粉丝量也都超过 2 000 万,抖音成为主流媒体信息传播的重要渠道(CNNIC 2020)。

在新闻类短视频中,依据不同的新闻形态,大致可以分为国家新闻、社会新闻。国家新闻是社会主流价值观的呈现与共享,往往能够看到数字网民在评论区形成共识与认同,而不是被动式的隐遁与藏匿;社会新闻是多元价值观的理性讨论与情感探讨,显示出数字网民之间的内部差异性与情绪化表达,主动式参与发言的特点较为明显。在国家新闻中,由于新闻内容本身具有严肃性与权威性,群体在表面上看较为重要,尤其是这种内容传播的对象往往以整体面貌出现,但得益于技术手段,受众互动往往会形成个体热门评论,从群中脱颖而出,并且围绕热门评论的点赞或回答序列再次隐入新的群中。在社会新闻中,由于这类新闻本身偏向热点或者吸引力,因而往往会通过纪实画面或者新闻报道来"客观"呈现主要内容,以便受众进行自主发言或者讨论。讨论既包含韩炳哲批判数字公共空间中的数字愤怒问题(人们固然会对一些失德违法等事件进行情绪宣泄),也包含再造公共性讨论的数字理性可能(比如体育赛场争议、车辆购买、家庭教育、消费趋势等)。人们往往会依据价值立场来进行留言或者参与讨论,在一定范围内形成对于局部公共问题的再次消化与讨论。根据《中国网络视听发展研究报告(2023)》,2022 年中国短视频用户在整体网民中的占比为 94.8%(中国网络视听节目服务协会 2023),凸显出这一媒介平台对于中国网民的重要性,也显示出前所未有的全民参与力度,远超电影、游戏等其他媒介。获取新闻资讯及学习相关知识成为用户收看短视频的重要原因。这些数据表明,报纸、电视等曾经在中国人生活中极为重要的公共信息获取渠道已经发生改变,短视频平台开始再造当代中国人的数字公共意识,并且在一定程度上借助知识下沉、信息下沉、观点多元、发言便捷等新特点,凸显出当代中国短视频的文化启蒙功能和平台基础，也在一定程度上切合中国人喜欢参与社会讨论并发言的公共热情。在中国短视频平台中，实名制促使人们不能一味地进行恶意评论和冲动发泄，重新唤醒人们的数字责任和网络行为。新闻类短视频正是凭借一种距离感的生成，让人们形成与观看“无距离”vlog类短视频不同的公共空间建构，重新恢复一种有距离的目光，将尊重摆放在每个人的数字空间中。

14.3　被记录的生活的情感实现方式：共情与多元

“价值共振与情感共情”构成的传播/接受结构，源自廖祥忠教授对“媒介与社会同构时代国际传播人才培养必须着力解决的三大问题”的反思（廖祥忠 2021）。这个反思是基于文化安全层面，即如何在新时代对网民民族文化认同感迅速提升提出的主要办法。在廖祥忠教授的论述中，情感共情的落脚点可以围绕英雄人物和影像技术构建，价值共振的认同点则建立在通过形象和叙事传达出来的精神理念，前者是形式和技术的融合，后者是文化和价值的接受，两者构成一种探讨当代vlog类和新闻类短视频的情感面向研究。

14.3.1　私人影像的共情化

共情的定义在其具体是一种认知和情感状态、一种情绪情感反应还是一种能力之间存在分歧，但其内涵都是对他人情感状态的感知、理解和感受。来自社会、发展、演化和认知神经科学等多个心理学领域的研究都指出，共情是一个非常复杂的心理结构，对另一个情绪状态的感知会自动激活共享的表征，从而在观察者中引起匹配的情绪状态。随着认知能力的提高，状态匹配演变为更复杂的形式，包括对他人的关注和换位思考。从单纯的情绪感染到充分理解他人的处境，从生成自我中心的反应到对他人做出内隐的或外显的行为反馈，都显示出共情具有不同的层次（De Waal 2008）。

正是从这个角度来看，vlog类短视频所提供的个人化角度和私人化经验恰恰是受众能够完成共情认知的主要对象。这种私人化角度除了上面所说的个性化评论或解说，更重要的是这种评论或解说或独白的语言风格所提供的一种具身化的体验感受，并且结合镜头语言间接构建出来的空间氛围，传递出人们可以与创作者进行共情化的路径。例如，探店类vlog短视频往往会以犀利、毒舌等来呈现自身的语言风格，对于菜品的细节挑剔、手艺的过程还原等进行庖丁解牛式的专业化说明，告诉观众一道菜的好与坏都是什么标准，人们可能通过什么角度去理解菜品。乍一看这些说明是很专业化的术语，如刀法、煎炒顺序等，但其实质是一种去专业化的专业化，目的是说明开吃之前的菜品长相、入口之后的味道层次等，主要方向仍然是让人们通过具体点评来形成共情代入。相比探店类短视频侧重在文案层面的叙事视角表达，游记类短视频则利用视觉蒙太奇充分形成一种陌生化的观看，为那些很难获得外出游玩体验的人们提供一种想象中的共情体验。在视频号"燃烧的陀螺仪"发布的内容中，每一处出行的地方拍摄都是采用大光圈、浅景深的小布尔乔亚式影像，或使用商业化大全景接特写的蒙太奇剪辑，伴随光斑、转场特效、快速变焦等技术，整体将游记进行奇观化包装和唯美化呈现，凸显出一段美好旅程的具体情景还原和具体情境再造。这种影像化技术包装的表面目的是给观众呈现出游记的快意人生，但内在目的是实现治愈人们城市病的文化缝合。人们越是无法前往具体的地方进行游玩体验，就越是能放大所处环境与影像场景的差异，从而完成"观看即是治愈""生活就是诗和远方"等共情体认。游记类短视频的语言文案很难形成权威化点评，因而往往更容易集中于抒情化和浪漫化的文字表达，与画面的舒张变化形成模糊性对应关系——放在另一处景色也可能适用。

14.3.2 公共新闻的多元化

在传统媒体时代，中国的公共新闻主要依托官方平台进行放送和播发，往往被人们称为一元化路径。随着互联网多平台的开放与融合，公共新闻开始走入网络传播，短视频所构建的公共领域不受时间和空间的限制。人们可以随时随地在新媒体平台上获取最新资讯，及时发表个人观点，从而使公共领域更具针对性和时效性，可以快速接收并处理社会各界声音，进而引领舆论方向，营造出积极向上的公共领域氛围。以短视频的方式传播新闻信息的方式也由传统的"一对多"变成了"多对多"，人们可以在新媒体平台上从不同领域、不同视角发表自己的看法和观点，即使是互不相识的两个人也可以在公共领域就同一新闻事件进行交流互动。当越来越多的人参与其中时，便会从网络舆论逐渐转变为公共空间构建，并且凸显出短视频新媒体平台为构建公共领域提供了更多创新的空间。

相较于文字报道，短视频的特点在于直观生动，还能充分利用用户的碎片化时间实现内容输出。2020 年新冠疫情期间，短视频、vlog 成为不少融媒体中心所构建的传播矩阵中的重要组成部分。媒体机构、政务机构、自媒体和网民纷纷采用短视频的形式进行实时记录，专业生产内容和用户生产内容的内容生产模式与短视频的视觉表现形式相结合，使用户能看到官方报道之外更多的抗疫情况，满足了疫情期间用户的全方位需求。短视频平台在疫情中体现出科技向善的理念和人文主义的关怀，在一定程度上改变了人们对于短视频仅流于娱乐表面的刻板印象，更多的用户通过短视频了解疫情动态，学习防控知识。疫情期间，中央广播电视总台影视剧纪录片中心纪录频道推出的融媒体系列短视频《武汉：我的战“疫”日记》，第一季播出 9 集后就创造了达 1.57 亿次的视频观看量，由此反映出人们已经将短视频作为获取新闻资讯的重要来源。

多元化是短视频新闻信息展现出来的首要特点，涵盖从社会热点到事件点评的全方位立体化参与，触及不同话题、不同视角和不同面向的新闻信息。在大部分具有实体新闻机构形态的短视频账号中，新闻往往会被分为以下几个方面的内容：国外热点事件，覆盖多个领域，如俄乌冲突等；泛资讯新闻，以热度高的软新闻和资讯为主，突出新奇和有趣，如凌晨醉酒奇闻等；国内热点新闻，聚焦故事性和社会公共性，如线下辅导补习班等；聚焦暖色、暖心事，记录社会上大大小小的温暖故事和感人事件，往往以弱势群体为中心；以某些时评人为核心，对社会上的舆论热点进行分析解读，从人文情怀、事件透视到知识普及等；聚焦新闻生产的现场画面，以瞬间高潮点为主要内容，如火山爆发瞬间等；以惊艳画面或者摄影图片来定格一段内容，并配上文字说明和音乐，如记者镜头下的脱贫攻坚瞬间等。我们可以将这七种内容划分为强资讯类和非资讯类，进一步探讨多元化的视频处理方式。在强资讯类短视频中，如何让观众在尽可能少量的文字的提示下短时间掌握事件的来龙去脉是最为主要的画面呈现目标，同时适当加入悬念感和期待值来形成一种吸睛效果。非资讯类短视频往往会通过视觉包装来形成新鲜感和视觉冲击力，引发观众的情感共鸣等。第一时间通过新闻当事人来呈现画面与言论是第一位的，但更为丰富的是将抽象信息进行可视化包装，例如利用虚拟化、动画、3D 等方法进行补充和还原。对于一般新闻价值不高的素材，往往采用空镜头与静态图片组合，选取声音突出的主持人口播，突出 PPT 化的短视频手法。相关视频、资料画面、周边采访等方法会形成“重建现场”“再造现场”“亲临现场”等不同的空间塑造。虽然方法多元化，但总体上仍有一条主要路径可以概括：节奏上短促有力、快速切入，创意上内容迭代表达与多条增量，开场 5 秒为精彩画面，字幕提示等。这都是为了使观众能够更快地与新闻产生共鸣和感知。

14.4 被记录的生活的日常生活美学

21世纪以来的各种先锋主义艺术都在试图表明，任何日常生活场景都可以审美的形式呈现出来，审美体验与表达也可以在日常生活俯拾皆是。高雅艺术与日常生活的界限逐渐坍塌，艺术借助新媒介与日常生活、大众文化相交融，由此显示出“日常生活审美化”的时代特征。在“万物皆消费”的语境中，日常生活被商业化并以美的形象展示，即日常生活被转化为艺术，审美融入日常生活，而日常生活审美借此成为“充斥于当代社会日常生活之经纬的迅捷的符号与影像之流”(Featherstone 2007：96)。可以说，中国当代短视频日常生活审美是新世纪美学多元化的产物，是一种当代公共意识与生活美学再现的现代主义新形式，是一种从“生活本体”出发构建出来的具有“中国性”的“日常媒介生活美学”的努力。

短视频时代的日常媒介生活审美表现为以下几个方面。

首先，审美的民主化。短视频将生活实践和审美完美地结合在一起，打破艺术与生活的界限，使得审美成为一种生活态度，而不仅是消费时代大众文化的一类商品属性，充满实践精神。从个性化探店、网红点评到私人化的游记流和生活流，通过vlog对日常生活的便捷化、通俗化、趣味性改造，使用者可以在短视频平台上随时进行具有个人风格的艺术创作活动，分享独特的个人生活瞬间，艺术生产和消费的身份相互交织，马克思关于“人人都是艺术家”的理念在一定程度上变为现实。此外，短视频所代表的新数字技术媒介加速了文化权力的结构性演变。在传统媒体时代，文化权力主要垄断在机构生产者或精英的手里，大众只能作为受众或观看者。在短视频时代，技术为大众赋权，大众拥有了更多参与文化内容生产、发行的机会，并且通过新技术手段不断增强文化生产力和消费力，从而在全球范围内彻底颠覆了既有的文化权力格局，文化权力从精英阶层转移到大众手中。“新世代”成为旧文化权力体系的终结者。短视频“新世代”群体通过对宏大、崇高、永恒等精英文化的解构、模仿、戏拟来挑战旧文化权威，在新媒体文化场域中与传统文化权威展开复杂的权力博弈，最终通过日常化的自觉审美参与，以狂欢化的视频文本完成新审美范式的建构。日常、实用、感性、轻盈、多元、草根等新时代审美趣味融合了短视频虚拟社交属性和大众群体化特性，这个建构过程清晰地展现出精英文化权力的衰落丧失和大众文化权力不可遏制的崛起。

其次，短视频内容的生产与传播体现了日常媒介生活美学的内涵，去中心化传播机制给用户带来了零距离欣赏艺术及创造生活艺术的权利，审美经验越来越具有日常性和生活性。同时，审美具有动态参与性，用户可以结合平台提供的音乐、贴纸、道具等技术，进行艺术模仿或者二次创作，传播主观的审美价值，进行分享交流。这种复合的新艺术形式与传统艺术截然不同，高雅与大众、精英与平民不再有严格的区分，具有等级意味的审美品位差异不再具有意义，使得社会各个结构层通过视频文化共同体实现情感的连接。这种情感连接既有叙事方面的视角与字幕提示，也有类似蒙太奇、动画等技术化的操控性。当短视频以蒙太奇的艺术法则去组织日常生活并以各种方式呈现出来的时候，日常生活被浓缩为一种强烈刺激的审美对象。短视频图像的制作者将超时空的各类生活场景浓缩在有限的数秒钟里，叙事呈现快速度的闪回，给审美者以有力的印象。这种审美对象在内容上是日常生活中的现实，在结构法则上却是艺术的自由法则。现实场景因为图像的介入而被非现实化了，生活时空场景被审美化，由美的法则而来的画面嵌入生活，成为审美化的生活，日常媒介生活以电子图像的方式存在、举证、转述、模仿后产生了新变化，由于不能亲临的场景只有通过媒介才能到达接受主体，这意味着图像本身成了现实。更重要的是，它所呈现出来的饭店空间、旅游点场景、网红点等具有伴随性、便利性、非仪式感等特征。正是因为短视频的制作场景往往依托于参与感极强的日常场景，所以这些日常化的真实场景往往会引发受众较强的代入感，引发互动及其背后的操控。从这个意义上说，生活场景反而主动按照图像预设的方式进行组织和呈现，现实和媒介审美的互动关系就变成了韦尔施的传媒技术审美化过程，即“日常现实日益按传媒图式被构造、表述和感知”(Welsch 1998：97)。

最后，短视频在拍摄过程中的技术控制和特效制作极为重要，图像呈现美学效果与拍摄、制作方式，与传播网络、播放平台和设备有密切联系，每个环节都关系着终端呈现的效果。接受者观看屏幕的大小，清晰度、亮度等技术指标，也可能引发审美特征变化，屏幕呈现的视野聚焦的改变都会影响审美感受的变化，因此，全景聚焦视野、广角镜头、特写等传统影像美学制作原则同样适用于短视频。无论是 vlog 类短视频还是新闻类短视频，它们共同构成了一个指向技术审美的方面，即短视频的审美选择并非自由选择的结果，而是由平台根据后台的大数据利用算法进行筛选、推送的结果。平台运用视频理解技术根据用户历史行为(搜索记录、观看记录等)对用户画像进行算法分析，并根据用户对内容感兴趣的程度和观看时长对视频进行排序,并选择性推荐,使用者对这个受控的过程是不自觉的。vlog 类短视频精准地对应日常生活中的"琐事",毒舌点评或旅游记录帮助观看者摆脱审美茧房,让他们能够沉浸于短视频中的个性化影像,形成一种对于远方图景的即时获取和瞬间快感满足。

上述三个方面未必能完全代表"被记录的生活",但它们共同在正面论述短视频的日常媒介生活美学,并通过公共叙事、共情化讲述和多元化手法等方面使短视频不仅作为娱乐产物,而且作为研究社会主流价值观的折射对象。同时,也要警惕笼罩在日常媒介生活之上现代商业神话的消费劫持和技术异化,当对生活的美好追求被曲解时,就可能导致一种新消费主义崛起。如何防止上述弊病是值得进一步思考的问题。

14.5 结语

Vlog 类短视频和新闻类短视频正在推动中国当代社会日渐转型为一种视频化社会的媒介文化形态。社会的视频化不仅意味着短视频成为人们日常碎片化的娱乐放松手段、知识学习平台与信息获取渠道,还成为资本、市场与产业推动一种具备可持续性的参与式经济不断发展的媒介利器。更重要的是,视频化社会可能不仅是一种外在的视频生产活动,还展现出一种以当代人的公共心理状态、行为娱乐动机和情感参与感为基础的审美趋势,进而引发人们去思考如何从媒介生态层面进行更为优化的设计与建设,并最终成为当代社会中不可或缺的结构性媒介力量。

参考文献

韩炳哲(2019).在群中：数字媒体时代的大众心理学.程巍,译.北京：中信出版社.

廖祥忠(2021).总体国家安全观视阈下网络文化安全的内涵特征、治理现状与建设思考.现代传播(中国传媒大学学报),6：1-7.

裴萱(2017).从"碎微空间"到"分形空间"：后现代空间的形态重构及美学谱系新变.福建师范大学学报(哲学社会科学版),5：86-101,169-170.

中国出版传媒商报(2021).《中国数字出版产业年度报告》最新发布(2021-10-

28). https://www. chinawriter. com. cn/n1/2021/1028/c403994-32266900. html.

中国网络视听节目服务协会(2023).2023 中国网络视听发展研究报告(2023-05-25).https://www.199it.com/archives/1690054.html.

CNNIC(2020).第 45 次《中国互联网络发展状况统计报告》(2020-04-28). https://www.cnnic.net.cn/n4/2022/0401/c88-1088.html.

De Waal, F. B. M. (2008). Putting the altruism back into altruism: The evolution of empathy. *Annual Review of Psychology*, 59(1), 279-300.

Featherstone, M. (2007). *Consumer culture and postmodernism*. London: Sage Publications.

ividea(2022).竹音智能创推系统.http://ividea.hsydata.com/.

Welsch, W. (1998). *Undoing aesthetics*. London: Sage Publications.

(李雨谏)

15

视频化社会中的娱乐与艺术

在艺术实践呈现越来越难以被界定边界的当代，关于艺术和非艺术的争论层出不穷，艺术本体论和美学都在不同层面面临危机。虽然黑格尔和丹托都主张艺术终结于哲学，但种种对于丹托们的反驳和批判也认为艺术并不会因此而终结(彭锋 2009)。艺术仍然是以能否“呈现一个意象世界”、能否引起人的“兴(产生美感)”作为判断标准。本章从视频化社会中诸影像的实践及其可以被概念化的审美特征来探讨两个问题：视频化社会中诸影像如何参与娱乐社会的建构？视频化社会中诸影像能否被视为一种艺术或审美对象？

15.1 视频化社会中的艺术综合与劣质图像

如果将视频化社会中诸影像视为一种数字活动影像，那么它无疑与之前的电影/电视(包括动画)有着极强的亲缘性：电影和电视往往被视为一种包含美术、舞蹈、戏文学等其他艺术门类的“多重艺术门类的综合”(苗棣 2015)。作为更为晚近的活动影像形式，视频化社会中诸影像似乎从电影和电视中吸取了这一点，我们同样能够在其中看到以数字影像的形式呈现的艺术。

我们之所以将视频化社会中诸影像中的艺术实践称为一种“艺术综合”，而非将其称为过去我们称呼电影电视的“综合艺术”，是因为视频化社会中诸影像中的艺术实践不再单单是一种内部综合，即将美术、音乐、戏剧等艺术形式加入活动影像的叙事或呈现之中，更加重要的在于视频化社会中诸影像作为其他艺术形式呈现其自身的方式。这意味着艺术并不是一个将不同艺术形式统一起来的具有共通性的概念，而是使艺术变得可见的一种装置。绘画不仅是一种艺术的名称，也是一种实现艺术可见性的呈现装置的名称。严格来说，当代艺术指的是与绘画一样占据相同位置和功能的某种艺术装置。视频化社会中诸影像可以被视作一种艺术，不仅意味着它可以像电影电视一样作为一种综合艺术，还意味着它可以作为一种呈现艺术的方式使得艺术被看见。我们在当前影像中可以看到音乐（包括声乐和各种器乐）、美术、雕塑、建筑乃至文学等传统艺术门类以短视频的影像形式被直接展示，而并非依赖于一个需要被再编辑的影像的视听语言。因此，当前视频作为一种艺术或者说新的艺术形式，不仅在于其具有电影电视的叙事、表意等功能，以及综合艺术的特性，还体现在其能够作为一种新的将艺术可见化的装置，即一种将其他艺术本身影像化并使之以活动影像形式被观看的"艺术综合"。例如，抖音在2019年开展的"DUO艺计划"，先后将戏曲、音乐、舞蹈、影视、建筑、书法、雕塑、绘画八大艺术门类加入其相关短视频内容，并邀请"抖音艺术推广官"和"抖音艺术顾问团"等加入，将影像变成一个其他艺术形式呈现自身的平台媒介，使传统艺术形式中的美感以更易被接受和获取的方式展现，从而促进了美学和艺术教育的传播。

视频化社会中诸影像仍然有类似电视剧或网络剧的短剧，只不过结合影像的短时长和自身特性被设置成每集三分钟左右。代表性的作品如抖音的《短剧・恶女告白》(7.9亿次播放)、《短剧・柳龙庭传》(4.7亿次播放)，题材跨度从现代都市生活到奇幻古装。这两部作品制作精良，内容像电视剧一样生动饱满，剧情节奏快、爆点多，满足了快节奏下用户的看剧需求，受到用户的喜欢（北戴河桃罐头厂电影修士会 2021)。以上的例子都是视频化社会中诸影像和其之前的艺术形式相结合而形成的艺术综合。如果我们以一种更为广阔的视角来考察视频化社会中诸影像中的"剧"，即并非从传统戏剧或电影/电视剧和戏剧的亲缘性角度出发，而是以一种日常生活化的表演来界定，则会发现视频化社会中仍然有大量制作水准一般的影像内容。例如，影像通常采用上传自己的生活日常，或以类似剧的形式，或以一种伪纪录的形式，或以一种经过精心包装的自我展示的形式来完成表演。这正如欧文・戈夫曼(2008：25)所言，"一般说来，当个体处于他人面前时，常常会在他的行为中注入各种各样的符号，这些符号戏剧性地突出并生动勾画出了原本若干含混不清的事实"。我们在日常生活中对于自我的呈现也是一种需要舞台设置和戏剧化的戴着面具的表演，这种观点往往被认为是一种"拟剧理论"（王长潇、刘瑞一 2013)。在镜头前或视频中的自我表演无疑是广泛的，而这种表演往往被评论中的观众视为有预设的摆拍，意味着这种表演在一定程度上已经和真相或者说电视新闻所要求的真实性混淆：观众以获取真相的相关信息来观看短视频，但看到的很可能是一段表演。

这不是说当前视频影像不具备提供给我们真相的能力。即使在一个“我们不再为真相承担责任，而且缺乏如何将具体事实纳入一个更大整体的能力的后真相时代”(胡泳 2017)，视频化社会中仍然有央视新闻、光明日报等具有公信力的视频创作方。笔者想要强调的是，如果以日常生活化表演或拟剧理论来考量视频化社会诸影像，不难发现它们使得新闻和戏剧、真相和表演、生活真实和艺术真实之间的边界被模糊化了。在过往的艺术中，我们不会将一部叙事电影视为真相，哪怕是纪录片，我们也知晓其是经过艺术加工的，我们能很好地区分新闻和电视文艺作品。但在视频化社会中，太多打着真实旗号的虚拟创作使得我们很难再用一个统一的“艺术真实论”或“现实主义”理论去概括诸影像中的艺术实践。

视频化社会中出现了越来越多既难以被界定为高雅艺术又并非粗制滥造的数字艺术实践。过去，我们可能会将这样的美学定义为一种日常生活审美化(费瑟斯通 2000)。迈克·费瑟斯通从三个维度展开对于日常生活审美化的论述。一是自第一次世界大战以来出现在西方的达达主义、历史先锋派和超现实主义运动等艺术亚文化，这些艺术实践都反对过去的博物馆艺术而宣扬艺术无处不在，以此试图打破艺术和日常生活的界限。二是将生活转化为艺术品的规划，将艺术的精神融入包括言行举止、衣着打扮、生活趣味等日常生活。三是指充斥于当代社会日常生活之经纬的迅捷的符号与影像之流，将艺术转化为符号或影像融入日常生活中的领域，如美术、电影之于广告，建筑之于工程艺术等。这些使得“一切事物，即使是日常事务或平庸现实，都可归于艺术之记号下，从而都可以是审美的”(费瑟斯通 2000：96)。这种观念和美学转向在20世纪初的中国被广泛讨论，并且被认为是一种回归生活世界来重构美学的方式(刘悦笛 2005)，意味着其既是一种艺术实践，也是一种美学转向。诚然，我们可以在当前视频中看到各种被美化或艺术化的生活展示和记录，或仍然可以用生活美学来对其做解释，但不能忽略其中还出现了难以被简单概括为生活美学的影像——劣质图像。

劣质图像的概念来自德国艺术家和文化理论家黑特·史德耶尔。她认为(Steyerl 2009)，劣质图像是运动中的一个复制品，它的质量很糟糕，分辨率低下，以免费的方式被分发到各处，并通过数字连接来压缩、复制、撕裂、重新混合，同时被复制粘贴到其他传播渠道中去；它将质量转化为易接近性，将展览价值转化为崇拜价值，将电影转化为片段，将深思转化为消遣，图像从电影院和档案室的保险库中被解放出来，以牺牲其自身的物质性为代价，投身于数字的不确定性之中。可以看出，黑特·史德耶尔的劣质图像指的是在技术上制作粗糙、通过牺牲图像质量来换取传播效果的数字图片或影像内容。与之相对的是能够在电影院中放映的精致图像。现如今的精致图像显然已经不是只能在电影院中看到，而是也可能存在于多种数字影像之中，例如当前视频中就有大量高成本和制作精良的影像内容。如果我们以一种纯粹的技术视角来看待，劣质图像和精致图像的边界该如何确定？有学者以计算机美学为标准来区分高质量视频和低质量视频。在技术上，一个高质量视频影像和一个低质量视频影像的区别主要集中于图像特征和视频特征两方面，前者主要包括噪声、对焦控制、曝光控制和调色，后者主要包括摄影机运动、单镜头长度、视觉的连续性，以这些特征作为检测标准可以在 AdaBoost 分类器中实现 97.3%的分类准确率（Niu & Liu 2012）。换言之，图像是精致图像还是劣质图像不仅是一个纯粹主观的美学问题，还是一个与硬件参数相关的技术问题。视频化社会中诸影像的拍摄和制作都更为便捷（相较于传统电影电视而言），有时仅需一部手机便可完成影像的全部制作流程并将其上传，致使其中有着大量的劣质图像。

近年来，网络视频中涌现出许多具有劣质图像特征却受到大量关注的作品，比如“朱一旦的枯燥生活”“老四的快乐生活”“张同学”“街溜子李会长”等。之所以将这些影像视为劣质影像，是因为这些视频的制作往往是低技术规格的。首先，这些影像几乎都采用手持摄影拍摄，拍摄设备常为智能手机而非专业摄影机。其次，这些影像在声音处理上是简单的（背景音乐没有经过严格挑选），有些制作者甚至在不同的视频集数中使用同一首背景音乐。除了背景音乐，其他声音元素基本为人物对白和简单的音效。此外，这些影像中焦点的变化和调色较为简单。焦点的变化几乎完全依靠手机的智能自动对焦，视频内容也缺乏色彩的多样性，甚至完全没有调色。这些影像中的摄影机运动大多是简单且未经复杂设计的。例如，在“街溜子李会长”系列视频和“朱一旦的枯燥生活”系列视频中，大多镜头设计为手持拍摄的固定镜头画面和以被摄人物为中心的中近景。虽然“张同学”系列视频加入了一些主观镜头，但是这些镜头的摄影机运动都很难说得上是平滑稳定的。尽管如此，在单镜头长度和视觉连贯性上，这些已经获得一定反响的视频相较于其他劣质图像已经做得很好（更短的单镜头时长和连续性剪辑的使用）。例如，在“张同学”系列视频中，每个视频平均使用 186 个分镜头，每个分镜头的平均时长只有 2.27 秒（甚至短于主流好莱坞电影的平均镜头长度）（刘文婧 2021）。

劣质图像内部也存在分野。有学者认为，劣质影像本质上是经过美学加工，变得精致化和时尚化的“精致劣质图像”（杨光影 2019）。这类或包含情节或加入更多精致影像要素的劣质影像，虽出自草根之手，但逐渐为了维持其播放量而向主流的精致影像靠拢。然而，这些劣质影像中仍然存在一些未完成精致化的内容，或因技术条件限制，或因能力所限不得其法。这些劣质影像往往被观众冠以“土味”的标签，虽然制作者以各种话题争先恐后地追逐流量密码，但是视频往往被无情地再剪辑、拼贴和复制，成为观众的笑柄和快乐源泉，成为一种视觉奇观或在权力上居于次等地位的被观看对象。

15.2 视频化社会中的视觉奇观和惊诧美学

诸多学者都对视频化社会中诸影像营造的视觉奇观提出了批评。有学者认为，相较于电影，短视频的叙事性更弱，无法讲述复杂的故事或唤起人的理性反思，更依赖及时反应的视觉奇观（王超 2020）。有学者认为，短视频生产者为了满足用户对好看的欲求，绞尽脑汁制造出一系列视觉奇观，用以激发消费者（也包括他们自己）的幻想和欲望（柴冬冬、金元浦 2020）。总的来看，当视频化社会中诸影像被视为一种视觉奇观时，往往被认为是完全流于感官的，是为了满足虚拟的幻想和欲望的，是会影响观看者的深度思考能力的。

然而，视觉奇观并不能简单地被视为一个完全流于视觉快感的对象，换言之，视觉奇观并不等同于视觉快感。视觉奇观的概念常见于电影理论之中，尤其用以形容电影诞生初期的“吸引力电影”（汤姆·甘宁、刘宇清 2010）。在活动影像诞生之初，奇观无疑是电影的一个重要表现形式，甚至可以说电影起初就是作为一种视觉奇观而诞生的。“奇观一直是电影的一个重要组成部分，也是电影体验中最具感染力和冲击力的一个部分，如果从其纯粹的视觉展示性上来讲，它甚至比叙事更接近电影本身。”（穆俊 2019）奇观未必是和叙事相抵牾的，对于电影奇观既有观点认为“奇观最好不必被理解为叙事内容的绝对抽空”（Tasker 1993），汤姆·甘宁等（2011）提出早期“吸引力电影”是和后来的“叙事电影”完全不同的。关于视觉奇观与叙事之间是否二元对立的争论一直存在，对于两者的区分并无客观标准。事实上，我们在电影或电视作品中常常能看到视觉奇观作为叙事的一部分或一个元素而存在，如《泰坦尼克号》和《阿凡达》。同时，有些实验电影或先锋电影可能既不是视觉奇观的，也不是叙事的。正如我们可以认真对待动作奇观电影并能够将其视为一种使用非表征性符号的审美类型一样（Arroyo 2000），视频化社会诸影像中的视觉奇观也不应当在文化上被认为是次等的。这些视觉奇观也不能完全等同于居伊·德波的景观社会。居伊·德波笔下的景观社会是一个"在现代生产条件占统治地位的各个社会中,整个社会生活显示为一种巨大的景观的积聚。直接经历过的一切都已经离我们而去,进入了一种表现。……景观既显示为社会本身,作为社会的一部分,同时也可以充当统一的工具。……景观并非一个图像集合,而是人与人之间的一种社会关系,通过图像的中介建立的关系"(居伊·德波 2017: 3)。无论是电影电视中的视觉奇观,还是视频化社会诸影像中的视觉奇观,都是居伊·德波笔下景观社会的一部分,是一种图像化或影像化的形态。

视频化社会中哪些影像可以被指认为视觉奇观?它们有着何种美学特征?

首先,被指认为视觉奇观的影像要与日常生活区分开来。奇观或者说奇观化在人类文化史中并非新鲜事物,而是一个由来已久的现象。远古先民的宗教仪式、中世纪的圣像崇拜、拉伯雷时代的狂欢节、路易王朝的断头台、大革命时期的庆典,都是构成奇观的场景。这些往日的奇观都存在于一个与日常生活迥然不同的空间之中,不论是对日常等级秩序的一种强化还是一种戏仿和消弭,都依赖存在于空间之上的区分。而在当代社会,图像的存在和其对现实生活的侵入使得奇观的界定不再仰赖于空间上的区隔(雅克·拉康、让·鲍德里亚等 2005)。视频化社会中的奇观之所以成为可能,不再是因其展现了迥异于日常生活的特殊场景,而是使用了机器装置和数字技术作为影像表现的辅助。

其次,视觉奇观的美学是一种惊诧美学(汤姆·甘宁、李二仕 2012)或者说震惊美学。我们可以从早期电影中看到相关例子,无论是耳熟能详的《火车进站》(1896),还是史密斯和布莱克顿巡回放映的《黑钻石特快列车》(1897),这种被汤姆·甘宁称为"吸引力电影"的早期电影,将"吸引力直接作用于观众,有时候,就像早期的火车电影,非常夸大这种扑面而来的冲击性体验"(汤姆·甘宁、李二仕 2012)。瓦尔特·本雅明(1989: 132)认为,震惊作为感知的形式已被确立为一种正式的原则,而震惊的心理特征表现为被意识缓冲、回避了,这给事变带来了一种严格意义上的体验特征。震惊是一种主体在毫无准备的情况下对于突然到来的刺激的反应,但瓦尔特·本雅明结合弗洛伊德的理论认为,意识能够起到对这种震惊的防御功能,减小震惊所带来的过度的能量。这意味着震惊美学的体验并非简单来自对刺激的反应,而是有主体参与的,是一种在"外部刺激与意识主体之间,在防御与冲击的斗争中获得的瞬间体验。这一斗争与意识主体的经验有着密切关系,它直接决定着震惊强度的大小"(和磊 2015)。

我们也可以从西方美学中的"崇高"之说中找到与震惊美学或惊诧美学的相

似之处。康德(2001：1)在早期作品《论优美感和崇高感》中对崇高和优美进行了区分,认为两者虽然都能够引起人的愉悦,但方式是十分不同的：一座顶峰的积雪、高耸入云的崇山景象,对于一场狂风暴雨的描写或者是弥尔顿对地狱国土的叙述,都能引发人们的欢愉,但又充满畏惧;相反,一片鲜花怒放的原野景色,一座溪水蜿蜒、布满牧群的山谷,对伊里修姆的描写或者是荷马对维纳斯的腰束的描绘,也给人一种愉悦的感受,但那是欢乐的和微笑的。为了使前者能对我们产生一种应有的强烈力量,我们必须有一种崇高的感情;为了正确地享受后者,我们必须有一种优美的感情。类似的观点还可见于王国维。王国维(1998：26)将崇高和优美表达为“有我之境”和“无我之境”:“无我之境,人惟于静中得之。有我之境,于由动之静时得之,故一优美,宏壮也。”这个观点的基础来自伯克、康德和叔本华关于崇高和优美的美学观。“无我”是指主体置身于这个直观中的同时不再是个体的人了,因为个体的人自失于这种直观之中了,已然是认识的主体,是纯粹的、无意识的、无痛苦的、无时间的主体(叔本华 1982)。“有我”是指主体与审美对象之间存在一种敌对的关系,而主体在和审美对象的对抗之中意识到自我的存在,进而获得超越感和超脱感(叔本华 1982：281)。“有我”强调一种审美对象给主体带来的压迫感,进而引起主体的震惊或恐惧,而这样的情感是不同于“无我”在宁静状态下带给主体的感受的。例如,我们在看到雪崩、海啸等场面时,会感到自然力量之大或形式之无限,感到自身的渺小,当这种震惊和恐惧伴随的危险得以缓解,才能够获得一种愉悦的美感。无论是汤姆·甘宁提出的惊诧美学、瓦尔特·本雅明的震惊美学,还是几乎贯穿整个西方美学史的崇高之说,都并非简单指涉一种感官对于刺激的反应,而是要强调其中主体意识或自我的作用,而这些都可以被用来解释视觉奇观的美感所在。总体来说,视频化社会诸影像现如今正以一种便捷且极易获取的方式使我们能够以影像的形式体验到这种崇高感。

当前影像存在各种各样能够给我们带来惊诧或震惊美感的影像。例如,抖音上的“韩船长漂流记”制作的航海视频,影像中的惊涛骇浪显然并非生活在城市和内陆乡村的人们在日常生活中能够见到的。还有大量以“出海”“捕鱼”等作为标签的海洋奇观短视频影像。类似的,还有许多以登山为内容的山峰奇观。相较于电影电视可以通过数字技术来实现的奇观影像,视频化社会诸影像中能够作为视觉奇观的影像内容几乎全部依靠被摄物本身带来的惊诧或震撼,并且拍摄者或以多种视角通过个人介入的方式展示,或以一种类似过往电视风光片的方式展示其拍摄内容。创造震惊和惊诧美感的视频内容除了来源于自然景观，有时也取材自人文上的异域风情或奇风异俗。这些视觉奇观就像早期的电影和电视那样给予我们一种诉诸感官的美感，但不同之处在于它们在数量和题材上无疑更丰富，也更繁杂。

我们应当以一种更为广阔的视角去看待视频化社会诸影像中的视觉奇观，并将其和单纯的视觉快感区分开来。同时，应该摒弃一种刻板偏见，认为这些影像的美学匮乏仅仅由于视频时长过短导致内容缺乏深度，或因制作成本限制而在影像质量上表现为劣质图像。事实上，视频化社会诸影像中既有如美术、音乐、舞蹈等其他艺术形式的影像化展现，又有传统影像的短剧；既有惊诧美学的视觉奇观，也有与身体展示相关联的作为欲望对象的视觉快感。视频化社会中诸影像不仅能够作为审美对象和美感来源，还能因劣质带来的传播力效果而将美育和艺术教育播撒到更多地方。正如毛里齐奥·拉扎拉托(Lazzarato 2004)所说，每个人都是艺术家，每个人都有一种虚拟的创造能力，人类工作的每个领域都有一些潜在的创造力，每种工作都与艺术有关。由此，我们意识到艺术不再是一种特殊活动。当我们将视频化社会中诸影像视作一种新装置/新技术的数字美学工具时，它又以新的形式再一次更新了美学本体、社会组织的形式和经济生产方式。

15.3 总结

视频化社会中诸影像不仅构建了当代影像化娱乐，成为娱乐生活的一个重要部分，也完全能够给予我们审美体验，无论是对多种传统艺术形式的影像化，还是视频化社会中诸影像自身依其属性提供的劣质图像。视频化社会中诸影像作为审美对象带来的美感或审美范畴也是多样化的，既可以体现为传统艺术欣赏的审美感性，也可以体现为一种视觉奇观或惊诧美学。

参考文献

北戴河桃罐头厂电影修士会(2021).现在短剧为啥能拍得这么好看(2021-11-30).https://view.inews.qq.com/a/20211130A0DI1C00.

柴冬冬，金元浦(2020).数字时代的视觉狂欢：论短视频消费的审美逻辑及其困境.文艺争鸣，8：79-86.

和磊(2015).经验的贫乏与文化创伤——论本雅明的震惊体验及其当代意义.武汉理工大学学报(社会科学版),6：1217-1222.

胡泳(2017).后真相与政治的未来.新闻与传播研究,4：5-13,126.

居伊·德波(2017).景观社会.张新木,译.南京：南京大学出版社.

康德(2001).论优美感和崇高感.何兆武,译.北京：商务印书馆.

刘文婧(2021).从传播角度看,“张同学”和“刘大鹅”是如何走红的?(2021-12-20).https://www.sohu.com/a/510285643_120099890.

刘悦笛(2005).日常生活审美化与审美日常生活化——试论“生活美学”何以可能.哲学研究,1：107-111.

迈克·费瑟斯通(2000).消费文化与后现代主义.刘精明,译.南京：译林出版社.

苗棣(2015).电视艺术哲学(修订版).北京：中国广播影视出版社.

穆俊(2019).作为“奇观”的电影——感官、形式和美学.北京：中国传媒大学.

欧文·戈夫曼(2008).日常生活中的自我呈现.冯钢,译.北京：北京大学出版社.

彭锋(2007).艺术的终结与重生.文艺研究,7：30-38,174.

彭锋(2009).“艺术终结论”批判.思想战线,4：85-89,105.

叔本华(1982).作为意志和表象的世界.石冲白,译.北京：商务印书馆.

汤姆·甘宁,李二仕(2012).一种惊诧美学：早期电影和(不)轻信的观众.电影艺术,6：107-115.

汤姆·甘宁,李二仕,梅峰(2011).吸引力：它们是如何形成的.电影艺术,4：71-76.

汤姆·甘宁,刘宇清(2010).现代性与电影：一种震惊与循流的文化.电影艺术,2：101-108.

瓦尔特·本雅明(1989).发达资本主义时代的抒情诗人——论波德莱尔.张旭东,魏文生,译. 北京：生活·读书·新知三联书店.

王长潇,刘瑞一(2013). 网络视频分享中的“自我呈现”——基于戈夫曼拟剧理论与行为分析的观察与思考.当代传播,3：10-12,16.

王超(2020).奇观症候、日常化表演与交互主体性——直播和短视频中的身体表演.新闻爱好者,6：68-71.

王国维(1998).人间词话.上海：上海古籍出版社.

雅克·拉康,让·鲍德里亚,等(2005).视觉文化的奇观.北京：中国人民大学出版社.

杨光影(2019).“精致劣质图像”的生产与“虚拟社区意识”的形成——论抖音短

视频社区青年亚文化的生成机制.中国青年研究,6：79-86.
叶朗(2010).美在意象.北京：北京大学出版社.
Arroyo, J. (2000). *Action/spectacle cinema: A sight and sound reader*. British Film Institute.
Lazzarato, M. (2004). From capital-labour to capital-life. *Ephemera: Theory & Politics in organization*, 4(3), 187-208.
Niu, Y., & Liu, F. (2012). What makes a professional video? A computational aesthetics approach. *IEEE Transactions on Circuits & Systems for Video Technology*, 22(7), 1037-1049.
Steyerl, H. (2009). In defense of the poor image. *e-flux Journal*. https://www.e-flux.com/journal/10/61362/in-defense-of-the-poor-image/.
Tasker, Y. (1993). *Spectacular bodies: Gender, genre and the action cinema*. New York: Routledge.

(李云鹏)

16 视频化社会中的知识与认识

子曰:“小子何莫学夫诗?诗,可以兴,可以观,可以群,可以怨。迩之事父,远之事君;多识于鸟兽草木之名。”与孔子所述类似,视频化社会中诸影像在当今社会也发挥着如《诗经》在过往的功能:既可以作为认识对象,也可以作为审美对象。视频化社会中诸影像扩展了我们的认识论和价值论,作为文化表征再现了我们的现实并将这种经验作为一种知识或审美对象。作为一种知识,视频化社会中诸影像存在大量影像化的新闻消息、知识分享、专业课程,这些内容日益成为我们的认识来源。

16.1 视频化社会中的知识

“在知识构成体系内部,任何不能转化输送的事物,都将被淘汰。一切研究结果都必然转化成电脑语言,而这又必定会决定并引发出新的研究方向。”(利奥塔 1996:34)视频化社会中诸影像如果可以作为知识的来源,那么其中的知识是以何种方式呈现和分布的?事实上,无论是在被称为中国“Z世代的新式社交型学习平台”的哔哩哔哩、抖音、快手上,还是在YouTube上,都存在大量的知识内容。

如果将视频化社会中诸影像作为一种知识来源,能够被视作知识来源的内容类型是十分繁杂的。知识作为认识论的重要问题,早在亚里士多德时便开始了相关讨论。“在他那里,既有依据自然事物、实践事物、创制事物的对象差别而来的物理学(自然知识)、实践知识、创制知识的分类,又有依据静观的思维、实践的思维、创制的思维而来的静观知识、实践知识、创制知识的分类。”(聂敏里 2016:71-78)从柏拉图和亚里士多德,到培根、笛卡尔、斯宾诺莎、洛克、休谟,再到康德等，哲学家都有对于知识和知识限度的思考（毕文胜、杨晶 2019）。到柏格森那里，被视为可能是在外部的、分析的知识，往往见于科学之中，也可能是在内部的、直觉的知识，往往是形而上学的（斯通普夫、菲泽 2019：435-437）。柏格森所提的这两种知识，也被认为“理智认识（分析的）遵循的是一种形式逻辑；直觉认识遵循的是一种审美逻辑”（张德广 2011：19-21）。视频化社会诸影像中的知识既有分析的、类科学话语的，如各种科普或知识讲解，也有使主体能够试图进入内部的直觉的、诉诸审美的影像内容。

视频化社会中诸影像传播知识的方式有其独特性。因为视频化社会中诸影像的断裂性，所以知识获取是碎片化的。但是，这种碎片化并不完全被认为会导向一个差的效果。重要的不是摄入知识的方式，而是整理知识的能力和吸收知识的态度。年轻人通过碎片式学习掌握了更多安身立命的本事。而视频化社会中诸影像反而因其吸引力被认为是比传统的知识获取方式更能使人感兴趣的（谢浴缸 2021）。抖音、哔哩哔哩等都会按兴趣分类知识。例如，在“＃抖音开学季”话题中可以看到文学、数学、经济学等学科。

兴趣推荐在此既可能被视为一种限定，也可能被视作有助于在某个兴趣基础上对该类知识进行深度学习的帮手。同时，这些知识并不一定是过去具有输出知识功能的固定身份（如学者/科学家等）所生产的。在未经严格筛选的基础上，其内容相较于传统的书本/课堂知识是更纷繁多样的，在体量上也是更多的。不仅有学者、老师、科学家等身份的人通过视频传播知识，还有各行各业相关从业者通过视频传递信息或分享观点。

视频化社会中的知识体现着诸多后现代表征：“一、反思理性、注重感性，二、抗拒个性压制、自我表达兴起，三、知识权威‘祛魅’、民众知识权力‘增魅’，四、知识分子‘立法者’地位丧失且‘阐释者’地位初定。”（李静瑞、肖峰 2017：33-37）这些后现代表征表明，在视频化社会诸影像的知识传播中，更注重个体的个性化表达而非群体的表达。后信息时代最大的特征就是真正的个人化（尼葛洛庞帝 1996：3），即知识在影像中更多体现为个人化和个性化。这种个性化的知识也被认为在具有不确定性的同时，更关注具体性、有效性和实用性（董春雨、薛永红 2018）。这种知识特性改变了我们对于知识本身乃至认识论的看法。基于大数据和算法的视频重写了有关知识的构成、研究过程，以及我们应如何与信息接触，与自然、现实交互，它发掘出了客观事物的新领域和获得知识的新方法（Boyd & Crawford 2012：662-679）。我们现在已经很难用一个传统的，即“知识是对事物发展变化的本质性和规律性的正确认识”这样的概念对数字时代视频化社会中诸影像传播的知识进行框定(毕文胜、杨晶 2019: 77-85)。

视频化社会中诸影像的知识体现为：在内容和议题上是繁杂的，在数量上是庞大的，是碎片化而非系统化的，是个性化和个人化的。这些非系统化(碎片化)、多元化和个性化的知识呈现，致使“知识”“认识”“观点”等词汇之间的含义变得模糊，我们再一次面临类似休谟式的知识有效性问题。但似乎我们并不需要在语言上给予视频化社会中诸影像的知识一个合法性和有效性的判断，而是应该以一种更为开阔的心态去看待知识和认识论本身。视频化社会中诸影像的知识传播进一步影响到我们对于知识范畴的界定和认识论的转向，改变了我们对于知识、伦理和审美的诸多看法。

16.2 从视频论文到视频随笔

视频论文有时也被称为视听论文、视觉论文(Grant 2016: 255-265)或论文电影。它并不单纯被看作一种影像化的论文式论述，而往往被视为电影创作实践的一部分。由此，凯瑟琳·格兰特将其定义为一种表演性的研究(Grant 2016: 255-265)。李洋(2019: 101-106)将这些影像分为 filming essay、essay film、video essay 三个不同时期：filming essay 时期是从 1909 年至 1940 年前后，先锋电影和早期的汇编电影通过公开发表的艺术形式来抒发社会意见，表达激进文化态度；essay film 时期是从克里斯·马克创作《西伯利亚来信》的 1958 年开始至 1990 年前后；video essay 时期是在进入数字互联网时代之后，大量涌现出以视频论文的名义制作出来的影像。针对论文电影、视频论文等诸多说法，本章所讨论的视频化社会诸影像中的视频论文可以被视作一种基于数字和互联网技术的数字影像中的论文。

在考量视频论文的性质时，科诺莫斯(Conomos 2016)认为，无论我们怎样翻译 essay film，都要回到蒙田最初为 essai(essay)所定义的精神。蒙田在《随笔》中写道：“我写的这些是什么呢？其实，也不过是怪诞的装饰，奇形怪状的身躯缝着不同的肢体，没有确定的面孔，次序、连接和比例都是随意的。”(Montaigne 1595: 388-389)论文电影、视频和新媒体与蒙田的文学散文概念有诸多相通之处。蒙田用“怪诞的装饰”来形容自己的写作，这种文体对于蒙田而言像是一幅介于“有边框”与“无边框”之间的“自画像”，前者意味着对理性和艺术界限的思考，后者则展示出自由的气质(周皓 2015)。有学者据此提出“说服-

论文”和“独白-论文”两种不同的概念，前者指围绕某个话题展开论证观点的论文，后者是以自由的方式记录生活和感受的论文(李洋 2019)。也有学者提出解释性的视频论文和诗意化的视频论文(Keathley 2011：179-180)，前者类似我们的书面论文，往往用一种较严谨的形式逻辑来探讨一些问题，后者则是富于表现力的，常见于对作为成品或作品的影像资料的挪用和拼贴。无论哪种分类，都可以再细分为诸多子类型。菲利普·洛佩特在《寻找半人马：论文电影》中说道：“我有一种冲动，希望看到这两种兴趣结合在一起，即通过电影人的作品，将论文放在赛璐珞胶片上。”(Lopate 2017：109)有学者据此将视频论文定义为一种“半技术”和“半学术”的居间性存在(韩晓强 2021：52-58)。区分的关键节点在于我们是以中文的论文为标准，还是以英文的 essay 为标准。如果是以中文的论文来看待，那么似乎只有解释性的视频论文能够达标，视频论文完全可以被概括为是“半技术”和“半学术”的。如果以 essay 作为标准，那么无论是对过往视频的拼贴，还是精心制作的 vlog，哪怕是日常生活的影像片段，都可以被算作广义上的视频论文。

当我们以中文的论文作为视频论文的标准，以视频内容的视听语言组织方式来区分，我们可以将当前诸多视频影像中看到的诸多解释性的视听语言认为是学术语言或起码是类似学术语言的视频论文。同时，我们也可以看到大量并非依照学术话语或范式来组织影像的形式。即使不将其视作视频论文，我们也可以参考关于 essay 的多义性将其视作一种视频随笔，即如同“随笔阅读世界，也让世界阅读自己”(郭宏安 2008：16-24)。我们之所以仍然将其放在一起，是因为他们作为学术化的和非学术化的活动影像共同参与了我们的认识行为，并作为一种广义上的知识影响了我们的认知。

从这种观点来看，视频化社会诸影像中的视频论文可以被分为以活动影像为分析或援引对象的和以新制作的活动影像(主要是动画)来传达观点的两种论文类型。我们能够在 YouTube 上看到大量与活动影像分析相关的视频论文，如《小丑|亚瑟·弗莱克的心理学》(JOKER|The psychology of Arthur Fleck)、《乔乔的异想世界分析|象征主义、主题和隐喻》(Jojo rabbit analysis | Symbolism, motifs, and metaphors)。在中国，视频论文似乎少了很多。在哔哩哔哩上能看到视频制作者“电影传送门主页妹”上传的大量翻译自 YouTube 上的视频论文作品。其中既包含影片分析的相关内容，如《塔可夫斯基·时间渗透性：电影空间内的多时间线》(Seeping time multiple timelines in cinematic space)，也包括影视创作实践的相关指导教学，如《剪辑 101：三种结构

性剪辑》(Editing 101_ The 3 types of structural editing)。另一个作品较多的视频论文作者是中国传媒大学“动画学术趴”。“动画学术趴”将非虚构影像作为视频论文的内容,例如将动画、游戏等内容作为视频论文的讨论范围,既包括原创内容也包括译介,如《学术趴·精读〈国王排名〉拉片+幕后爆料!黑马不是一日炼成的!》《[学术趴字幕]〈最终幻想〉的原点!像素动画如何塑造游戏之魂》。“动画学术趴”还具有另一重身份,即中国传媒大学动画学院在校生提交课程作业的平台。视频论文的内容既可以作为学生教育的一部分,也以视频论文成品的方式作为一种另类学术作品的成品在网络视频平台展出。

视频论文往往是以电影、动画、游戏等作为分析或讨论的内容,或者以一种创作指导的视角,或者以一种学术理论的视角,像一个中间人将电影、视频、新媒体、文学批评理论联系在一起,并且辅以类似论文观点式的旁白解说词。除了这种与电影、动画和其他新媒体影像相关的视频论文,如果我们从数字影像中的论文这种更广阔视角来看待,那么还有和文学/哲学等议题结合的论文形式。例如,YouTube上的视频账号“The School of Life”制作的一系列将不同学科以不同颜色分类的重要理论家介绍,如《哲学:亚里士多德》《哲学:奥古斯丁》《文学:弗朗茨·卡夫卡》《社会学:Margaret Mead》。还有哔哩哔哩上的视频论文制作者,如“安州牧”制作的《两晋十六国》《风云南北朝》,“历史调研室”制作的《朝鲜与韩国为什么分裂?朝鲜战争始末》等历史题材的视频论文。

如前所述,当前视频除了有辅以学术化解说词的解释性视频论文,还存在以不同方式影响我们的认识或构成我们的知识的视频随笔。相较于视频论文的类学术话语和解说词,视频随笔更凸显蒙田意义上的无框的自画像意义,更具有表达的自由性。如今,更多人使用抖音或哔哩哔哩等作为记录自己生活或传递观点的方式。视频随笔往往体现为vlog的形式。与一般的网络视频不同,vlog强调人格化,并透过传播者的镜头与受传者的移动屏幕在共建的社交空间里实现一种虚拟的面对面沟通(隋岩、刘梦琪 2018:61-67)。纪录片往往将评论性的旁白或解说词和图像紧密联系在一起,而在视频论文/散文中,声音和图像的层级可能会偏离到完全各自独立的程度。同时,网络微纪录片比vlog影像中的叙事者更具隐匿性,使纪录的故事在屏幕中有序上演,顺应文本发展的叙事形式(卢伟、张淼 2020:65-71)。相比于网络纪录片或微纪录片,vlog更像是一种无框的自由表达。例如,在抖音上拥有2 740万粉丝的“天元邓刚”,以“中国钓鱼运动协会技术推广总教练”的认证上传了一系列在不同地方的钓鱼经历,里面包含有关鱼和钓鱼的知识。还有一些面对镜头传达观点,例如抖音中的“德国人

Leo 乐柏说"以一个会说中文的德国人的身份"说故事，说音乐，说生活"。视频化社会中诸影像制作者能在不同的领域影响我们对其探讨范畴的认知。

这最终导向一个问题：如果说视频论文因其较严谨、类学术表达的解说词或旁白及较认真和精良的制作尚且可以被认为是一种知识，那么视频散文能否被认为是一种知识？如今，我们将知识超载视为文化环境中一种新的特点。令我们担忧的，并不是如此众多的信息令我们精神崩溃，而是我们无法得到自己需要的足够多的信息(戴维·温伯格 2014：5)。这个观点显示出对信息超载的担忧。同时，戴维·温伯格(2014：5)也谈到互联网时代知识的危机，比如碎片化取代深度思考、人人都可以作为专家。这往往使我们会怀疑视频化社会中诸影像作为知识的有效性。这些影像传递的信息或知识在数量上越来越多，但数量的增长并无法被完全置换为质量的下降。我们需要通过过滤、控制、选择和相关的算法伦理，来降低影像内容信息的混乱程度(Al-Maroof et al. 2021：197)。同时，这些视频中的知识为我们开启了一个非学院知识的可能，大量视频内容被更多人看到(这并不意味着学院知识的失效，而意味着更多知识的可能性被影像化)。这些影像作为知识既在一定程度上改变了我们对于知识的定义，也作为认识来源改变了我们认识世界和观察世界的方式。其可能带来的负面影响便是不能将其视作书本、学院知识讲授的完全替代。视频化社会中诸影像强化了我们获取知识的方式，强化了通过视频影像来传播信息和知识；也改变了我们过往认识论中知识的内涵和外延，极大地扩展了知识这个概念的边界，也使知识、信息等语词的边界变得模糊。

16.3　视频化社会中的动物凝视

本节将讨论视频中存在的大量宠物影像。之所以单独书写动物影像，是因为其可以被视为知识，或被凝视的对象，或一种拜物教/恋物癖。我们可以在视频化社会诸影像中看到大量宠物的影像，主要是狗和猫这两种较为常见的宠物，还有海豹、浣熊等并未经常被作为私人化宠物但同样有不小的播放/观看量。在 Instagram 上甚至有细分且不止一个的关于海豹、浣熊、水獭、刺猬等分享动物图片和短视频影像的账号，以海豹为例，在 Instagram 上就有"daily. dose. of. seals""seal.dailylove""seal_letbooklet"等多个粉丝破万的账号。

人与动物的亲密相处有着漫长的历史。《诗经·小雅·巧言》中便有"跃跃毚兔，遇犬获之”(周振甫 2002：317)这样对于猎犬的记载。我们也能从《孟子·梁惠王章句上》窥见中国古人对于动物的态度：“无伤也，是乃仁术也，见牛未见羊也。君子之于禽兽也，见其生，不忍见其死；闻其声，不忍食其肉。是以君子远庖厨也。”(孟子 2005：14)这般对动物和人的区分对待，一方面对动物有着同情和恻隐之心，另一方面则视动物为食物和被奴役的对象(王坤宇 2021：128-135)。这种对于动物/宠物的态度总体上还是人类中心主义的。这种视动物为低于或次于人类一等的观点在西方亦然。安瑟伦、阿奎那等经院哲学家的本体论证明认为，人类在等级上是高于动物的。笛卡尔的理性主义也认为，动物不过是一种类似机械的自动机。这种轻视动物的状况直到叔本华的意志论才有所改观：动物和人一样具有意志，人并非比动物更高级(斯通普夫、菲泽 2019：62、84-89、135、181、243、356)。近现代，对于动物的轻视开始出现巨大的扭转。例如，梅洛-庞蒂认为，“这世界同样也呈现给动物、小孩、原始人以及疯人……为何古典思想家会对动物、小孩、原始人及疯人如此不屑呢？原因就是他们认为存在着一个完成了的人”(梅洛-庞蒂 2019：42-44)。对于动物本身的研究也愈发多元，既有从动物辅助治疗到动物的情感研究，也有从跨物种心理学到批判性动物的研究。人类对于动物观念的变化很好地解释了为什么动物影像伴随着视频化社会的出现而逐渐增多。

我们该如何解释当前诸多视频中动物的凝视行为？在视频化社会出现之前，动物也经常出现在《人与自然》《动物世界》等以动物为表现对象的电视影像之中，但其影像话语往往是自然科学的、分析式的，目的是给观者提供知识。当前影像中仍然有这类动物科普类视频，在这种视角下，动物总是被观看的对象，是人类永无止境追求知识的研究对象。约翰·伯格(2015：20)认为，当前人类对动物的研究是我们人类权力的一种指标，也是一种我们与它们差异的指标。这种动物影像有时被认为能够激发类似早期电影中的“惊奇美学”，同时也被认为体现了一种“监视美学”，即通过摄像机和手机等播放终端的绑定，以不计其数的摄像机时刻准备捕捉动物的日常场景来增强其即时性和真实性(O’Meara 2014：17)。奥梅拉(O’Meara 2014：17)继而在以猫作为拍摄对象与以狗作为拍摄对象的短视频之间做了细致区分，认为两种观看分别表现了不同的拍摄和观看模式。狗视频经常以狗执行命令为内容，例如狗从冰箱里取饮料的各种版本，或者至少表现出一些可预测的行为，例如狗在浴缸里跳来跳去。猫视频的内容多是一种对偶然的捕捉。狗视频里的幽默内容通常来自具有可预测性的小狗行为，例如反复抓泥或在泥中滚动。针对不同的动物影像，其拍摄方式和吸引观众的所在也是有所区别的，并不只是动物本身的物种区别。

针对动物短视频的观看，存在积极和消极两种倾向的观点。唐娜·哈拉维认为，这种动物影像显然是在以一种电子人（赛博格）和伴侣物种相混合的方式来作为我们日常生活的伴侣，是通过将伴侣物种赛博化或将其他动物赛博化，使之成为一种数字形式的伴侣物种来完成的。这种陪伴有时甚至可以被认为是一种辅助性治疗，就像我们能在这种动物类影像的标签、评论、弹幕中看到"治愈"字眼那样。数字影像化动物可能是有益的，我们可以通过观看此类动物视频来减少我们的压力，获得身心上的放松，并且无论是对主观压力还是对生理压力的改善，这种改善的效果要大于自然景色的视频（Ein et al. 2022）。从效果上来说，我们当然乐意承认这种动物影像具有的积极影响，但有时对于这种动物影像的观看行为也被认为是一种想象性满足，是一场逃离生活、转移注意力的游戏，是一种"此猫非彼猫，见猫不是猫"的状况（王畅 2018）。这种观点将视频中的动物视作无力解决现实问题的逃避——一个允许我们在其中不断生产对其的欲望并能够维持对这些动物欲望再生产的观看。

这显然并非这种动物影像最糟糕的部分，因为动物的体验是由人类对它们的构造所塑造的，我们对人类的体验也是由非人类动物对我们的构造所塑造的（Shapiro & Demello 2010：307-318）。视频中的动物凝视实践已经影响到我们在现实中观看动物的方式，进而影响到我们对待动物的方式。虽然我们的关注能够唤起人类的动物保护意识，但这种有关动物的数字影像在陪伴我们的同时也削弱了现实中我们和动物的关系。正如约翰·伯格（2015：26-28）所指出的，动物园只能令人失望，动物园的公共用意是在为大众提供一个观赏动物的机会。可是，动物园内没有任何游客可以捕捉住动物的眼神。动物边缘化的最终结果就在这里。动物与人之间的互相凝视可以成为人类社会发展中的重要一幕。当前影像中的动物或许可能像过去的科普/社交类节目一样，成为我们学习自然科学或生物学的对象。但是，也有学者认为，当前影像中的动物影像在其影像内部几乎是从根本上否定了一个动物的面容（王茜 2021）。这种凝视再度变为单向的。在开始强调非人类中心主义的今天，视频化社会再次将动物置于一个次等/低等的境地。同时，这种视频的传统形式结构将动物塑造为一种由数字组装出来的陈列品，使视频中的猫同质化，就好像是同一只猫在数百万个不同的视频中表演（O'Meara 2014）。

类似地，我们通过视频游遍名山大川，观赏异国风光，在手机/电脑中构建出一个个数字化的动物园、植物园、故宫、长城等数字景观的替代或指示物。然而，这种影像引以为傲的“索引性”可能置换或削弱了我们对于现实的理解。

16.4 总结

视频化社会中诸影像正逐渐取代传统的书籍，成为当代知识的重要载体，同时拓展了知识这个概念的边界和外延。影像在当代成为类语言的存在，又不同于语言，它凭借直观的图像，成为当代人重要的认识来源。无论是诸多知识还是动物凝视，我们都需要注意，这仍然是一种再现，而非直观的现实。

参考文献

毕文胜，杨晶(2019).何谓知识？——从苏格拉底到波普尔的哲学考察.兰州学刊，12：77-85.

戴维·温伯格(2014).知识的边界.胡泳，高美，译.太原：山西人民出版社.

董春雨，薛永红(2018).大数据时代个性化知识的认识论价值.哲学动态，1：95-101.

抖音(2023a).北大秦春华.https://www.douyin.com/.

抖音(2023b).西湖大学.https://www.douyin.com/.

抖音(2023c).央视网.https://www.douyin.com/.

抖音(2023d).赵普.https://www.douyin.com/.

郭宏安(2008).从蒙田随笔看现代随笔.中国图书评论，4：16-24.

韩晓强(2021).作为电影研究方法的视频论文.电影艺术，6：52-58.

李静瑞，肖峰(2017).网络知识生产的后现代表征.自然辩证法研究，12：33-37.

李洋(2019).论文电影及其五种研究路径.电影艺术，4：101-106.

卢伟，张淼(2020).记录与纪录：记录性 Vlog 与网络微纪录片的边界探析.当代电视，5：65-71.

孟子(2005).孟子譯注.北京：中华书局.

莫里斯·梅洛-庞蒂(2019).知觉的世界——论哲学、文学与艺术.王士盛，周子悦，译.南京：江苏人民出版社.

尼葛洛庞帝(1996).数字化生存.胡泳，范海燕，译.海口：海南出版社.

聂敏里(2016).亚里士多德对科学知识体系的划分.哲学研究，12：71-78.

让-弗朗索瓦·利奥塔(1996).后现代状况：关于知识的报告.岛子,译.长沙：湖南美术出版社.

撒穆尔·伊诺克·斯通普夫,詹姆斯·菲泽(2019).西方哲学史.邓晓芒,匡宏,等,译.北京：北京联合出版公司.

隋岩,刘梦琪(2018). 视频博客(Vlog)的内容特点及其治理.学习与实践,11：61-67.

王畅(2018).乌有之猫:"云吸猫"迷群的认同与幻想.杭州：浙江大学.

王坤宇(2021).超人移情、伴侣物种与感性复敏：后人类审美的三个层次.南京社会科学,3：128-135.

王茜(2021).动物的"面容"：列维纳斯的面容理论与生态伦理批判.上海大学学报(社会科学版),6：119-129.

谢浴缸(2021).当代大学生正在创造碎片化学习时代(2021-09-10).https://mp.weixin.qq.com/s?__biz=MzAxOTMxNTUxNw==&mid=2651281394&idx=1&sn=7c7823ec73b91d3b7d4b1c83457f85e3&chksm=803b19a0b74c90b6aadd629a64c991cff5070ad5240b6e25a197804ca4658dcb3939ef324a79&mpshare=1&scene=23&srcid=0926vXbSM0wFwfBurvNcDn6P&sharer_sharetime=1641302250552&sharer_shareid=c0f6cb8a3239119a3bcb7617b480b76f#rd.

杨伯峻(1980).论语译注.北京：中华书局.

约翰·伯格(2015).看.刘惠媛,译.桂林：广西师范大学出版社.

张德广(2011).柏格森直觉认识和理智认识关系的基础.社会科学家,10：19-21.

周皓(2015).蒙田：随笔的起源与"怪诞的边饰".外国文学评论,2：5-15.

周振甫(2002).诗经译注.北京：中华书局.

bilibili(2023a). 电影传送门主页妹. https://space.bilibili.com/57598190?spm_id_from=333.337.0.0.

bilibili(2023b). 动画学术趴. https://space.bilibili.com/97471052.

bilibili(2023c). 肉肉软 fufu. https://space.bilibili.com/23342697.

bilibili(2023d). 无穷小亮的科普日常. https://space.bilibili.com/14804670?spm_id_from=333.337.0.0.

Boyd, D., & Crawford, K. (2012). Critical questions for big data: Provocations for a cultural, technological, and scholarly phenomenon. *Information, Communication & Society*, 15(5), 662-679.

Conomos, J. (2016). The self-portrait and the film and video essay. In Melinda. Hinkson (Ed.). *Imaging identity: Media, memory and portraiture in the digital age*. Kimberlee: ANU Press, pp.85-100.

Ein, N., Reed, M. J., & Vickers, K. (2022). The effect of dog videos on subjective and physiological responses to stress. *Anthrozoös*, 35(3), 463-482.

Grant, C. (2016). The audiovisual essay as performative research. *European Journal of Media Studies*, 5(2), 255-265.

Instagram (2023a). daily.dose.of.seals. https://www.instagram.com/.

Instagram (2023b). seal.dailylove. https://www.instagram.com/.

Instagram (2023c). seal_letbooklet. https://www.instagram.com/.

Keathley, C. (2011). La caméra-stylo: Notes on video criticism and cinephilia. In Alex Clayton, & Andrew Klevan (Eds.). *The language and style of film criticism*. London: Routledge, pp.188-203.

Lopate, P. (2017). In search of the centaur: The essay-film. In Nora M. Alter, & Timothy Corrigan (Eds.). *Essays on the Essay Film*. New York: Columbia University Press, pp.109-133.

Montaigne, M. E. (1595). *Essais de Michel de Montaigne*. Lefèvre.

My Little Thought Tree (2021). Jojo rabbit analysis | symbolism, motifs, and metaphors. YouTube. https://www. youtube. com/watch? v = Kk70EEHw0fw.

O'Meara, R. (2014). Do cats know they rule YouTube? Surveillance and the pleasures of cat videos. *M/C Journal*, 17(2), 7.

Shapiro, K., & Demello, M. (2010). The state of human-animal studies. *Society and Animals*, 18(3), 307-318.

（李云鹏）

17

短视频、中视频、长视频平台景观的现状与发展

短视频的蓬勃发展为全球视频生态建立了新的秩序，不仅使长视频及其平台陷入新一轮竞争中，还促使新的视频形态——中视频及其平台的产生，形成短视频、中视频、长视频竞争发展的局面。本章以中国视频平台，尤其以中视频、长视频平台的现状与发展为出发点，考察中国视频平台在新秩序下的平台景观。视频平台作为视频化社会中强有力的输出者和互联网的强劲动力，未来将持续催生新产业、新格局，也会持续推动视频化社会谱写新篇章。

17.1 长视频平台：互联网的强劲动力

从 2006 年前的无序竞争、自由生长状态，到 2009 年之后逐渐进入理性发展格局，再到 2011 年后网络视频进入成熟发展期，中国长视频平台作为互联网的强劲动力，为社会信息视觉化、视频化的发展起到了诸多促进作用。长视频平台的商业模式随着各个平台的发展策略及大环境变化发生了改变。以爱奇艺、优酷、腾讯视频、芒果 TV 等主流长视频平台为代表的网络视频平台的流行给社会带来了诸多影响，说明长视频平台的兴起给数字化生活场域空间也带来了变化。

17.1.1 长视频平台的发展历程

17.1.1.1 长视频平台的兴起与迭变

2004 年 11 月，乐视网在北京成立，拉开了中国视频平台发展的序幕。乐视网成立后不到两年，视频平台的数量如雨后春笋般增长，土豆网、56 网、PPTV、

PPS、优酷、酷6、暴风影音等都成为初创期的主要成员。

在最初发展阶段，各视频平台呈现出野蛮生长的状态，由于相关政策并不完善，视频平台市场在高速增长的同时显现出无序性的特点。直到2007年年底，国家广电总局颁布《互联网视听节目服务管理规定》（中新网 2007），对互联网视听节目的规范性提出要求，确立了许可证制度，关停了一系列视频网站，才对视频平台进行了规整。2009年年底，中国网络电视台（CNTV）上线，引领各媒体集团上线网络电视台。国家入局视频平台，形成了国有媒体网络电视台、门户网站转型和商业视频平台三股力量竞争的局面。

2011年后，三股力量的竞争加速了视频平台的转型与发展。宽带、用户、版权等都是各个平台争夺的关键点。视频平台走向成熟。受版权费用、融资等多方面影响，视频平台优胜劣汰，不少平台开始走下坡路。2012年后，视频平台走向整合。土豆和优酷合并加速了视频平台新一轮洗牌，百事通入股风行电视传媒促进台网融合实质性突破，乐视进军智能电视市场进一步明确发展方向，爱奇艺与PPS的整合加速打破优酷一家独大的局面。在激烈的行业竞争中，整合成为行业关键词，行业规模日渐扩大，格局日渐成熟。

版权之争加速了自制内容的兴起。2015年被认为是开创视频平台自制内容的元年，各大视频平台加大了对自制剧和自制综艺的投入，对内容的关注也不断增加。由于芒果TV的快速发展，彼时的视频平台形成了以爱奇艺、优酷、腾讯视频、芒果TV四大平台为主要头部平台的竞争态势。2015年后，视频平台的发展态势较为良性，但随着短视频的出现，原有视频平台的格局再次被打破。2019年，短视频平台用户首次超过长视频平台用户，短视频的快速崛起为视频平台开启了一种新的视频竞争模式。

2020年年初，国家广播电视总局发布通知（版权业 2020），提倡电视剧不超过40集，鼓励30集以内的短剧创作，为长视频的制作与发行带来新的改观。在短小精悍与精品化的发展趋势下，长视频进入发展转型期，同时，短视频的迅速崛起占领用户流量高地，使得长视频平台面临巨大挑战。自2020年至今，长视频平台与短视频平台的争夺从未停止。对于版权的争论从版权拥有问题演变为版权侵占问题，而短视频的内容向碎片化、快节奏的方向不断发展。短视频成为风潮，原本只出品长视频的平台也纷纷进军短视频领域，短剧一时间蔚然成风。

2022年上半年，随着爱奇艺宣布首季度实现盈利和与抖音短视频平台达成合作，传统长视频平台的转型发展进入新阶段。长视频平台在向短、求精的路线上取得了新的成就，未来即便传统长视频平台与短视频平台的竞争态势仍旧存在，但两者也会以合作共赢的关系共同发展。

17.1.1.2　长视频平台的定位与商业模式的确立

长视频这个概念是相对于短视频而产生的。由于短视频的兴起，业界为区分长视频和短视频及其平台而划定了长视频和短视频的概念。根据界定，30分钟以上的视频为长视频，5分钟以下的为短视频，而时长介于两者之间的为中视频。以爱奇艺、优酷、腾讯视频、芒果TV为代表的传统视频平台均以长视频为主要内容，因而被称为长视频平台，抖音、快手、腾讯微视等以短视频为主要内容的视频平台则成为短视频平台。

在短视频内容生态的快速形成中，长视频平台纷纷发展短视频内容领域，将长视频的制作思维注入生产短视频内容的过程中。猫眼研究院(2022)发布的《2022短剧洞察报告》显示，截至2022年6月，仅腾讯视频、芒果TV、优酷三大平台上线的独播短剧就达171部。尽管短剧的热度与播放量均未形成较大气候，但随着相关政策的不断规范与加持，短剧仍然成为长视频平台新的开掘点。

据《经济日报》2021年12月12日报道，十年间，爱奇艺、优酷和腾讯视频三大视频平台的成本达1 000多亿元人民币，长视频平台亏损已成为常态(姜天骄2021)。而2022年，爱奇艺前三个季度财报均显示获益，会员数量持续增长，是爱奇艺成立12年来首次实现盈利(新浪财经2022)。

区别于短视频平台，长视频平台以职业生产内容(occupationally-generated content, OGC)为主要的生产模式，主要盈利模式是付费会员与广告。在视频平台发展十余年中，购买版权一直成为平台主要的花销来源。

2019年，腾讯视频《陈情令》热度火爆，在临近大结局时，腾讯视频将剩余内容以一集6元的价格提前售卖，这种超前点播的方式快速为平台带来大量的资金。随后，爱奇艺在播出《庆余年》时也采用超前点播的方式，从22集开始便采取超前点播的方式，帮助爱奇艺资金快速回转。超前点播带来的利润使各大平台都看到了甜头，2020年超前点播作品数量达123部。而这种盈利方式却让观众大为反感，认为降低用户体验的同时侵占了会员的合法权益。在腾讯视频超前点播《扫黑风暴》时，上海市消保委发文称，腾讯视频侵犯消费者选择权，违背消费者真实意愿(上海市消保委2021)。这种“并不健康”的商业模式就此夭折，营收问题再次摆在长视频平台的面前。近年来，以爱奇艺、优酷、腾讯视频、芒果TV为主的长视频平台纷纷增加了会员费用，继续在会员费收入与内容版权购买两大基础收支之间做出平衡。

17.1.2 长视频平台产业分析

17.1.2.1 平台用户与内容生态的多元发展

会员是长视频平台最主要的收入来源之一，因此，给会员用户更好的体验是各个长视频平台致力的主要方向之一。爱奇艺、优酷、腾讯视频和芒果 TV 作为长视频头部平台，在长视频的布局上交出了个性化的答卷。

爱奇艺主打具有综合性的新主流视频，依靠丰富的版权资源收获大量用户。同时，爱奇艺深耕剧场化，于 2020 年率先推出迷雾剧场，凭借《沉默的真相》《隐秘的角落》两部短剧大火出圈，又于 2022 年推出小逗剧场，主打轻喜剧，旨在借助类型化剧场的呈现形式和互动玩法，为年轻用户提供丰富的喜剧选择和轻松解压的观剧体验。但 2021 年上新剧目却并未实现再次突破，甚至出现下滑现象，整体来说仍然在悬疑领域保持高速前进。

优酷将“热爱”作为品牌关键词，用户喜爱的内容是优酷网致力发展的对象。优酷的宠爱剧场受众目标十分准确，牢牢地锁定青年女性观众，两年内上线 72 部新剧，《冰糖炖雪梨》《司藤》等都颇受好评，出圈的作品数量逐年增加。“阳光剧场”“合家欢剧场”“青春剧场”等也成为优酷探索的内容。

腾讯视频定位为综合类视频网站，既通过“献礼剧场”“海外独播剧场”“季度剧场”等彰显内容特色，又以其强大的 IP 开发能力为腾讯视频锁定了用户圈层。

芒果 TV 芒果季风剧场不限于题材，以鲜明的现实感收获一波口碑。台网联动的特征也让它锁定了固定的观众群体，为剧场化深耕做出有益尝试。《我在他乡挺好的》《张卫国的夏天》等剧目从现实出发，严守品质、不盲目追求流量成为芒果季风剧场最大的特点。

对四大长视频平台的用户年龄与性别进行分析后发现，女性用户在各平台中均占据显著地位，平均占比超过 60%；用户年龄分布十分相似，20—39 岁年龄段用户占比超 60%(美兰德 2021)。

17.1.2.2 数字化生活场域的变化

自 2012 年以来，网络视频平台走入大众视野，成为即时通信、搜索、音乐、新闻之后的第五大应用。2022 年，视频平台高速发展十年后，即时通信等应用基本实现普及，网络视频是继即时通信之后第二大应用类型(CNNIC 2022)。

据统计，在网民近一个月接触主要媒体的时间分布中，来自移动端网络的媒体占据绝对优势，中午 12 时—13 时、晚间 19 时—21 时用户使用时间达到顶峰(美兰德 2021)。在中国互联网高速发展的背景下,视频平台使得中国网民数字化生活场域空间发生着变化。视频平台的出现,使观看电视节目从电视机的大屏搬到移动设备的小屏,投放节目的设备也从有线设备变成了无线设备。

17.2　短视频、中视频、长视频:从敌对走向联合

短视频的兴起使得视频领域出现了新的格局。最初,短视频由长视频的衍生产品发展而来,到 2019 年超越长视频,成为社交媒体中用户使用时长最长的应用之一。短视频的快速发展使得网络视听人数再创新高,短视频头部平台用户以超 6 亿用户的成绩成为抢占流量、用户的高地。短视频的兴起给长视频的发展带来了极大的威胁与挑战,也使得视频产业格局发生了新的改变。在短视频快速发展的重压之下,长视频平台开始求新求变之路,爱奇艺于 2022 年前两个季度首次实现盈利,对长视频平台求新之路给予了肯定。与此同时,中视频在长视频和短视频之争中应运而生,一个介于长视频和短视频之间的视频形式开辟了新的赛道,也成为各个视频平台争夺的新的风口。2022 年爱奇艺与抖音合作的消息使人们重新审视各视频赛道的关系发展,从短视频、中视频、长视频的关系变化看视频产业的发展趋势和产业生态现状。

17.2.1　短视频的兴起引发视频产业格局的变化

17.2.1.1　短视频的兴起对长视频的冲击

短视频平台的发展最早可以追溯到 2012 年初步转型的快手,后续几年间,腾讯微视、美拍、抖音等相继出现。这些平台的身份定位最初为短视频内容播放平台,与传统长视频平台之间有明显的区分。

初创时期,介于图文与长视频之间的短视频并未获得过多关注。随着互联网与通信设备的普及,短视频短而快的特性更好地满足了用户碎片化的需求,获得用户喜爱。到 2019 年,短视频发展已走向成熟,在资本、技术和市场等多重因素的推动下,短视频平台之争呈现一超多强的态势。2019 年,短视频用户已达 7.73 亿人,一年中实现了 1.25 亿人的用户量增长,中国短视频用户使用时长首次超过长视频,并且短视频用户数量仍在高速增长(新传智库 2020)。

在移动互联网加速发展、媒体融合不断深化的背景下,异军突起的短视频成

为人们休闲娱乐、获取资讯、进行社交的重要渠道，以其综合优势颠覆媒介生态布局。在电视/视频收看行为调查中，刷短视频的用户远超网络视频和电视，强势占据视频观看的核心位置。

短视频占用的用户时间也持续增高。2021 年，近四成用户会在工作日观看 2—4 小时的短视频内容，是 2020 年同期的 2.6 倍。休息日用户观看短视频时间更长，超过八成的用户每天浏览短视频内容 2 小时以上。在用户月使用情况方面，近一个月观看 5 分钟以内短视频一天及以上的用户占比达 98.4%，不看短视频的用户趋近于零。一个月内每周 5 天以上观看短视频的用户占比跃升至 64.5%，用户黏性明显增强(美兰德 2021)。高时长、无差别的使用率反映出短视频对用户时间和注意力的持续侵占，短视频已成为必不可少的传播方式和生活方式。

17.2.1.2 长视频平台的求新与求变

2020 年 8 月，国家广播电视总局正式增设“网络微短剧快速登记备案模块”(版权业 2020)，将微短剧板块列入视频内容的新品类。短视频乘风而起。在对用户时间猛烈争夺中，长视频平台也纷纷转型。长视频平台除在内容方面增加剧场以差异化求精求新之外，也纷纷开列微短剧的赛道，为微短剧市场注入长视频的思维。

微短剧对于长视频平台而言其实并非后来之客，2013 年搜狐视频的《屌丝男士》和优酷的《万万没想到》都可以称得上早期作品，2018 年爱奇艺推出的《生活对我下手了》更是作为竖屏剧的代表作获得不小热度。但前期微短剧在长视频平台中并未形成较大气候，直到近年间，微短剧的数量如雨后春笋般增长。仅 2022 年上半年，在国家广电总局重点网络影视剧信息中备案的微短剧数量便达 2 859 部之多(国家广播电视总局 2022)。在布局微短剧的过程中，长视频平台多选用剧场形式。2021 年 12 月，腾讯视频发布首个微短剧品牌“十分剧场”(中国日报网 2021)，爱奇艺的“小逗剧场”、优酷的“小剧场”和芒果 TV 的“下饭剧场”都成为各平台主频道之一。

微短剧或将成为视频行业的下一个风口，但就目前微短剧推出的情况来看，微短剧虽然成为宠儿，但在丰富题材类型与精品化内容等方面还有待开发。已播出的微短剧创作类型较为单一，爱情、甜宠类仍是主要创作题材。尽管出现了《念念无明》《大妈的世界》等口碑作品，但微短剧领域整体作品质量仍不尽如人意，缺乏精品之作。

17.2.2 中视频的应运而生

中视频是指时长介于长视频与短视频之间、通常为 1—30 分钟的视频。短视频迅猛发展，使各视频平台重新考虑发展方向。西瓜视频总裁任利锋于 2020 年提出中视频的概念，认为相比于短视频，中视频更能完整地讲述一个事情，表达更加连贯，用户能够获得更大的信息量（新浪财经 2020）。中视频以横屏为主，融汇了长视频的专业性与短视频的快捷特征。在中视频市场上，西瓜视频和哔哩哔哩两个平台形成最大的竞争关系。

西瓜视频总裁任利锋结合西瓜视频的内部数据，宣称中国视频用户观看中视频的总时长已经超过短视频的一半，更是长视频时长的两倍（新浪财经 2020）。满怀信心的西瓜视频作为中视频概念的提出者，拿出 20 亿元补贴中视频创作者，全力扶持中视频创作者，并签约独家创作者，为酝酿爆款铆足了劲儿（新浪财经 2020）。2021 年，西瓜视频联合抖音、今日头条推出“中视频伙伴计划”，加入计划的创作者可以获得三个平台的收益。

哔哩哔哩作为中国年轻世代高度聚集的文化社区和视频网站，成功吸引了很多视频创作者的加盟，为平台内容创作提供了强有力的保障。哔哩哔哩网站的弹幕功能、鬼畜内容和个性化的社区氛围为其发展提供了独特的支持。但随着西瓜视频在中视频领域的不断加码，两者间的竞争不断加大。敖厂长、渔人阿烽、老四赶海、渔戈兄弟等视频创作者曾集体从哔哩哔哩出走，仅两年后，巫师财经等曾出走的创作者选择回归哔哩哔哩，足以证明以哔哩哔哩和西瓜视频为代表的中视频之争如火如荼。

中视频作为长视频与短视频居中的产物，拥有两者所共有的优点与优势。但随着中视频热度的不断增加，中视频创作问题也逐渐凸显，比如创作内容商业元素不断增多、用户黏性不稳定、优质内容创作者不易留住等。同时，在原创内容的生产上，如何保证内容创作的高质量发展也成为中视频能否长久发展的重要问题。

除去中视频平台之间的竞争，来自外部的威胁也不断增加。尽管中视频概念被提出，并拥有与长视频和短视频较为明显的界线划分，但从短视频平台与长视频平台上的内容来看，这一界线却在慢慢消解。以抖音为代表的短视频平台已经打破一分钟内的时长限制，用户在获取权限后最多可以发布 5 分钟的视频。长视频平台上线的微短剧时长也大多集中在 1—30 分钟。这些视频内容在严格意义上说都属于中视频的范畴，但在长视频和短视频平台中，这个称谓却并未得到广泛认同与普及。界限的模糊似乎消解了中视频最初的概念优势。从小屏到大屏,中视频无疑是一个过渡阶段,却也为艺术形态的创新提供了更为广阔的平台。

17.2.3 短视频、中视频、长视频关系的发展

从中国短视频、中视频、长视频的发展可以看出,视频发展历程中样式与形态不断丰富与充盈。从发展时间上来看,短视频与中视频起步较晚,可看作长视频发展过程中的衍生品。短视频与中视频凭借对用户碎片化时间的精准利用,占领了用户时间的高地,与传统意义上的长视频形成了竞争关系。

17.2.3.1 从衍生到竞争

自 2004 年视频网站开始兴起,互联网视频给传统广播电视台带来巨大冲击。到 2017 年短视频异军突起和 2020 年中视频概念的提出,中国在视频化方面的发展已从初探期进入蓬勃期。相较于长视频,短视频与中视频发展时间较晚,但发展态势逐渐超过长视频。短视频既是时代发展的产物,更是对长视频的一次突破。

在与长视频激烈抢夺市场份额的过程中,短视频由于具有符合用户碎片化的需求、观看时间场地不受限制等特征,快速揽获了用户热度。其中,关于影视剧作品的二创类视频是用户主要关注的短视频内容类型。二创类视频可分为混剪盘点类、花絮记录类、解说评论类、配音音乐类等几种类型,具有在短时间内输出高密度的信息量的特点,可被视为文化新消费的衍生品。一时间,“在短视频平台追剧”成为一种新的观剧方式,短视频平台也成为影视剧宣传的新阵地。对于长视频平台来说,二创类视频虽然在一定程度上起到了剧集宣传的作用,但也严重影响了正在播出的剧目的观看完整度和观众对剧目的直接感受。观众数量的流失和评论阵地的趋同化影响了长视频平台的发展。这使得长视频和短视频平台矛盾激化,多个长视频平台于 2021 年 4 月联合影视传媒单位共同发布《关于保护影视版权的联合声明》(央视 2021),呼吁广大短视频平台和公众账号生产运营者尊重原创、保护版权,未经授权不得对相关影视作品实施剪辑、切条、搬运、传播等侵权行为。声明一经发出,获得行业广泛关注。相关部门随即发布系列管理规范,针对短视频侵权行为发起专项行动,约谈了抖音、快手、西瓜视频、好看视频等 15 家短视频平台。2021 年 6 月和 8 月,腾讯视频分别就《斗罗大陆》和《扫黑风暴》两部剧集起诉抖音平台侵权,长视频与短视频平台之间的交锋到了水深火热的阶段。

17.2.3.2 从敌对到联合

传统长视频平台虽然合力抵制短视频平台上的二创类视频，但仍旧未能扭转自身平台发展的劣势，其用户热度仍在短视频平台之下。同时，短视频平台的丰富度也由于受到长视频平台的限制而大大减少。在这种情况下，长视频和短视频平台均意识到，敌对只会限制双方的发展，唯有合作才有希望走向双赢。

2022 年 3 月，抖音与搜狐视频达成合作，宣布正式获得搜狐视频自制影视作品二创的相关授权，为长视频和短视频的版权争议开辟了新的发展道路。同年 7 月，抖音与爱奇艺达成合作，宣布双方将围绕长视频内容的二次创作与推广等方面展开探索，促进长视频和短视频平台合作共赢。抖音和爱奇艺的合作再次为长视频和短视频平台做出了示范性的表率，既顺应了长视频和短视频发展的趋势，也为视频精品化提供了基础保障。

17.2.3.3 从联合看未来

长视频和短视频平台的合作已经达成，互利共生将成为两者下一步的发展目标。在短视频迅猛发展期间，长视频平台在用户热度、流量等方面受到影响，但这并不应该成为长视频平台放弃深耕精品化道路转而另辟蹊径的借口。

此前，长视频平台推出的剧场化已初见成效，不少高质量精品剧作得到破圈传播。长视频作为主流价值观输出的重要媒介之一，在碎片化传播环境下，更应坚守长视频思维，以反碎片化的形态传播完整的故事节目内容，以沉浸式、剧场化的思维创作更多精品之作。短视频作为潮流阵地，是全民视频化的重要推手。在未来发展中，短视频不应该仅仅成为长视频作品的引流、推广助手，还应积极提升视频内容的质量，以短而精的特性获得更为长远的发展。

17.3 视频产业生态链发展：融合发展，携手共进

短视频、中视频、长视频三类视频平台已从敌对走向联合，未来将会以融合发展作为主要方向。随着新技术的加持，当前的视频产业出现了新格局、新形态，不仅在内容创作方面出现了新叙事，在传播方式方面也开辟了新途径，使产业经济得到新发展。近年来，视频产业在内容生产、版权所有、商业模式等多方面都有很大的发展，但仍存在部分价值观偏差、版权意识差、内容乏味空洞等问

题。短视频、中视频、长视频三类视频未来应在视频产业生态链的整体进程中努力发展出错落有致的多场景视频形态，对于视频审查的备案体系也应更规范，从而使得市场秩序更加井然有序，内容更加优质，最终实现视频产业生态链的融合发展。

17.3.1 视频产业生态链的立体搭建

进入5G时代后，科技与影视的共融共生增强了网络视听内容互动的可能性。随着混合现实、虚拟现实等技术的创新发展，接入互联网的成本将会急速下降，观众追剧体验将不断增强，新的互动样态或产品将被生产并应用于视频的创作之中，使主流影视剧获得新的扩展。

整个网络视听产业常态的改变会使更多公司关注未来技术发展，将对企业、生产和产品形态带来新的影响。2021年被称为元宇宙元年，此后，虚实相融的沉浸式体验会为影视剧创作提供一种新的模式体验，以推动元宇宙生态下的视频开发。在这种发展形态下，视频产业应当积极推动运用大数据、人工智能、VR/AR等技术，创新内容选题、素材集成、需求组合、分析预测、创作生产，发掘创意空间，深耕内容制作，创新视频内容形态；积极引导剧集类、综艺类、有声书等与主流价值传播有机融合，让个性化定制、精准化生产更好地为提升作品质量、满足人民需求服务。

随着中国市场经济的快速发展，视频产业逐渐形成生产规模化、产品商品化和资源配置化的局面，中国视频产业正在经历一个高速发展时期。随着长视频、中视频、短视频平台的共同发展，视频产业形成了联动开发的新趋势，视频全产业链的开发局面也已形成。

视频全产业链指的是以视频IP授权为中心的周边衍生品开发、短视频创作及广告营销的状态。视频全产业链绝不是由此及彼的单一链式，而是一个循环闭合的产业链条。各个环节通力协作，形成“互哺”效应。首先，视频平台得到IP授权后联合粉丝生成创意文本，为营销、消费、衍生环节提供内容支持。其次，视频平台通过营销环节利用社交媒体助推良好口碑，为消费、衍生环节宣传造势。同时，视频平台在消费环节运用大数据勾勒用户画像，为衍生环节圈定潜在消费人群。最后，视频平台通过电商的助力，将衍生内容变现为商品收益，在延长IP剧生命周期的同时也扩大其后续影响力。总体而言，视频产业的营销模式已经从产品植入发展到IP衍生品的全产业链开发，“衍生品＋新零售”的变现升级模式已成新趋势。

17.3.2　视频产业生态链现存问题

在新技术等硬件设备的不断加持下，视频产业所呈现的品质持续向好，但就产业生态链发展现状来说，视频内容等软条件成为决定精品与否的关键。

长视频和短视频从敌对走向联合，已经成为本阶段长视频和短视频关系的主要趋势，竞合状态下版权问题或不再成为核心问题，短视频平台已经成为剧综宣传重要阵地，剧综的官方账号发布正片花絮等内容成为短视频引流长视频的有效途径。但除版权问题外，视频内容仍存在部分价值观偏差、内容乏味空洞等问题。这个问题在长视频、中视频、短视频平台上均有存在。例如，短视频平台上仍有部分用户为博眼球、求关注而发布一些问题视频；由于监管不力，部分短剧仍存在价值观偏差等问题；长视频（如《东八区的先生们》）也被人民网点评批评，存在玩梗烂俗、三观不正、侮辱女性等问题后遭到下架。

除现存问题外，视频平台发展的新动向也引人瞩目。在长视频平台纷纷开启短剧频道的同时，短视频平台也开启自制短剧、短综，以新的视频形态持续丰富视频产业生态链。以抖音《百川综艺季》为例，该节目通过结合社会热点，以高概念的方式针对不同的受众持续播出六个子节目。这样的模式或为首创，但在未来，如何避免节目的一致化、同一性等问题，持续推陈出新保持短综的活力，或成为短综发展的重要问题。

如今，观众的审美眼光在不断提升。在舆论相对自由的网络环境中，只有品质优良的视频作品才能满足观众的审美追求，而部分低劣、价值观歪曲的作品将有可能误导未成年人而产生不良影响。因此，监管力度必须持续增强，坚决抵制存在价值观问题的视频内容，并要求平台不断提高创作水准，提高品质要求，提高创新能力，不断创作出扎根人民生活的精品之作。

17.3.3　视频产业生态链的发展趋势

视频产业生态链的形成加速了跨界融合，改变了人类文明生产与传播的形态。例如，视频产业中的技术创新、内容创新、服务创新、场景叠加促进了教育知识的传授与全民科普，实现了教育资源的公平，使得数字时代的学习方式发生变革，技能学习常态化，知识搜索引擎便捷化。在视频产业生态链形成与发展的过程中，视频化社会的进程不断加速，媒介社会化下的生活方式得以转型，人类生活形态与视听艺术融合，视频将成为人类表达情感的主要方式，冲击传统视听艺术概念。

未来，视频产业生态链将基于多元应用场景和人类拟态生活，持续增强社交相连服务功能，拓展应用场景，深化媒体融合，凸显行业良性竞争文化价值，以优质原创内容和技术创新提升行业想象空间，以垂类细分凸显平台商业价值。

17.4 结论

作为互联网的强劲动力，以长视频平台、短视频平台为代表的视频平台推动和改变了中国社会数字化场域，也改变了民众使用视频的习惯与方式。作为推动广播电视和网络视听高质量创新性发展的重要一环，视频平台的发展景观已成为研究视频产业生态链发展的重要内容。在视频产业生态链的搭建过程中，短视频、中视频、长视频形成了新生态、新形态、新格局。未来在视频产业生态链的继续发展过程中，视频平台将基于技术的不断发展，将视频化社会的发展再次推向一个新的起点。

参考文献

版权业(2020).《国家广播电视总局关于进一步加强电视剧网络剧创作生产管理有关工作的通知》(2020-04-02). http://www.banquanye.com/article/id-1048778-cid-57.

国家广播电视总局(2022).广电总局办公厅关于 2022 年 6 月全国拍摄制作电视剧备案公示的通知. https://dsj.nrta.gov.cn/tims/site/views/applications/note/view.shanty?appName=note&id=0181fb8e3b2b1d664028819a800140ac.

姜天骄(2021). 长视频当算长远账.经济日报，2021-12-13(3).

猫眼研究院(2022).猫眼专业版首发短剧热度榜(2022-06-20). https://mp.weixin.qq.com/s/Mv6j5e-DVmJzP_FivxfrDQ.

美兰德(2021).中国电视覆盖与收视状况调查数据库.2021@CMMRCO.,Ltd.

上海市消保委(2021).《扫黑风暴》超前点播搞捆绑销售，腾讯视频漠视消费者选择权(2021-08-26). https://mp.weixin.qq.com/s/jOMgUezKcj5Rum8LPm4obw.

新传智库(2020).2020 年中国电视/网络剧产业报告(2020-04-29).https://www.199it.com/archives/1042231.html.

新浪财经(2020).20 亿补贴、中视频概念,西瓜视频将如何破局?(2020-10-21).https://finance.sina.cn/tech/2020-10-21/doc-ii2nctkc6763158.shtml.

新浪财经(2021).西瓜视频总裁任利锋:中视频迎来多屏时代,西瓜视频将加码“大屏”投入(2021-09-15).https://baijiahao.baidu.com/s?id=1710957805235341917&wfr=spider&for=pc.

新浪财经(2022).爱奇艺发布 2022Q3 财报:当季净增会员数超千万,运营利润和市场份额双增长(2022-11-22).https://baijiahao.baidu.com/s?id=1750196324186647692&wfr=spider&for=pc.

央视(2021).中国电视艺术交流协会等发布关于保护影视版权的联合声明(2021-04-19).https://finance.sina.com.cn/tech/2021-04-09/doc-ikmxzfmk5912769.shtml?_zbs_baidu_bk.

中国日报网(2021).腾讯视频发布“十分剧场”,探索微短剧的“十分美学”(2021-12-24).https://baijiahao.baidu.com/s?id=1720015601232733785&wfr=spider&for=pc.

中新网(2007).中国发布《互联网视听节目服务管理规定》(2007-12-29).http://news.cctv.com/china/20071229/105484.shtml.

CNNIC(2020).第 45 次《中国互联网络发展状况统计报告》(2020-04-28).http://www.cnnic.net.cn/n4/2022/0401/c88-1088.html.

CNNIC(2022).第 50 次《中国互联网络发展状况统计报告》(2022-08-31).https://www.cnnic.net.cn/n4/2022/0914/c88-10226.html.

(李旷怡)

18

主流价值的新视听呈现

——融媒体战略与中国主流媒体转型

主流媒体在融媒体时代的传播发生转型，与当下社会的视频化相勾连，呈现出全方位的视听新特征。本章以央视频、新华社 App、人民日报 App 等主流媒体客户端为研究对象，发现其在融合策略方面具备“5G＋4K/8K＋AI＋VR”的核心技术，建立起多社交平台的传播矩阵，将社会效益因素加入算法推荐中，形成以用户为核心的“视频＋社交”定位。在内容策略方面呈现出关注热点事件、以人民的视角讲故事、情绪价值与资讯价值融合、营造现场感等特征。在社会视频化的当下，视频不仅成为新视听样态，更形成了一种视听文化和文明形态，主流媒体应把握住机遇，在被视频化行为不断重构的过程中，努力引导社会文化积极向好发展。

18.1　背景现状：主流媒体借力短视频转型

18.1.1　时代背景：短视频成媒体融合重要推动力

18.1.1.1　社会价值多元与传播生态重构

随着信息技术的发展，社会价值趋向多元化，网络上多元价值的碰撞呈现出复杂化和广泛化态势，主流价值面临前所未有的挑战。互联网全面颠覆了传统媒体时代的传播秩序，终结了传统媒体信息垄断的历史，也使主流价值的传播必须适应全新的传播环境。

首先，信息传播结构改变。去中心化的网状结构正冲击互联网领域，每个用户作为网络中独立的节点，扮演着信息生产者和传播者的双重身份，存在成为中心节点的可能，但这种中心化不具备控制能力。最终，无数节点形成去中心化、去科层化的传播结构，“人人都有麦克风”导致网络中的信息海量增加，注意力成为稀缺资源，主流话语能见度降低。

其次，话语权结构改变。基于交互式的网状传播结构，新媒体实现了人类传播关系的根本变革，使用户的话语生产和传播成为可能，用户从被动的信息接收者转化为主动的信息生产者和消费者。

最后，娱乐冲击不断加深。多层次网民结构取代了互联网诞生之初的精英群体，用户的内容消费由理性转向非理性，泛娱乐化的传播内容成为时代新宠。互联网中的媒体生产越发注重故事性和戏剧化，以满足受众感官刺激的需求，从而吸引广告主提高经济效益（闫梦瑶、王凤仙 2021）。这导致了内容的低俗，部分制作者为博眼球提高访问量，成为文不对题的“标题党”；也导致了内涵的匮乏，碎片化和浅阅读给用户带来了感性认知，流于表面而缺乏深度思考。

网络带来的低门槛、碎片化，使传播者与信息量呈爆发式增长。海量信息无序流动、碎片拼接，用户搜索、获取和选择信息的成本增加。虽然大数据技术下的算法推荐能精准监测到用户的信息偏好，并根据用户喜好推送信息，但随之而来的“回音室效应”将用户困在“信息茧房”中。网络空间中的消费主义、享乐主义思潮，借助“回音室效应”可以轻易地对青年群体进行思想圈禁，主流文化更难以突破各种网络思潮的次元壁而进行价值观和认同感的输送。

18.1.1.2 短视频带来媒体变革新生态

在移动互联网加速发展、媒体融合不断深化的背景下，异军突起的短视频成为人们休闲娱乐、获取资讯、进行社交的重要渠道，以其综合优势颠覆媒介生态布局。2022 年美兰德中国居民媒介接触习惯与视频消费行为调查显示，抖音作为头部平台优势明显，市场份额持续扩大，用户规模达 8.6 亿，快手平台用户规模为 4.8 亿，呈现稳步发展态势，用户黏性不断增强（美兰德 2022）。数据表明，视频与人们的日常生活全面相互渗透、融入、影响，逐渐形成人人拍摄、人人传播、时时拍摄、时时传播的视频化生存方式。同时，视频与社会各领域、各层面进行深度融合，形成从社会到个人的视频化特征。

2020 年 9 月，中共中央、国务院印发《关于加快推进媒体深度融合发展的意见》，强调要推动主力军全面挺进主战场，占领新兴传播阵地（新华社 2020）。视频成为当下最主要、最高效的信息表达方式。短视频更是去中心化、碎片化、大众化的媒介传播新趋势，成为传统媒体转型的关键突破口，推动主流媒体告别传统说教式的宏大叙事方式，用更人性化的视角讲述故事（曹为鹏、孟琳达、孙丰欣

2021)。

18.1.2 行业现状:主流媒体的转型路径

18.1.2.1 短视频平台主流媒体的传播力和影响力

社会的视频化除了改变人们的日常生活和习惯外,也以生产要素的形式进入各生产领域,成为一种独特的生产力。视频平台、视频内容和视频技术也呈现出社会化的特征,尤其是转型中的主流媒体,通过在各重点短视频平台上开设并持续运营官方账号的方式,促进传播力和引领力不断加强,并且促使全平台覆盖与融合格局不断深化。据统计,2022 年上半年在抖音、快手、今日头条和哔哩哔哩四大平台中,中央广播电视总台泛资讯类账号已全面覆盖 7.2 亿粉丝。抖音成为其重要的粉丝聚集地,中央广播电视总台在抖音平台成长性表现卓越,有一个账号粉丝过亿,在 TOP10 中占据 3 席。其中,“央视新闻”“央视网”分别位列主流媒体泛资讯类账号粉丝增量第一、第三,圈粉年轻人成效显著(CNNIC 2022)。

人民日报在做强新媒体阵地方面颇见成效,尤其是在短视频和网络社群平台的粉丝拉新方面。人民日报抖音账号受众基础雄厚、品牌知名度较高,粉丝总量位列主流媒体泛资讯类账号第一,在抖音、快手等主流媒体重点泛资讯类快手账号粉丝总量 TOP10 中占据多个席位。

18.1.2.2 主流媒体 App 的定位与规模

第一,央视频:国内首创视频社交媒体。

央视频 App 上线于 2019 年 11 月,作为一款由国家传统主流媒体推出的以短视频传播为主要功能的融媒体平台,意在改变当下短视频平台激烈的市场竞争格局,让主流声音更响亮,做到“有格局、有品质”“有温度、接地气”,是国家主流媒体首次将社交属性和视频媒体相融合的实践,体现了以用户思维为核心的发展思想(刘颖 2021)。

央视频平台上线初期,创建了一系列以中央广播电视总台各频道的优质栏目和知名主持人为主体的央视频号,注重优质内容资源与主持人个人品牌效能的导入。2021 年数据显示,央视频 App 累计下载量成功突破 3 亿次,累计激活用户数成功突破 1 亿人,付费会员数量已跨越百万大关,单日视频总观看量突破 3 亿人次(蔡雯、汪惠怡 2021)。

第二,新华社 App:精品制胜构建优质内容。

在国家政策的引领和激励下,新华社加快短视频主阵地的布局。2018 年新华网启动了视频化战略“源创计划”和“共鸣计划”，按照精品制胜的思路，构建正能量短视频等优质内容生产和分发传播的新生态(陈媛媛、黄安云 2022)。

新华社客户端于 2015 年 6 月推出，依托遍布全球的新闻采集网络，全天候发布文字、图片、图表、音视频等各种原创新闻。新华社客户端以新华社订阅号账号矩阵为框架，对全平台资源进行整合，保持了国家通讯社的信息权威性。

第三，人民日报 App：综合文化短视频平台。

2014 年 6 月，人民日报客户端正式上线，成为加快推进传统媒体与新兴媒体融合发展迈出的重要一步。2019 年 9 月，人民日报客户端 7.0 版正式上线，继续向媒体转型和媒体融合迈进(于为民 2015)。人民日报客户端定位是以短视频为主、兼顾长视频和移动直播的综合文化短视频平台，将内容资源视为优势，推出高质量、高水平的短视频精品，以优质内容激发社会正向价值。

18.2 融合策略：主流媒体的转型基础

18.2.1 技术策略：技术赋能视听呈现

融媒体时代，技术成为信息生产的核心基础，也是社会视频化的重要特征之一。以央视频为例，其具有“5G＋4K/8K＋AI＋VR”的核心技术优势，足以作为生产力助力主流媒体的转型和融合。

4K 技术，即 3 840×2 160 超高清分辨率，能够达到高清分辨率的 4 倍。央视频在新中国成立 70 周年当天推出的直播电影《此时此刻——共庆新中国 70 年华诞》，就用 4K 超高清技术记录了国庆盛典仪式，配合鲜艳的色彩、超真实的音效，给观众带来了极大的观影享受和震撼体验。

5G 即第五代移动通信技术，具有高速率、低时延和大连接特点。央视频凭借 5G 技术，全景式、高清晰、“慢直播”火神山、雷神山两家抗疫医院的整体建设情况。此外，运用“5G＋4K”技术，央视频独家推出了《2020 非洲野生动物大迁徙》网络直播，通过 7 路主信号向国内观众展现了这一世界生物奇观(刘颖 2021)。

主流媒体持续深耕 VR 报道，推动技术不断创新升级，进而催生更多优质内容。早在 2016 年，央视网首次融合使用“无人机拍摄＋VR 全景”拍摄手段，结合高清视频、图解等多种新媒体呈现方式，推出《两会新视角》系列报道。2019

年，央视网首次用“VR＋AR”推出《全景沉浸看报告》，在真实场景中糅合进三维动画，辅以总理同期声，对政府工作报告进行生动具象的可视化展现（曾祥敏、刘思琦、唐雯 2019）。2021 年，央视网创新采用四机位 8K/VR 镜头定点拍摄制作 8K/3D/VR 版《中央广播电视总台 2021 年网络春晚》。同样，央视网纪录片《幸福坐标》也以 VR 全景视频的形式开展脱贫攻坚成就报道。在运用 4K/VR 全景拍摄的同时，制作团队引入平行时空镜头、模拟穿越云层特效、眼球追踪字幕、AR 特效标语等呈现技术，提升观众的观看体验（罗川、贾凡、王家沛 2022）。

此外，央视频运用“大中台、小前台”设计，大幅提高视频创制和传播分享，视频信息分享的效率和效果实现全方位提升。由视频中台、AI 中台、数据中台组成的大中台体系，体现出央视频推动业务数据化、流程自动化和智能化的发展方向，也建立起以统一标准和口径处理业务的新方式。

18.2.2 传播策略：多社交平台的传播矩阵

18.2.2.1 “App＋N 端/屏”与“App＝N 端/屏”

在媒体早期融合过程中，传统主流媒体打造了“两微一端”的传播结构。然而，这种结构较为生硬，只是将传统内容转换传播载体，并未深入探索不同传播载体的语言和特点。对此，主流媒体持续深入，开始构建全媒体传播渠道，根据不同媒体、平台的特征，对内容进行相应的调整和变化。

例如，中央电视台将“两微一端”升级为“App＋N 端/屏”的全媒体传播渠道和多元化表达方式。央视频除了有自身的 App 移动端外，还以“CMG_yangshipin”账号名称全方位入驻微博、微信公众号、哔哩哔哩、抖音、快手、今日头条等移动用户聚集的社交平台，构建了一个全媒体联动的传播渠道矩阵（高艺 2020）。人民日报和新华社也同样建立起自己的 App 客户端传播平台，入驻微博、抖音、百家号等网络社交平台，构建新型主流媒体的舆论阵地。

除了打通全媒体传播渠道外，传统主流媒体还专注于开发客户端的各项功能，全方位汇聚来自传统电视媒体和移动端泛资讯类、轻娱乐、泛知识类的优质内容。例如，央视频基本形成了“央视频 App＝传统电视媒体（CCTV/卫视）＋新闻聚合平台（头条）＋社交平台（微博/微信）＋短视频平台（抖音/快手）＋直播平台（虎牙/斗鱼）＋电影院”的内容矩阵，融合传统媒体和新媒体平台、长视频和短视频及直播，使人们可以在一个 App 上实现“刷视频、看电视、观直播”的多元内容体验。

18.2.2.2 打造账号森林体系,坚持开放共享理念

作为国家级5G新媒体平台,央视频拥有丰富的传播资源配置,提出了"账号森林体系"概念,即以开放共享平台的理念和兼容并蓄的姿态,建构一个集纳全网优质内容创作者和优质账号资源的多元化内容群,形成高品质原创IP账号汇集的内容森林体系。

对于加入平台的各类视频创作团队或个人,平台会为其提供品牌推介、宣传推动、流量激励等连锁反馈服务,优秀视频还有机会直接输送到中央电视台大屏播出。引进外部账号的同时,也鼓励总台知名主持人入驻,逐步实现从"做内容"向"做生态"进化。例如,中央广播电视总台2019年7月先后入驻快手、抖音,推出《主播说联播》,不断涌现热门话题内容。央视频汇集了康辉、撒贝宁、朱广权等知名主持人,并进一步聚合社会机构和专业与准专业创作者的优质账号(刘颖2021)。

在内容生产和呈现上,主流媒体以极具开放与包容的姿态吸纳社会各界的专业短视频生产者,依靠强大的品牌号召力,汇聚各类视频创制的精英、草根团队和权威媒体机构,彻底打通媒体资源和社会资源,充分体现出视频内容的社会化特征。例如,央视频形成了一个庞大且全面的央视频号矩阵,包括时政、教育、社会、美食、综艺、财经、体育、电影等30个门类,每个门类下汇聚了来自专业机构、权威媒体和优秀个人创作者的优质视频资源。

18.2.2.3 建构多样态融媒体报道和多维度报道矩阵

在重要时间和事件节点上,主流媒体以全渠道、多样态、各具特色的短视频融媒体报道聚焦。以"香港回归祖国25周年"为例,中央广播电视总台、人民日报、新华社等主流媒体在内容丰富度、形式多样性、传播影响力等方面均展现出明显优势。

在抖音、快手、头条和哔哩哔哩平台上,三大中央媒体第一时间围绕习近平总书记重要行程、庆祝大会和相关衍生议题推送短视频报道,成为报道热度、受众参与度走高的关键。此外,短视频平台也成为活动直播报道的主要阵地,各大中央媒体均重点布局。截至直播结束,央视新闻视频号以617万次观看、764.4万次点赞排名居首,央视新闻的抖音、快手和哔哩哔哩账号直播观看量均居首位。

在"香港回归祖国25周年"报道中,主流媒体均打造了一系列精品短视频融媒体报道产品。其中,中央电视台联动粤港澳大湾区各地方媒体共同打造《直播大湾区》大型融媒体节目,以技术赋能实现多地跨屏互动创新呈现,利用现场直

播、慢直播和短视频等方式，全时段、全景式展现大湾区发展风貌。人民日报十分注重与受众的情感连接，通过美食、港乐、港片等港风重现的“回忆杀”、情感向内容打开报道新视角。人民日报推出的《@香港，我想对你说》，通过收集网友对香港的祝福，并对内容进行影像匹配、呈现，最终整理成创意短视频，以普通网友视角纵览 25 年来的香港发展成就。该视频微博观看量超过 3 500 万次。新华社注重打造轻量级产品、与青年偶像合作，推动宏观议题的快速下沉。创新推出空间音频短视频《心潮》，展现重要节点历史原声、平凡市井的城市声音，开启融媒体产品从视觉效果比拼到听觉体验比拼的新赛道。同时，新华社邀请多位中国内地与香港地区的演艺圈人士献礼演唱，例如请杨千嬅、路滨琪合作演唱原创歌曲 MV《同心圆》。

18.2.3 推送策略：算法推荐加入正能量指标

算法推荐机制的存在，对于互联网信息高效流动至关重要。抖音、快手等短视频平台能够有效分析用户的使用行为和使用习惯，从而实现个性化分发。在用户首次使用抖音的过程中，抖音平台就会根据用户呈现出来的基本特征，对每一位用户进行针对性的定位，并赋予特定的标签，例如职业、兴趣等都属于有效特征的范畴，并根据定位和标签推送与之相符的信息。用户每次在平台上的观看情况都会被记录下来。算法通过用户观看的时长、关注的对象特征、点赞和评论等行为，可以大致分析出用户对于推送的内容持有怎样的态度，在此基础上不断调整推送的内容，有效提升用户的体验。

相比抖音、快手完全依赖受众的算法推荐，主流媒体拥有更独特的算法推送推荐机制，将经济效益和社会效益融入其中，衡量多项指标进行推荐。例如，央视频建立起一款符合主流价值观的总台算法，除了常规的点击量、浏览量、分享量、点赞量，央视频还创新性地融入价值传播因子、动态平衡网络、社会网络评价体系和正能量相关的指标。这在一定程度上规避了用户兴趣的盲目性和低价值内容，能够保障优质内容触及网民，使主流价值导向拥有更大的传播效应，避免了算法推荐带来的“信息茧房”“娱乐至死”等问题。

18.2.4 定位策略：以用户思维为核心的“视频＋社交”

移动视频应用的普及带来了一种视频化生存方式，信息传达方式逐渐从文字叙事转向视频叙事，视频成为一种连接生活与媒介的桥梁，同时影响人们的现实生存与媒介表达。主流媒体也在寻找视频化社会中的有效表达方式，并寻找到一条以用户思维为核心的“视频+社交”之路。

首先，以视频为传播内容，精准把握用户习惯。例如，央视频致力于“做有品质的视频社交媒体”，这是国家级主流媒体首次将视频和社交进行创新融合，展现出央视频作为新型主流媒体的强大用户思维，契合了当下中国网络用户的根本需求。

其次，以社交为传播功能，提升用户平台黏性。除了视频，社交是视频化社会给予的另一个启发。主流媒体平台为视频开通了点赞和评论功能，并打通了与其他社交平台的分享渠道，能够直接与微博、微信好友、朋友圈的好友进行跨屏分享。

还有一些举措也旨在提升用户对平台的黏性。例如，以 5G 商用为契机专门推出“央视频卡”，为用户提供毫无负担的视频观看体验；观看视频时无广告插播；App 内设置了用户反馈渠道等(高艺 2020)。这些旨在为用户服务的理念使央视频、新华社、人民日报等主流媒体客户端产品吸引了更多用户，从而扩大了舆论影响力。

18.3 内容策略：主流媒体的视听创新

18.3.1 关注热点事件，设定焦点人物

社会视频化在改变生产方式的同时，也在改变生产内容。主流媒体的短视频呈现出不同于以往的诸多特征。重要时间点常常成为主流媒体短视频宣扬正能量的时机和凝聚社会力量的关键。人民日报在其官方抖音号上发布的“习近平出席北京冬奥会开幕式”的短视频获得 1 634.7 万点赞，其通过纪实画面与原声呈现出奥运会的盛况，唤起用户对国家的认同感。

各大主流媒体会在外交领域的关键时刻，选择华春莹、赵立坚、汪文斌等外交官为主体，通过短视频向用户传递最新外交信息。一方面，借外交官坚定的语气，树立新闻事实的权威性；另一方面，完成情感输出，调动起受众强烈的爱国之情。

此外，以朱广权、撒贝宁、康辉为代表的知名主持人已通过说段子播新闻收获大批粉丝。在重大活动现场能看到他们的身影，以平等姿态传递真挚情感，在带来轻松幽默愉悦的体验感同时，拉近与受众间的心理距离。

18.3.2 以人民的视角，讲述人民的故事

主流媒体的短视频通常聚焦人民的视角，以接地气的方式讲述人民的故事。标题设置区别于以往的严肃形式，多采用当下流行话语，同时，在背景音乐、音画关系上下功夫，增添情景剧、AR/AI技术、故事叙述等多种形式。

例如，光明日报官方抖音号曾发布“习总书记会见摩纳哥亲王阿尔贝二世”的短视频，在视频内容中，习总书记提到要送阿尔贝二世家的两个孩子一对冰墩墩，使该视频获得217.67万点赞量。2020年1月春节前夕习近平总书记赴云南考察调研，当地偶遇总书记的游客与总书记交流时问“彭麻麻呢”，正当大家诧异时，总书记巧妙地回答“没来”，还接了一句“快过年了，都在家忙着呢”，引得现场一片欢声笑语。中央广播电视总台新闻客户端首发了23秒小视频《游客:“彭麻麻呢?”》，迅速“霸占”各大网站头条，当天点击量达到23亿，全网阅读量累计37亿(周跃敏 2021)。

18.3.3 开掘微视角，情绪价值与资讯价值高度融合

情绪价值与资讯价值的高度融合，成为主流媒体短视频融媒体产品的爆款密码。各主流媒体短视频逐渐从创意比拼转化到情绪传导力的比拼，通过强化报道产品的情绪感染力、互动参与力撬动社会的大情绪与报道的高声量，通过表情包、段子等方式打破受众心中以往较为严肃的刻板印象，用生活化、形象化、娱乐化的表达拉近与用户之间的心理距离。

在短视频中使用背景音乐和同期声可以充分调动情绪、渲染气氛、加强印象并深化主题。主流媒体抖音号较多运用与主题相符合的流行音乐作为背景，使观众在观看视频画面的同时，跟随音乐迅速进入情境中，形成沉浸式体验，进一步推动情感的升华。同期声也具有扩展画面意义、促进情感抒发和表达的功能，用语言传递出信心，用声音传播力量。抖音上人民日报账号于2022年2月7日发布的《惊天逆转韩国队夺冠！你可以永远相信中国女足!》，以女足获胜画面配上解说和《铿锵玫瑰》这首慷慨激昂的歌曲，渲染获胜自豪的情绪，获得1 519.2万点赞量、69.1万评论量和31万转发量。

18.3.4 营造现场感，有细节、有真相、有生活

主流媒体着力营造现场感，通过有细节、有真相、有生活的短视频，进一步下沉报道主题，以小切口与受众形成情绪共振，通过突出细节、音影结合所营造出

的此时此刻场景化和强烈冲击感，激发社会上更大范围受众的共鸣和认同。

例如，2022 年 9 月四川地震，人民日报抖音账号用一系列短视频展现救援细节，《一男子被压垮塌的房子下，特警徒手刨土解救》《飞夺泸定桥般的救援！》分别获得 107.9 万和 420.8 万点赞量，《看到这些年轻的面庞，感动！救援仍在进行，敬守护，望平安！》通过描绘一位 18 岁的武警救援人员，凸显众志成城的救援场景，通过纪实画面与原声使观众为之共情，感受到一线救援人员的无私与艰辛，从而产生对受灾同胞的同情和共同重建家园的愿望。又如，中国之声在抖音发布的《女生太空中洗发不用吹干》短视频，通过王亚平展示如何在太空中洗头，以趣味的小细节引起观众兴趣，加深了人们对航天员太空生活的认知，使人们对主流议题有了多重感触。

18.4　未来展望：融媒体进入视频化时代

18.4.1　问题：优势发挥不足，产品定位宽泛

首先，主流媒体存在流量窄化题材内容，专业优势发挥不足的问题。短视频主要以热点为导向，形成流量至上的内容生产环境，与主流媒体的传统制作模式相背离。在流量的驱动下，主流媒体短视频只能将题材聚焦在特定范围，如生活、情感、典型人物等。此外，短视频的独特形态限制了主流媒体专业能力的发挥空间，制作周期过短不利于深度报道，情感传播消解主流媒体的客观与中立，影响主流媒体传播内容的广度和深度，逐渐形成内容性壁垒（刘晨 2021）。

其次，产品个性模糊，用户互动性、参与感弱。媒介具有“魔术化效应”，即媒介因技术发展和形态变化所展现出来的特殊功能和魅力，媒介功能越多，媒介“魔术化效应”越强。央视频等主流媒体平台虽然内容丰富多样，但产品功能较为单一，在创新性上还需要继续深化。与其他短视频平台相比，吸引性和新鲜感不足，容易给用户造成体验疲劳，降低用户黏性。

最后，传播语态发生改变，传统认知亟待重塑。网络文化的加速逐步构建出日益年轻化和持续更迭的传播语态，“yyds”（永远的神）、“栓 Q”（Thanks You）等网络用语的流行和普及是重要特征。短视频的生态同样从属于网络文化营造出的传播环境，主流媒体需融入其中，而不是简单嫁接，否则会调性不符，难以获得用户认可。部分主流媒体虽然进入了短视频领域，但仅是搬运信息，把报道内

容平移和压缩到短视频中，传播语态陈旧，宣传教育感强烈，未显示出短视频与传统新闻视频的差异性。

18.4.2 对策：发挥资源整合力，拓宽垂直渠道

首先，主流媒体应该扬长避短，发挥媒体专业优势。主流媒体应该充分发挥采编优势和资源优势，紧跟时政动态和热点议题，优化自身定位，打造有态度的专业媒体品牌，提升短视频内容全网同步发布的速度。主流媒体虽然专业性极强，但仍要组建专门的短视频团队，研究短视频特征，提升专业技能。

其次，打通渠道，开辟垂直服务领域。在短视频产业逐渐成熟的当下，内容呈现出碎片化和垂直化的特征。主流媒体要想实现更广泛的受众覆盖，就要积极开拓传播渠道，进行平台入驻和合作，提高短视频内容流量，最大限度地拓展信息传播空间，丰富视频产品类型，提供差异化、垂直化的信息服务。例如，频道“日食记”以美食为主打，将美食栏目做到极致。又如，频道“二更”主要进行人物纪录，将目标受众定位为有较高文化素养和经济水平的年轻用户，明确其兴趣、爱好、需求、价值观等。

最后，加强包装，为老品牌注入活力。主流媒体要对短视频内容进行针对性包装，放大核心信息，增强视觉冲击力，可以在短视频中融入脱口秀、鬼畜、表情包等流行元素，更好地吸引受众。要拉近媒体与受众之间的距离，使信息传播从单向变为双向及多向，鼓励受众通过点赞、评论、发弹幕主动表达态度，增强互动性。

18.4.3 展望：主流价值的视频化未来

随着人类生活形态与视听艺术的融合，视频将成为人类表达情感的主要方式，持续冲击传统视听艺术概念。5G、4K、VR 等新技术的不断成熟和应用，也将对短视频平台上主流内容的传播产生深刻的影响，使得短视频高流量、高承载、内容丰富等特点得到进一步凸显，主流价值观念更好地得到推广。主流媒体对新技术的充分运用，将引发青年群体对新技术带来的短视频内容的兴趣与接受，达到更好的教化效果。以抖音账号“柳夜熙”为例，该账号塑造了一个元宇宙情景概念下的虚拟捉妖师“柳夜熙”角色，将其置于各种各样的中式情景之中，将科技未来感与传统文化进行了非常成功的融合。

短视频在媒介生态中的地位持续上升，用户通过短视频建立社交联系的需求日益增强，这是短视频平台强大互动性和社交性特征的重要体现。在目标用

户的不断扩展下，短视频平台通过标签、关键词等，使喜欢时政、新闻的人群更好地找到“同好”，构成以兴趣话题为单位的社交群落，使得主流价值内容产生了固定的圈层效应，同时，充分激发主流内容的创作动力，形成良性互动和群体认同，传播场域不断扩大。主流媒体以主流内容构建价值群落，根据对大数据的信息化处理完成对用户的精准推送。这使得主流价值内容得到目标群落的精准反馈，并通过鼓励和引导用户从观众变成内容生产者，从而不断壮大主流价值传播群体，对主流价值的传播生发出强有力的推动力量，对中国社会和文化的建设起到积极的促进作用。

参考文献

蔡雯，汪惠怡(2021).主流媒体平台建设的优势与短板——从三大央媒的平台实践看深化媒体融合.编辑之友，5：26-31.

曹为鹏，孟琳达，孙丰欣(2021).探索媒体融合转型中的智能视听传播新路径——以短视频＋直播为例.新闻战线，10：16-19.

陈媛媛，黄安云(2022).主流媒体主旋律短视频创作价值与生产机制.湖北经济学院学报(人文社会科学版)，4：117-120.

高艺(2020).从央视频 App 探析国家新型主流媒体的智能融合路径.电视研究，6：49-51.

刘晨(2021).主流媒体短视频传播的结构、壁垒与对策.传媒，22：67-69.

刘颖(2021).融媒语境下新型主流媒体发展路径探索——以“央视频”为例.视听，2：12-13.

罗川，贾凡，王家沛(2022).全景技术助力短视频制作与传播——央视网 4K/VR 纪录片《幸福坐标》简析.新闻战线，9：14-16.

美兰德(2022).中国居民媒介接触习惯与生活消费形态调查数据库.2022—2023.9@CMMR CO.，Ltd.

新华社(2020).中共中央办公厅 国务院办公厅印发《关于加快推进媒体深度融合发展的意见》(2020-09-26).http://www.gov.cn/xinwen/2020-09/26/content_5547310.htm.

闫梦瑶，王凤仙(2021).去形式化与重新语境化：红色文化的短视频传播.青年记者，20：83-84.

于为民(2015).强化互联网思维 开创媒体融合的新局面.新闻爱好者，4：

64-66.

曾祥敏，刘思琦，唐雯(2019).2019 全国两会媒体融合产品创新研究.新闻与写作，5：22-29.

中国儿童电影网(2022).短视频对青年群体主流价值的影响报告(2022-10-28).https：//m.163.com/dy/article/HKP32HO10537P4X4.html.

周跃敏(2021).记录伟大新时代，唱响中国好声音——第三十一届中国新闻奖评选印象.新闻战线，21：17-20.

CNNIC(2022).第 50 次《中国互联网络发展状况统计报告》(2022-08-31).https：//www.cnnic.net.cn/n4/2022/0914/c88-10226.html.

（王思涵）

下编

全景聚焦

19

《视频化社会》研究综述

2023年3月，在第十届中国网络视听大会上发布的《中国网络视听发展研究报告(2023)》指出，截至2022年12月，中国网络视听用户规模达10.40亿，超过即时通信(10.38亿)，成为第一大互联网应用。网络视听网民使用率为97.4%，同比增长1.4个百分点，保持高位稳定增长，其中，视频用户规模达10.12亿，同比增长7 770万，增长率为8.3%，在整体网民中的占比为94.8%。短视频用户的人均单日使用时长为168分钟，综合视频的人均单日使用时长为120分钟。中国网络视听行业发展取得历史性成就，产业规模屡创新高，实现从量变到质变的飞跃，进入持续繁荣的新阶段。以短视频为代表的视听形式逐渐成为网民在互联网进行自我表达的有力工具，用户与视听内容的交互程度不断深入(中国网络视听节目服务协会2023)。视频已经全面与人们的日常生活相互勾嵌，不仅重塑了人们的生活方式，更以生产要素的形式进入生产各个领域，业已成为一种生产力。视频所体现的不只是一种新的视听样态或视听文化，更体现为一种在数字文明到来之时的文化新生态。当下的社会正在被视频化行为不断重构，社会正在被视频"所化"，视频化社会已经到来。本书以视频化社会为题，对中国当前的视频社会化现象做出了深度的阐释。通过考察中国视频社会化状况的总体特征，本书将中国视频行业的发展现状与中国当前的社会、政治、经济、文化语境相联系，来阐发为什么是中国在世界范围内产生如此鲜明和突出的视频化社会现象。

具体而言，本书上编(理论阐释)全方位地剖析了以视频为基本视听要素的社会文化图景，从社会学、媒介物质性、技术论、文化学、传播学、社会批判六个面向构建视频化社会的理论图谱；中编(实务运作)归纳了中国语境下不同视频平台的运作特征，从社群建构、平台景观、大众娱乐、媒体转型等多个维度勾勒出视频化社会的表征方式。本章总括性地对诸位学者针对视频与社会的研究进行归纳，以此更好地介绍本书如何围绕视频对中国社会的多维影响展开论述。

19.1 追本溯源：视频化社会的形塑逻辑与技术驱动

来自社会学的理论范式构成了上编学者们探究社会如何被视频“所化”的起点。《社会正以这种方式显山露水——社会学视野中的视频化社会》一文遵循从宏观迈向微观的思路脉络，分别从功能论、冲突论和互动论的视角分析了视频化社会的内在表征。在功能论的视角下，短视频兴起的背后有其独特的媒介逻辑。具体而言，视频平台的低技术门槛和商业化运营模式既为视频创造者提供了机制保障，也在增加用户社交黏性的同时吸引了更多用户入驻。然而，随着越来越多的视频内容在网络中广泛传播，由此带来的社会问题逐渐显现出来。在冲突论的视角下，视频化社会场域下的张力和非阶级斗争导致受众区隔、社会圈层分级化的加剧与个体的文化迷失。从个体层面来看，视频化社会的互动是通过符号构建的：通过在视频前台和后台前置的互动表演，视频创造者和受众可以透过“镜子”实现对于自我的保持、本我的修正和超我的追求，同时寻找身份认同感。

《万物皆媒的沉思——基于媒介物质性的视频化社会考察》可以被视为对前文探讨媒介逻辑的脉络延续。在媒介物质性的理论视角下，该文进一步考察了社会视频化之影像媒介本质。鉴于影像媒介天然作为传达感性世界的介质而存在，感性的绝对居间和普遍存在从广义层面证明了影像作为媒介的普遍存在性，而从狭义层面（影像技术的维度）出发，随着视频技术的门槛降低，影像的普遍存在性自然成立。整体而言，影像的普遍化体现为两个维度：一方面，影像符号全面替代了以文字为主的传播符号；另一方面，影像媒介实践所占据的个人生存时空比例已经大大提高。换言之，影像媒介的物质性具有基础的、普遍存在的特性。然而，影像作为基础型介质长期密切地作用于人的感性所产生的后果却常遭忽略。这样的忽略可能导致人忽视虚拟世界的逼真性与超现实性，或是处于被技术奴役的困境之中。

《“第一推动力”撬动起视频化社会——技术驱动角度的阐释》对于技术驱动的结果给出了更加直观的剖析。在技术的推动下，社交媒体突破了时间和空间的限制，具有多形态交织与再演绎、超强实时性和爆发式多维扩散等特点。从社交网络服务到社会媒体，从静态图文到动态视频，社交媒体技术的形态迭代使视频逐步成为当代信息传播的主流表达样态，从而促成了视频化社会加速形成。换言之，媒介技术的不断更新和驱动成为视频化社会形成的关键技术支撑，技术成为撬动视频化社会的第一推动力。从技术架构提升对网络直播体验的改善到算法升级对监管网络视听生态的改善，技术俨然为视频化社会提供了直接的生产力。如今，随着5G等新技术的加速普及，视频产品、行业模式、受众的行为方式都处于日新月异的状态中。

《开拓新经济的一片蓝海——视频化社会语境下的产业形态分析》考察了视频化社会中的产业形态。从视频产业的现状来看，内容生产、内容传播分发、内容播映终端三个核心环节都已发展出较为完善的产业布局，在线长视频和短视频领域的头部竞争正在转向更高维度的效率竞争。如今，长视频行业主打内容为王，中视频社区占据社交新领地，短视频行业力图扩展海内外影响力，视频产业呈现出蓬勃朝气。虽然仍存在平台内容成本高、用户流失、优质内容匮乏、政策法规意识薄弱等问题，但是视频产业无疑将在5G/VR等新技术、直播/电商等新模式下发展出新的经济形态。值得憧憬的是，随着产业链的不断完善，标准化的工业制作、"内容＋技术"的双核驱动、向垂类大众化发展的内容供给和基于垂类受众的消费市场扩展极有可能是视频产业的未来特征，也标志着视频产业将进一步在数字经济板块中发挥重要作用。

上述文章大致归纳了在技术创新与产业实践的双重驱动下，视频已经成为当今中国社会最重要的媒介形态，与此相关的文化机制与商业模式不断涌现，从而推动了视频化社会的形成。

19.2 文化深剖：论视频化社会的视觉建构与复杂影响

视频化社会的到来为文化的生产与传播提供了特定的环境，使其展现出与图文时代不同的特征。《创造与社会对话的新方式——社会话语视野中的视频化社会》一文通过考察浸润于视频中的社会话语实践，从中提炼出视频化社会生产、共享与交流知识的独特方式。考虑到话语的实践涉及社会意义的建构、特定行为的规范和主体性的重构，文中归纳出的话语特征可以简单总结为三组关键词：再现与表征、在场与互动、赋权与重构。具体而言，人们借助短视频完成的话语实践包含对真实生活的情境再现，以及将抽象内涵转化为直观图像的视觉表征，而其目的恰在于以新的视觉方式表达自我、构建意义。与此同时，鉴于视频已经发展出兼具互动交往功能的媒介形态,促成了赛博式在场的公共规范,也有效联动了不同的话语圈层,日益发展为具有公共性的话语装置。在此基础上,视频虽然扩展了主体的话语形态,但也可能使更多主体陷入被技术与资本规训的权力旋涡之中。

《一种新的文化存在——视频化社会与新文化生态》指出,在视频化社会中,高强度的视频流催生了“狂看”(binge watching)的影像文化,过载的视觉信息既使人人活在后真相(post-truth)时代而不自知,也让观看过程处处充满后现代意义上的失序和断裂。值得警醒的是,随着短视频酝酿出新的文化样态,审美的内涵受到冲击。屏幕中的美学风格逐渐显示为“极美”和“极丑”的两极分化,在滤镜的过度美化和猎奇的好奇窥探的共同作用下,投射着主体的匮乏与欲望。对于个体而言,短视频批量制造美丽的身体,同时制造对美丽身体的迷恋与凝视,其结果是屏幕充当了自恋主体的展现舞台,也使主体被情感消费裹挟,最终汇总为一种新的文化层面的集体无意识和文化生态,对社会发展的诸多方面产生影响。

在视频化社会建构新的视觉文化形态的过程中,看与被看的问题始终贯穿其中。《我们以这样的方式窥探社会与人生——视频化社会与复杂观看心理》关注到了这一点,从短视频观众的观看心理切入阐释视频化社会的视觉文化。一方面,在以视频为中介的观看空间中,私人空间与公共空间的边界不再清晰,使观者在观看过程中更有可能带入窥探他人生活的猎奇心理;另一方面,观看空间的改变使得人们参与社会的方式有所不同,借由视频实现的远程在场替代了物理在场,同样带给观者“具身认知”。在视频的观看过程中,个体的心理与人格显著获得了重塑。视频发挥了镜子的作用,改变了个体对自我的认知,也使个体更容易陷入与他者的比较中。结果是个体加重了自身自恋或自卑的心理,并在心理因素的驱使下选择模仿他人以获得社会认同。

在全球视频文化和视频平台不断发展的背景下,视频化社会中的文化传播不可避免地需要应对跨文化语境带来的机遇与挑战。理解视频化社会中的跨文化传播机制,为我们了解视频文化对不同社会产生的复杂影响提供了绝佳的窗口。这正是《无远弗届,穷山距海——视频化社会传播中国形象的话语机制》的写作意图。正如文章所揭示的,(短)视频正与社会多领域、多层面进行深度融合,正在以生产要素的形式全面进入跨文化交流的领域,并且业已成为一种有效的生产力。在视频化社会中,中国视频的跨文化传播以接合为核心机制,遵循两方面的逻辑。第一,中国美食类纪录视频在 YouTube 上通过接合不同文化来构建情感共鸣叙事，使不同背景的观众产生一定的情感回应，并且联想到各自的文化和记忆，从而在差异中协商与构建新的意义和话语空间，并由此形成一个具有类似经历分享的共同体。第二，在视频国际传播的过程中，以李子柒视频为代表的话语主体通过将国家话语蕴于视觉饮食序列所修饰的大众文化之中，使自身不自觉地成为中国话语的承载者。总结而言，视频化社会语境下的影像跨文化交流是在不同的社会话语体系中，视频观看者凭借相似的元情感作为基础，在寻求传播和理解他者文化的目的下，进行斯图亚特·霍尔意义上的文化的接合。

视频化社会固然为很多人带来了美好生活，但也极有可能在文化生态中产生不良影响。《第三只眼看视频化社会——从社会批判角度解读》从客观、全面的批判角度对视频盛宴下存在的微观、中观、宏观层面的文化隐忧做出了剖析和预测。在微观层面，在视觉大获全胜之后，视频化社会将生活与娱乐一体化的特征在短视频、直播等新视频互动形态下推至此前未达到的程度，这表面上瓦解了人的批判精神，实质上促使人的主体性的进一步消解。在中观层面，视频平台常用的算法推送技术无形之中为用户打造出信息茧房，使得用户获取信息内容越来越单一，“舆论极化”现象随之被强化。同时，由于算法机制不断获取用户隐私数据，视频用户在不自知的情况下被纳入生产、交换、流通的平台体系，甚至受到被剥削的威胁。在宏观层面，视频化社会以更加隐秘的方式展开了面向大多数的规训与惩罚。视频化社会与消费主义的深度勾连促使文化权力具体表现为商业资本的收编和主流意识形态的规训，其结果是公共领域的式微和阶层的新一轮固化。

19.3 运作分析：论视频化社会的发展模式与产业趋势

除了文化的指涉，本书关于视频化社会的研究还关注具体的视频运作和发展模式。在中编中，作者们对于不同的视频内容及其生产方式进行了类型分析，揭示出视频化社会在具体运作过程中的异质性。

作者们先分析了视听内容的生产主体、变现渠道和社群建构的相关问题。根据《视频化社会视听内容生产的革新》中的分析，技术迭代与媒体融合的发展使内容生产主体的角色转型成为必然。在传统媒体时代，内容生产主体通常由来自政府、企业和媒体机构的专业人士担任；如今，大量普通用户共同参与信息的生产与发布，使视听内容的生产主体范围从专业从业者扩大到所有社会人群。

由此带来的结果是：一方面，视听内容的生产秩序遭到颠覆，视频的制作者、发布者和受众之间的界限越来越模糊，个体的身份逐渐趋于双重化，甚至多重化；另一方面，视听内容的创作形式有了新的趋势。在创作手法上，强调情节快速推进的时距叙事、注重个体感受的互动叙事和聚焦叙事形式愈发受到追捧；在创作类别上，原创剧情微短剧、新闻短视频、纪录影像和实验技术类视频成为主流。

随着视听内容生产主体的转型，其价值变现方式和社群建构自然而然地发展出新的特征。《视频化社会中的内容价值变现与社群建构——基于中国主流短视频平台的研究》聚焦不同的视频平台进行了分析。首先，对于短视频平台而言，依靠广告内容变现和依托平台流量变现是其内容价值变现的主要策略。具体而言，生产者可以通过信息流广告、贴片中插广告和内容中隐形广告的投放或是平台补贴、对 IP 进行延伸开发等方式获利。其次，相较于传统图文平台的内容变现，视频化社会下的短视频内容价值变现有其独特的优势及风险。一方面，短视频的优势在于，既能通过与电商紧密联动快速实现价值变现，也能倚赖算法实现广告的精准投放。另一方面，短视频平台的高速发展带来了一些问题，比如短视频广告乱象频生、变现方式固化、IP 运营难以持久、平台发展良莠不齐等。最后，视频内容价值变现必然带动粉丝经济消费，产生了与以往不同的社群建构。具体而言，微信/微博视频号构建粉丝社群依赖附加流量，整体较为散漫；抖音/快手辐射用户最广，社群分层最明显；哔哩哔哩的社群建构具有用户平均年龄最小、黏性高的特点。

《影像形式与经济景观的交互建构——视频化社会的商业形态》概述了宏观的商业模式，通过对长视频、中视频、短视频三种视频的形式分类透视其经济表现。长视频平台的商业模式主要呈现出两大特点：一是五个主要的长视频平台占据大量的市场份额，使市场集中度进一步提升；二是致力于制作优质的剧集内容。相比之下，中视频平台更偏爱通过知识内容的打造获取流量变现，同时致力于以补贴的方式扶持优质视频产出。短视频平台的商业模式较为多元，包括平台补贴、流量变现、品牌付费、服务盈利、打赏盈利、IP 账号运营和内容付费等。视频化社会的新经济景观集中于直播经济、知识付费、游戏产业和动漫产业四个领域。以元宇宙为代表的新兴技术概念带动了以影游融合、虚拟数字消费为特点的新视频经济。总体而言，视频化社会的经济景观正朝向多元的方向蓬勃发展，未来市场增速仍相当可观。

与之形成对照的还有《短视频、中视频、长视频平台景观的现状与发展》，对优酷、爱奇艺、腾讯、芒果 TV 四个主要的中视频和长视频平台进行讨论。作者先梳理了各个平台的发展历程，发现在初始阶段，各视频平台呈现出野蛮的生长力，加上相关政策并不完善，使自身在高速增长的同时也显现出无序性的特点。直到2012年后，视频平台走向整合，市场格局趋于成熟。作者分析了更大平台的产业特征，发现会员是长视频平台最主要的收入来源之一，给用户更好的体验成为各个长视频平台致力的方向之一。短视频的兴起对中视频和长视频平台产业造成了冲击。长视频平台除在长剧内容方面求精求新之外，也受到短视频的影响，纷纷开列微短剧的赛道，无形中使中视频作为长视频和短视频的结合物应运而生。总体而言，短视频、中视频、长视频在融合发展的大趋势下将进一步影响未来的视频产业生态链。

中编其他章通过归纳不同类型视频的创作特质，为视频的类型分析提供了一套有用的概念工具。《视频化社会下被记录的生活——以vlog类、新闻类短视频为例》聚焦vlog类短视频与新闻类短视频，提出两类视频之间的异同。vlog类短视频与新闻类短视频都在不同程度上完成了对于社会公共生活的再公共化讲述，并借助短视频特有的情感方式形成共情化、多元化的情感导向结构。与vlog类短视频设置的生活公共议题不同，新闻类短视频重点围绕新闻突发事件或者社会新闻热点，更倾向于突出公共影像的时效性与实时性。从这两类视频创作内涵可知，短视频将生活实践和审美完美地结合在一起，使视频化社会展现出一种以当代人的公共心理状态、行为娱乐动机和情感参与感为基础的审美趋势。

《视频化社会中的娱乐与艺术》同样探讨了影像的实践及其被概念化的审美与特征。通过将诸影像中的艺术实践称为一种“艺术综合”，作者先说明了短视频等诸影像不仅可以像电影电视一样作为一种“综合艺术”，还可以作为一种呈现艺术的方式。当我们以更为广阔的视角考察视频的创作内容时，不难发现其中充斥着大量不够精致但足够真实的日常生活化展演，一些“劣质图像”因此而诞生。一个值得纠正的误解是，追求视觉奇观的影像创作并不意味着一种文化上的次等，其所反映的不过是景观社会的切面。无论是对多种传统艺术形式的影像化，还是自身依其属性进行的“劣质图像”创作，更值得关注的是视频如何作为一种新装置/新技术的数字美学工具再一次更新了当前时代的美学本体。

倘若将视频化社会作为一种知识来源，其中能够被视作知识来源的内容类型是十分繁杂的。《视频化社会中的知识与认知》以此为切入点展开了研究。以哲学意义上的知识论为判定基础，网络视频中的知识既有分析的、类科学话语的，如各种科普或知识讲解，也有使主体能够试图进入内部的、直觉的、诉诸审美的影像内容。网络视频作为知识来源，对于知识的传播方式具有其独特性：在内容和议题上是繁杂的，在数量上是庞大的、碎片化的而非系统化的。网络视频中的这种知识特性可能将反过来改变人们对于知识本身乃至认识论的看法，同时催生了知识视频的新类型出现。从辅以学术化解说词的解释性视频论文，到以不同方式影响人们认识或构成人们知识的视频随笔，视频类型的发展强化了人们通过视频影像来传播信息和知识，也极大地扩展了过往认识论中知识的内涵和外延。

在全面市场化的语境下，着力于生产和传播主流话语的主流媒体视频虽然不缺乏资金，但也需要考虑市场与受众。《主流价值的新视听呈现——融媒体战略与中国主流媒体转型》关注到中国的主流媒体借力短视频成功实现市场转型。随着短视频成为当下最主要、最高效的信息表达方式，它也带来了中心化、碎片化、大众化的媒介传播新趋势，同时推动主流媒体告别传统说教式的宏大叙事方式，用更人性化的视角讲述故事。以央视频、新华社 App、人民日报 App 为典型，主流媒体借助短视频不仅实现了视频社交媒体的搭建，还通过优质内容占据市场份额。主流媒体在视频化社会中的创作转型有四个维度的策略内容：利用技术为内容赋能，扩展多社交平台的传播矩阵，为算法机制加入正能量指标，以“视频＋社交”提高用户黏性。主流媒体视频还不断扩展其内容范围和传播形态，力求壮大主流价值传播与接收群体。

经过研究者们的不懈努力，关于视频化社会的理论脉络与发展图谱已经相对全面地展现出来。视频化社会的发展不会停下，更多重要的问题还有待持续的追问和探讨。

参考文献

中国网络视听节目服务协会(2023).2023 中国网络视听发展研究报告(2023-05-25).https://www.199it.com/archives/1690054.html.

（陈昕烨）

20

中国短视频研究现状与发展报告

20.1 导言

作为继文字、图片、传统视频之后又一种新兴的内容传播载体，短视频已经成为网友展示日常生活的新窗口、记录时代风貌的新载体、塑造社会文化的新工具。短视频即短片视频，是一种互联网内容传播方式，一般是在互联网新媒体上传播的时长5分钟以内的视频传播内容，主要依赖移动终端实现快速拍摄、美化和编辑，可在社交媒体平台上实现分享和无缝对接的一种新型视频形式。它融合了文字、语言和视频，可以更加直观、立体地满足用户的表达、沟通需求，满足人们之间展示和分享的诉求。随着移动终端的普及和网络的提速，短、平、快的大流量传播内容逐渐获得各大平台、粉丝和资本的青睐（刘姿麟 2018），网红经济随之出现。视频行业逐渐崛起一批优质的用户生产内容（UGC）的内容制作者，微博、秒拍、快手、今日头条纷纷入局短视频行业，募集一批优秀的内容制作团队入驻。到2017年，短视频行业竞争进入白热化阶段，内容制作者偏向专业生产内容（PGC）的专业运作。2018—2022年，短视频用户规模从6.48亿增长至10.12亿，年新增用户均在6 000万以上，其中，2019年、2020年年新增用户均在1亿以上。同时，用户使用率从78.2%增长至94.8%，增长了16.6个百分点，与第一大互联网应用（即时通信）使用率之间的差距从17.4个百分点缩小至2.4个百分点（CNNIC 2023）。近年来，精致的制作理念逐渐得到网络视频行业的认可和落实，节目质量大幅提升。在优质内容的支撑下，视频网站开始尝试优化商业模式，并通过各种方式鼓励产出优质短视频内容，提升短视频内容占比和用户黏性。短视频平台则通过推出与平台更为匹配的微剧、微综艺来试水，再逐渐进入长视频领域。2020年，短视频应用在海外市场蓬勃发展，同时面临一定的政策风险。

20.2 资料收集与研究方法

20.2.1 资料来源

在中国大型学术期刊数据库“中国学术期刊全文数据库”(中国知网CNKI)中以“短视频”为主题词检索。检索年限为建库至2022年12月31日，提取时间为2023年3月3日，共检索到3 938篇文献。文献纳入标准是与“短视频”主题词相关的“北大核心”和“CSSCI”期刊文献。文献排除标准是重复发表文献。

20.2.2 研究方法

文献计量学是用数学和统计学的方法，定量地分析文献知识载体的交叉科学。它集数学、统计学、文献学为一体，注重量化的综合性知识体系。文献计量学已成为情报学和文献学的一个重要学科分支，展现出重要的方法论价值。作为一种定量统计分析文献的方法，文献计量学以文献体系和文献计量特征为研究对象，可以客观定量地反映学科研究的宏观发展动态与优势、研究热点、优势团队等，已经有少量应用于新闻传播学领域的学术研究(孟建、张剑锋 2022；方朝晖、夏德元 2019；胡荣 2020；黄佩、解文蕊、刘钰 2021；刘儒田 2019)。

本研究检索中国知网从建库至2022年12月31日收录的短视频文献。研究采用文献计量学方法和书目共现分析系统BICOMB软件2.04与信息可视化的可视化分析软件Citespace，从发文数量、研究机构、发文作者、文献来源、研究热点等方面分析中国短视频领域的现状与发展特点，明确未来研究方向。研究旨在为相关科研工作者提供新的研究视角，同时为中国短视频的更好发展提供科学参考。

20.2.3 资料提取和分析方法

20.2.3.1 共现书目分析系统BICOMB

利用书目共现分析系统BICOMB软件2.04对检索文献进行关键信息的提取与统计。根据高低词频分界法，确定高频词截取值，并形成词篇矩阵和共现矩阵。

20.2.3.2 SPSS 统计软件聚类工具

聚类分析指将物理或抽象对象的集合分组为由类似的对象组成的多个类的分析过程，是一种重要的人类行为。聚类分析的目标就是在相似的基础上收集数据来分类。用 SPSS 聚类工具软件对形成的词篇矩阵进行聚类分析，聚类方法采用样本聚类，类间距离采用 Centroid linkage 方法，并使用 Ochiai 系数和专业知识最终确认聚类。

20.2.3.3 Citespace 与 VOSviewer 共现分析

共现分析法利用文献关键词、研究机构、作者等共同出现的情况，来确定该文献集所代表学科中各研究主题之间的关系。以 CiteSpace 与 VOSviewer 软件进行关键词共现分析，进行关键词共现图谱含义详细解析。

20.2.3.4 可视化分析

可视化是利用计算机图形学和图像处理技术，将数据转换成图形或图像在屏幕上显示出来，再进行交互处理的理论、方法和技术。针对清洗过的数据用 EXCEL 2019 与 Citespace、VOSviewer 进行可视化分析。通过可视化方法显示短视频研究在一定时期发展的趋势与动向，形成若干研究前沿领域的演进历程与研究特点。

20.3 研究结果

20.3.1 文献发表时间

发文数量反映了科学研究活动在某个时间段内的绝对产出量，能较好地衡量科学研究的活跃程度。因此，为更好地了解中国短视频领域研究内容的特征和演变趋势，先对从 CNKI 数据库筛选的 3 938 篇有效文献进行年发文数量变化及占发文总量比例分析。结果如图 20.1 所示，自 2007 年以来，发文数量存在较大的波动，但整体表现为明显的上升趋势。分析可知，年发文量及占发文总量的比例变动大致可分为四个阶段：2007—2011 年，该领域文献发表量非常低，近于 0 篇/年；2012—2015 年，该领域文献发表量比较平稳，年发文量在 7 篇/年；2017—2021 年，发文量持续上升，2021 年为 1 016 篇；2022 年只有 850 篇，较 2021 年呈下降趋势。

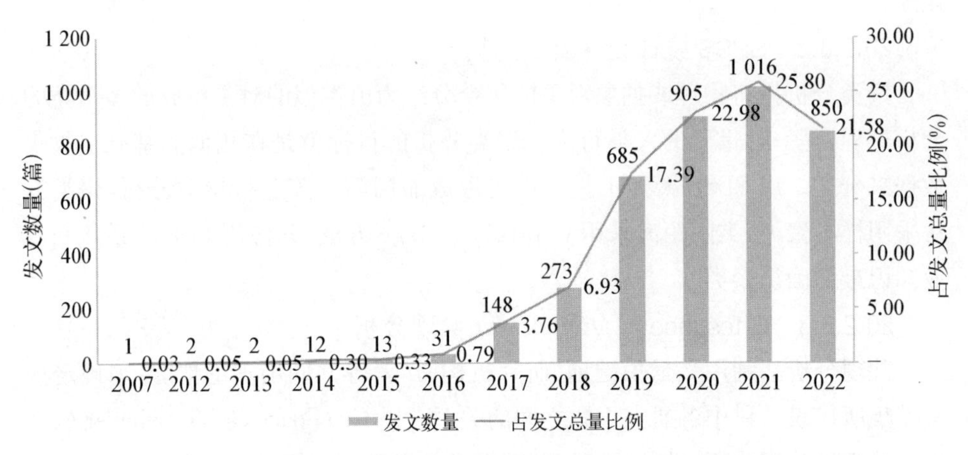

图 20.1 2007—2022 年中国短视频领域年发文数量及占发文总量比例(n=3 938)

20.3.2 作者分析

所有作者出现频次总和达 6 023，平均每篇文章作者为 1.53 人，研究者较为分散，排名前三位为黄楚新(33)、张志安(27)、郭全中(15)，累计百分比为 2.31%(如图 20.2 所示)。

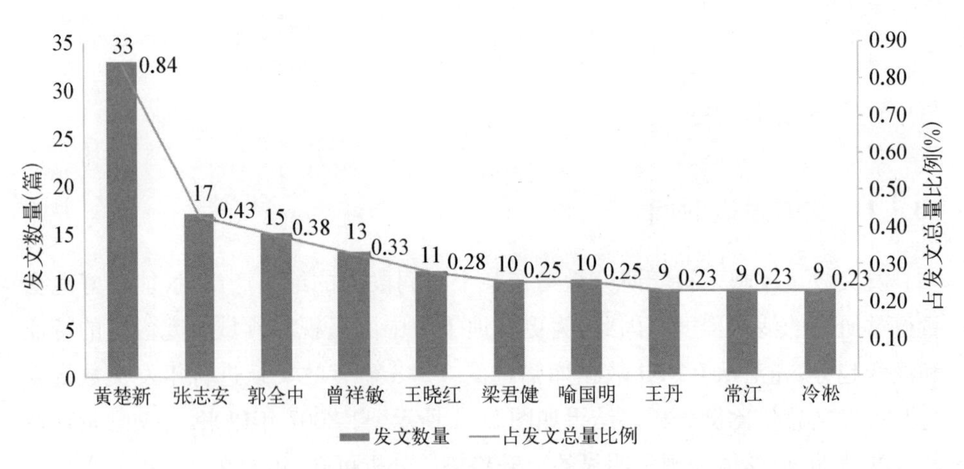

图 20.2 2007—2022 年中国短视频领域各作者发文数量及占发文总量比例(n=3 938)

由图 20.3 可知，中国短视频研究学者之间的互动较少，以个人为核心，带动小型学术共同体发展。发文量排名前十的研究学者之间少有合作关系。

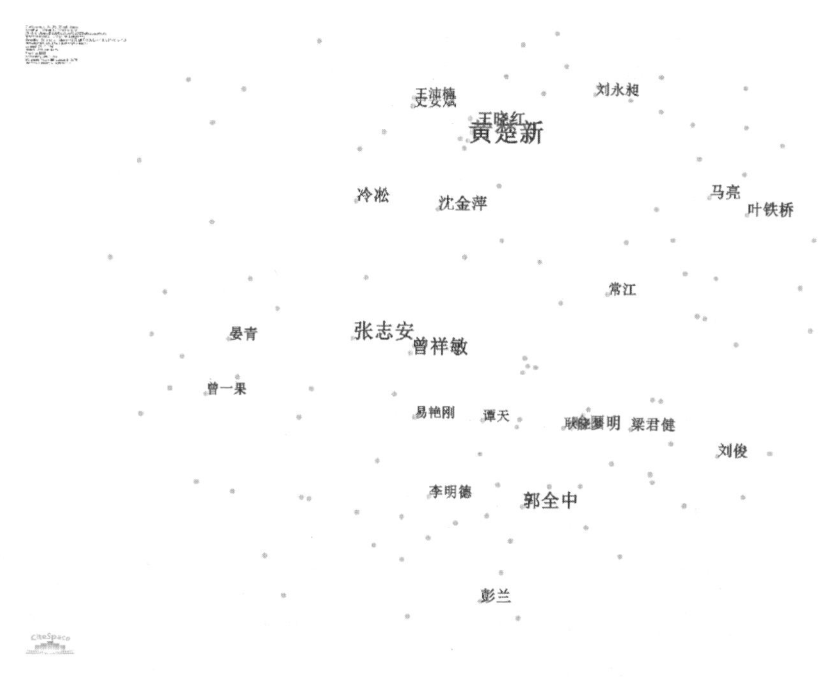

图 20.3 2007—2022 年中国短视频领域研究者共现网络(n=3 938)

20.3.3 研究机构分析

所有研究机构出现频次总和为 4 965,平均每篇文章出现机构 1.26 次。如表 20.1 所示,排名前三的研究机构分别为中国传媒大学(346)、中国人民大学(138)、中国社会科学院(136),累计百分比达 29.02%,占发文总量的近 30%。

表 20.1 研究机构(以大学、机构为单位)发文数量与百分比(n=3 938)

排名	作 者 单 位	发文数量	百分比(%)	累计百分比(%)
1	中国传媒大学	346	8.79	8.79
2	中国人民大学	138	3.50	12.29
3	中国社会科学院	136	3.45	15.74
4	清华大学	110	2.79	18.54
5	武汉大学	97	2.46	21.00

续 表

排名	作 者 单 位	发文数量	百分比(%)	累计百分比(%)
6	北京师范大学	82	2.08	23.08
7	复旦大学	65	1.65	24.73
8	郑州大学	59	1.50	26.23
9	暨南大学	56	1.42	27.65
10	北京大学	54	1.37	29.02

20.3.4 期刊分析

所有期刊总和为 388 本,平均每本期刊出现文章 10.1 篇。如表 20.2 所示,排名前三的期刊分别为《青年记者》(688)、《传媒》(464)、《中国广播电视学刊》(244),累计达 35.45%。其中,《青年记者》发文数量占比超过 20%,是短视频研究的重要发布基地。《青年记者》由大众报业集团、山东省新闻工作者协会、山东省新闻学会主办,是全国创办最早、最具影响力的新闻专业期刊之一。

表 20.2 期刊出现总量与百分比(n=3 938)

排名	作 者 单 位	发文数量	百分比(%)	累计百分比(%)
1	青年记者	688	17.47	17.47
2	传媒	464	11.78	29.25
3	中国广播电视学刊	244	6.20	35.45
4	电视研究	229	5.82	41.26
5	新闻与写作	140	3.56	44.82
6	出版广角	131	3.33	48.15
7	当代电视	130	3.30	51.45

续 表

排名	作者单位	发文数量	百分比(%)	累计百分比(%)
8	新闻爱好者	115	2.92	54.37
9	中国出版	94	2.39	56.75
10	现代传播(中国传媒大学学报)	92	2.34	59.09

20.3.5 被引分析

文献被引量前10名文章,所见刊物较为分散。如表20.3所示,有3篇文章集中发布于2019年,学者彭兰在前10位中有三篇文章。

表20.3 文献被引量前10名(n=3 938)

排名	篇名	作者	刊名	发表时间	被引量
1	SPOC:基于MOOC的教学流程创新	贺斌、曹阳	中国电化教育	2015-3-10	849
2	移动短视频的发展现状及趋势观察	王晓红、包圆圆、吕强	中国编辑	2015-5-10	656
3	短视频:视频生产力的"转基因"与再培育	彭兰	新闻界	2019-1-10	557
4	"移动短视频社交应用"的兴起及趋势	张梓轩、王海、徐丹	中国记者	2014-2-1	396
5	我国短视频生产的新特征与新问题	王晓红、任垚媞	新闻战线	2016-9-8	336
6	以短见长——国内短视频发展现状及趋势分析	汪文斌	电视研究	2017-5-5	305
7	连接与反连接:互联网法则的摇摆	彭兰	国际新闻界	2019-2-23	295
8	混合情感传播模式:主流媒体短视频内容生产研究——以人民日报抖音号为例	张志安、彭璐	新闻与写作	2019-7-5	281

续 表

排名	篇 名	作 者	刊 名	发表时间	被引量
9	移动化、社交化、智能化：传统媒体转型的三大路径	彭兰	新闻界	2018-1-10	263
10	移动短视频的创新、扩散与挑战	邓建国、张琦	新闻与写作	2018-5-5	263

20.3.6 关键词分析

如表 20.4 所示，所有关键词出现频次总和为 16 975，平均每篇文章关键词数量为 4.3 个，根据高低词频分界法确定高频词截取值，最终取词频>30 的关键词共 30 个，累计百分比达 19.86%。共出现 7 560 个不重复关键词，平均每篇文章不重复关键词数量为 1.9 个。

表 20.4 高频关键词(n=16 975)

排名	关 键 字 段	出现频次	百分比(%)	累计百分比(%)
1	短视频	1 194	8.80	8.80
2	媒体融合	228	1.34	10.14
3	短视频平台	220	1.30	11.44
4	抖音	153	0.90	12.34
5	新媒体	129	0.76	13.10
6	主流媒体	113	0.67	13.77
7	短视频新闻	72	0.42	14.19
8	移动短视频	71	0.42	14.61
9	社交媒体	57	0.34	14.95
10	融媒体	55	0.32	15.27
11	媒介融合	51	0.30	15.57

续 表

排名	关 键 字 段	出现频次	百分比(%)	累计百分比(%)
12	内容生产	51	0.30	15.87
13	5G	50	0.29	16.16
14	传统媒体	49	0.29	16.45
15	新闻短视频	49	0.29	16.74
16	人工智能	46	0.27	17.01
17	乡村振兴	43	0.25	17.27
18	传播策略	43	0.25	17.52
19	传播	37	0.22	17.74
20	自媒体	36	0.21	17.95
21	网络视听	36	0.21	18.16
22	移动互联网	36	0.21	18.37
23	传播效果	35	0.21	18.58
24	政务新媒体	33	0.19	18.77
25	创新	33	0.19	18.97
26	融合传播	31	0.18	19.15
27	电视媒体	31	0.18	19.33
28	阅读推广	30	0.18	19.51
29	全国两会	30	0.18	19.69
30	网络直播	30	0.18	19.86

一个关键词在短期内有很大变化也是我们值得研究的课题。图 20.4 为中国短视频研究前沿演进情况。这些关键词的核心时间主要集中在 2014—2019 年,尤其是关键词“直播平台”在 2018 年涌现出来。

关键词	年份	强度	开始	结束	2007—2022年
社交平台	2014	6.98	**2014**	2019	
传统媒体	2014	6.38	**2014**	2018	
微视频	2014	4.4	**2014**	2017	
今日头条	2017	7.07	**2017**	2019	
全国两会	2017	4.89	**2017**	2019	
新闻资讯	2017	4.22	**2017**	2019	
移动直播	2017	3.83	**2017**	2019	
人民网	2017	3.45	**2017**	2019	
新华社	2017	3.29	**2017**	2019	
播放量	2018	3.05	**2018**	2019	
内容	2018	2.99	**2018**	2019	
直播平台	2018	2.99	**2018**	2019	

图 20.4 中国短视频研究前沿演变情况

20.3.7 聚类分析结果

因为高频词“短视频”对聚类结果的影响较大，但在结果解释中实际意义较小，所以考虑将该高频词去除后进行聚类分析。如图 20.5 所示，共形成 4 个类属，分别为：类属 1，短视频的社交属性研究；类属 2，短视频平台研究；类属 3，短视频的传播属性研究；类属 4，基于技术的短视频应用研究。

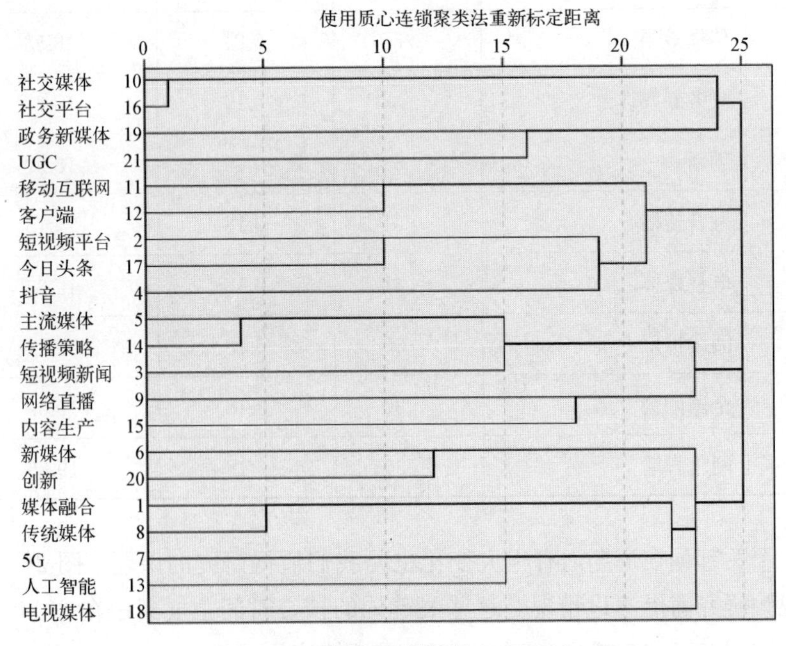

图 20.5 聚类分析结果(n=3 938)

20.3.8　关键词共现分析结果

圆圈大小表示频次多少，线条粗细表示相关度大小，具体数字表示共现频次数量。在关键词共现分析中，短视频、媒体融合、短视频平台、网络直播等均有较多的共现频次。

图 20.6—图 20.11 对关键词整体和“短视频”“媒体融合”“短视频平台”“抖音”“新媒体”五个排名前五的关键词进行共现分析，每个关键词均有明显的共现

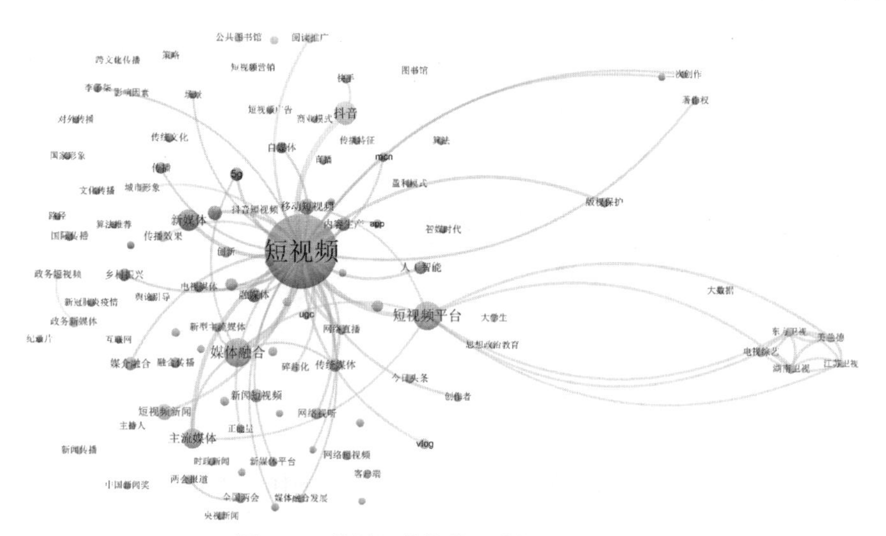

图 20.6　关键词整体共现分析(n=3 938)

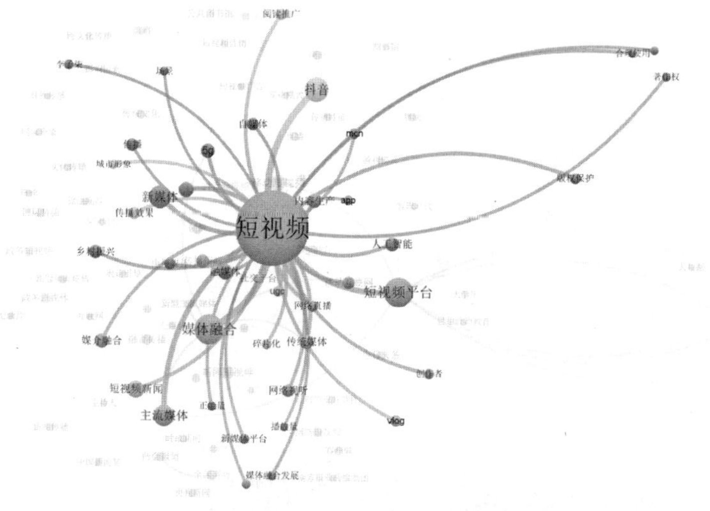

图 20.7　关键词“短视频”整体共现分析(n=3 938)

偏好:“短视频”与排名第 2 名至第 5 名的关键词的共现线条较粗;“媒体融合”与“主流媒体”之间的共现线条较粗;“短视频平台”与“新媒体”“人工智能”之间基本上无共现;“抖音”与“新闻短视频”“媒体融合发展”之间基本上无共现。这些都反映了这些关键词之间的相互关系,也是未来值得研究的方向之一。

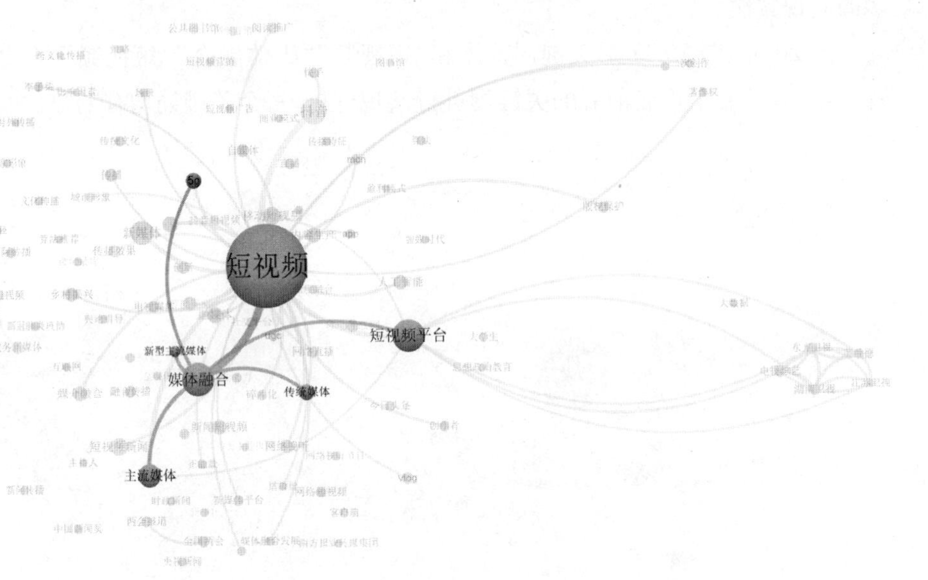

图 20.8 关键词“媒体融合”整体共现分析(n=3 938)

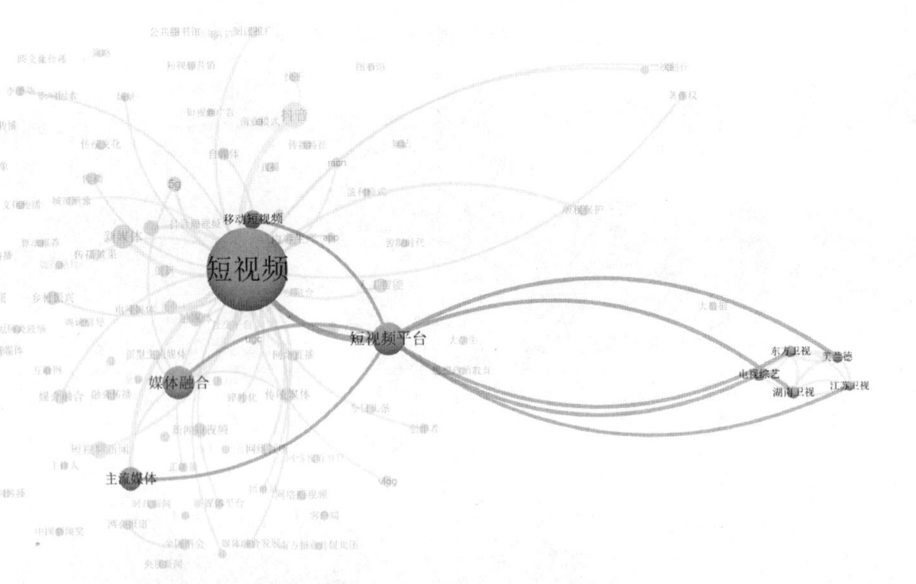

图 20.9 关键词“短视频平台”整体共现分析(n=3 938)

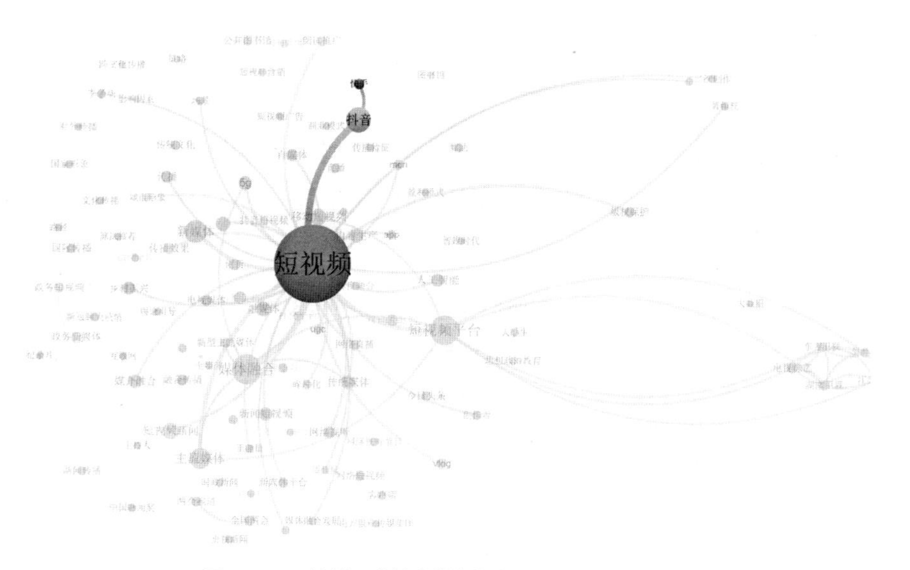

图 20.10 关键词“抖音”整体共现分析(n=3 938)

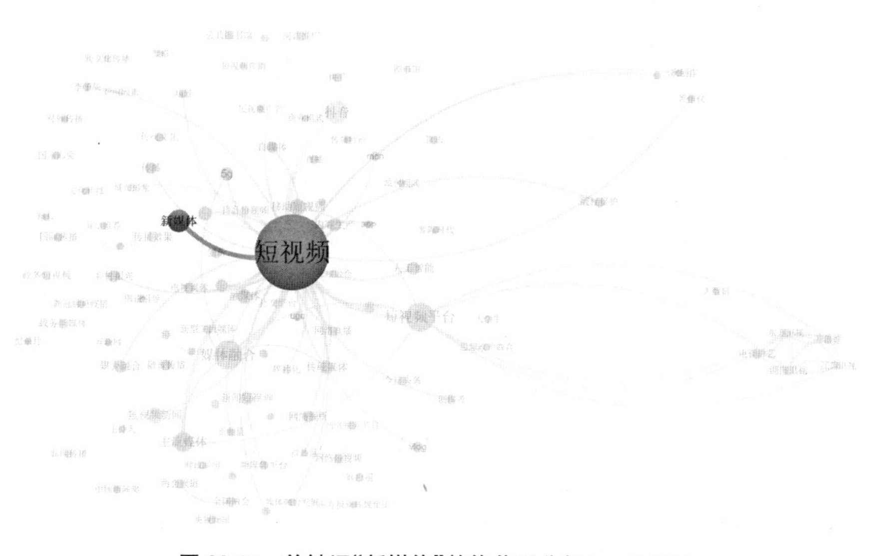

图 20.11 关键词“新媒体”整体共现分析(n=3 938)

20.4 讨论

20.4.1 研究整体概况

研究结果显示,短视频相关研究是一个较为新兴的研究领域,近 10 年文献占该研究领域的99.99%以上。尤其从2017年开始有较多的研究，此后，众多学者、研究机构持续进行短视频研究。

3 938篇文章主要分为三大类别：理论探索、应用研究和技术支持。从发文量来看，应用研究最多(58.71%)，随后是理论探索(39.99%)，最后是技术支持(1.30%)(见表20.5)。

表20.5　短视频文献类别分布(n=3 938)

排名	类　别	数量(篇)	百分比(%)	累计百分比(%)
1	应用研究	2 312	58.71	58.71
2	理论探索	1 575	39.99	98.70
3	技术支持	51	1.30	100.00

20.4.2　研究趋势

20.4.2.1　短视频理论研究

理论研究指对社会现象、社会生活的内在联系及其规律的研究。短视频理论研究主要从六大方面展开，即新闻传播学理论、艺术学理论、心理学理论、经济学理论、管理学理论和情报科学理论(见表20.6)。其中，新闻传播学理论囊括当前传播学研究的主流理论，在媒介效果、文化研究等方面均有较多的研究文章。

表20.6　理论探索类别发文量与所占百分比(n=3 938)

排名	理论探索	数量(篇)	百分比(%)	累计百分比(%)
1	新闻传播学理论	1 361	34.56	34.56
2	艺术学理论	65	1.65	36.21
3	心理学理论	58	1.47	37.68
4	经济学理论	43	1.09	38.78
5	管理学理论	21	0.53	39.31

续 表

排名	理 论 探 索	数量(篇)	百分比(%)	累计百分比(%)
6	情报科学理论	19	0.48	39.79
7	其他	8	0.20	39.99

20.4.2.1.1 新闻传播学理论

马克思主义新闻理论。柳竹(2018)认为,短视频与语言、文字、报纸等相同,也是人们精神交往的重要媒介。她从马克思和恩格斯精神交往论的视角解读短视频之热,有三个主要观点:“多种多样的某物”构成短视频之热的物质基础;短视频有助于实现人对自己本质的占有;短视频瞄准了用户的注意与认同心理。

媒介效果研究。路小静、胡慧河、姚永春(2020)基于传播学的使用与满足理论,阐释短视频与学术期刊融合发展的契合点,从内容与形式的选择、生成机制、保障机制等方面分析学术期刊运用短视频的策略,力求为学术期刊与短视频的融合发展提供新视角。

SIPS 模型。2011 年,日本广告公司电通株式会社提出了社交媒体时代用户消费行为分析的工具“SIPS 模型”。该模型认为,用户的消费行为经历了四个阶段(如图 20.12 所示)。邓元兵、赵露红(2019)认为,短视频平台在城市形象传播

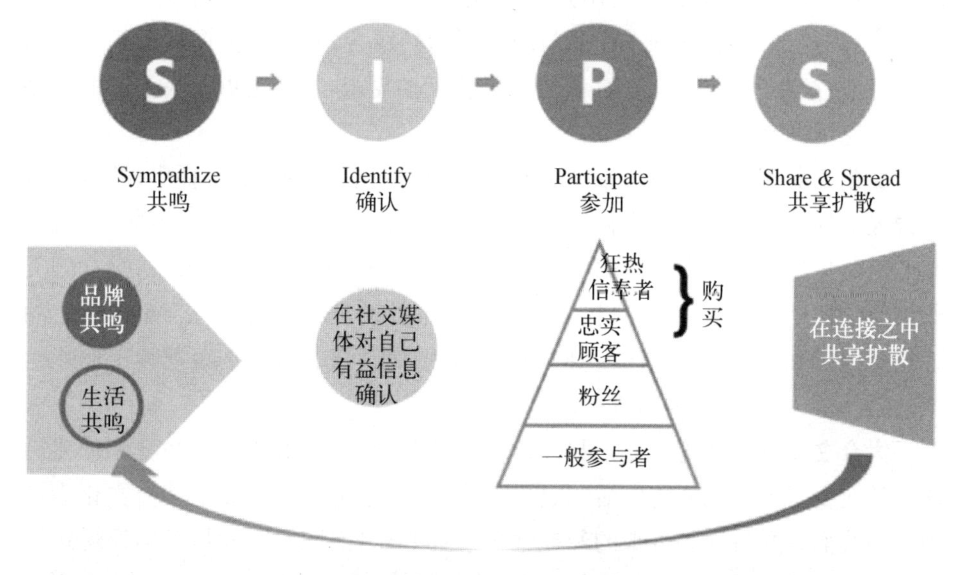

图 20.12 SIPS 模型四阶段

中呈现出与以往城市宣传片不同的特点,“平常人”成为城市形象的传播者和主人公。他们分析了短视频平台的城市形象传播现状,同时,针对短视频在城市形象塑造中呈现的不足,结合 SIPS 模型提出短视频助力城市形象传播的新策略。

模因论。模因论是一种基于达尔文进化论的观点解释文化进化规律的理论,是由理查·道金斯在《自私的基因》(1976)一书中提出。模因论指文化领域内人与人之间相互模仿、散播开来的思想或主意,并一代一代地相传下去。夏德元、王宇博(2021)采用理查·道金斯的模因生存能力指标来衡量短视频在异域文化场的生命力,发现内容上的长存性、形式上的丰产性和立场上的本土化与保真性是短视频模因跨文化生存的关键。作为模因的短视频,使中国文化资料有了平民化叙事与编码手段,而这种模因又被国外受众以求知、好奇的方式解码,并依据自身特异性再传播。这种跨文化的两级式传播使得中国文化资料的意义与价值得到国外受众的认同,加速文化资料的数字化,利用算法竞争机制激发个体短视频模因的生产与传播力量,有助于中国文化的对外传播。

Hooked 模型。Hooked 模型由《上瘾》(*Hooked*)的作者尼尔·埃亚尔和瑞安·胡佛构建。在模型中,尼尔·埃亚尔和瑞安·胡佛提出让用户对产品上瘾的四大要素,分别是触发、行动、奖励和投入。通过 Hooked 模型,产品可以建立用户的行为闭环,让用户养成使用产品的习惯。何宸、蒋晓(2021)将 Hooked 理论导入移动短视频应用设计,以期改善短视频应用中存在的创作率低、互动性弱、参与度下滑等问题,激发用户的能动性和创造性,提升产品的互动体验。Hooked 理论的运用,加强了产品与用户行为的结合,有助于把握短视频产品的时代特征,减小用户创作阻力,满足多样化互动需求,打造出更富吸引力的移动短视频应用平台。

文化工业理论。于烜(2021)认为,在算法主导信息分发的传播中,技术与资本合谋下的算法权力日益隐秘地扩张。不同于传统文化工业的规模复制,短视频的工业化生产表现出个性化规模定制的特点。通过技术实现升级的短视频文化工业受控于算法权力,算法权力在个性化推荐的表象下实施符合资本意志的控制。他以文化工业理论作为研究路径,力图揭示算法分发下短视频工业化生产的新特征,并对算法权力进行反思。

大众文化批判理论。姜正君(2020)从网络文化景观角度研究短视频的盛行深刻地改变了大众的文化生活和娱乐方式,极大地解放和发展了社会文化生产力。当我们享受短视频带来的便捷性信息和娱乐性社交的同时,必须警惕短视频繁荣浮华背后潜在的文化隐忧:认知模式“复归于婴儿”、世界图景的支离破碎、娱乐至死的欲望陷阱、算法编织的隐性牢笼,以及各种价值失范与乱象。

消费主义。孟薇(2018)以抖音平台上儿童影像视频作为研究对象,认为在消费主义的文化背景下,儿童影像的消费呈现出儿童隐私曝光、儿童成人化等消费特征,并根据消费现象探讨了自媒体时代下儿童影像消费的深层原因及相应的规制之道。

文化杂食主义。鞠高雅、林一(2018)引入"文化杂食主义"的概念,以互联网舞蹈视频为例,从文化分层的角度剖析互联网文化、自媒体运作和当前互联网文化产业发展趋势。互联网自媒体虽然最早脱胎于大众和流行文化,但如今的自媒体已经不由大众主导。它们更近似于文化研究理论中的"杂食主义者"概念。表面上由大众"自发发起""自主选择"的文化消费潮流,其内涵往往十分复杂。对于互联网文化产业和市场的分析,不能一味沿用旧有模式,需要将基于互联网平台的新型文化和消费分层模式纳入考虑。

流动的现代性。齐格蒙特·鲍曼在《流动的现代性》一书中提出"流动的现代性"理论,把后现代性看作现代性的自我进化,并用流动的现代性指代它。夏德元、刘博(2020)认为,媒介形态演变深刻影响集体记忆建构。人工智能等新技术快速发展,以短视频为代表的融合媒介引发集体记忆全局性的变革,对集体记忆建构的权力分配和生产消费机制产生深刻影响。齐格蒙特·鲍曼的"流动的现代性"理论为研究短视频这一融合媒介在新时代集体记忆建构中的特殊作用提供了思想工具。考察发现,传播技术的迅猛发展,打破了原有的时空格局,构建出流动的传播语境;传播语境的变革引发社会集体记忆建构权力的流动,使集体记忆建构在相互协作与多元协商中展开;大众在短视频媒介中更注重娱乐性,由此,集体记忆的功能呈现出记录日常生活、投射美好期许、积累社会资本的消费性转向。

日常生活审美。日常生活审美化是英国社会学与传播学教授迈克·费瑟斯通最早提出来的,指审美活动超出所谓纯艺术、文学的范围,渗透到大众的日常生活中的一种文化现象。他认为,日常生活审美化正在消弭艺术与生活之间的距离,在把"生活转换成艺术"的同时也把"艺术转换成生活"。江志全、范蕊(2020)认为,技术媒介文化下的"日常生活审美"转向媒介作为主体建构真实、传送信息的特殊制度组织和技术载体,其自身具备了创造和生成的能力,能够借助技术手段改变人们对世界的认知途径和体验方式,进而改变我们的思维方式,乃至行为方式。媒介文化权力在新技术的推动下全面扩展,形成真正社会意义上的媒介文化霸权。近年来,短视频快速改变了人与世界的关系,图像超越了信息交流这一最初的功能。

编码与解码。王晟添、吕若楠(2022)认为,短视频作为一种新兴的媒介形态,对人们的日常生活产生了深刻影响。短视频媒介的“视觉接收偏向”,在媒介的碎片化使用中构成了对现实世界拟像的传媒景观。在这种景观下,人们在对符号进行解码与意指的过程中形成了视觉偏向的认知思维与媒介文化。

后人类。后人类指20世纪60年代一些发达国家进入以信息社会为特征的后现代之后,利用现代科学技术,结合最新理念和审美意识,对人类个体进行部分人工设计、人工改造、人工美化、技术模拟和技术建构,从而形成的一些新社团、新群体。吴冠军(2021)认为,在短视频时代,电影陷入衰亡的危机。在本体论层面,陷入电影状态与陷入爱一样,是一种纯然的后人类体验。电影是一个将人转变成后人类的独特装置,它将个体“拽拉”出其日常现实,置入一个幽灵性的黑暗场域中。在该场域中,个体具有更大的潜能去事件性地遭遇拉康所说的“真实”,从而发生激进的主体性转型。

意识形态霸权理论。金瑶梅、徐志军(2020)认为,短视频作为一种颇具代表性的新媒介形式,盛行于网络空间,给主流意识形态话语权的建构带来了一定的挑战,体现在价值观的多元化会影响主流意识形态的话语教化功能、信息传播的碎片化会干扰主流媒体的话语导向功能、创作主体的去中心化会削弱主流意识形态的话语掌控能力等。这些挑战的形成具有多方面的原因,在深入剖析的基础上必须积极予以应对,加强对虚拟空间的引导与监管,推动短视频场域主流话语传播常态化与科学化,提升大众的媒介认知能力与自我管理能力等。

芝加哥学派的符号互动论。晏青、罗小红(2019)基于移动传播的移动性、社交性、互动性,认为传统文化传播产生了新的表意方式、意义生产与价值流转的符号规律,呈现出独特的媒介逻辑自洽、话语重组方式和日常融入的符号学机制。作为符号学体系的传统文化传播具有多模态特征,繁复的符号能够在纵横双轴中实现逻辑自洽。传统文化在用户赋权、关系联结的移动媒体中有着区别于传统媒体的传播范式。其中,伴随性文本的大量出现使其出现意义弥散、话语狂欢、无限延伸的符号范式,因移动而产生流动的场景与文化沉浸。从符号表征到符号繁殖、场景沉浸,移动传播时代的传统文化继承迎来新的符号范式。

结构主义-符号学派。媒介神话理论由罗兰·巴特的语言符号神话理论改造、扩展而来。无论是初级系统还是次级系统都更加凸显由符号、载体、制品、技术、媒体等结合而成的表达面及其意指行为。单小曦、支朋(2021)认为,自媒体文艺短视频可以被定位为媒介神话理论观照下的新媒介神话。李子柒艺术短视频的新媒介神话所指意义可以归结为：在今天工业社会城市化带来的快节奏、现代性的都市生活语境中，传统手工时代建立起来的慢节奏、田园牧歌式生活是人们的理想和应该追求的精神价值指向。"消费文化"和"农耕田园文化"成了这个含蓄意指实践的重要依托。李子柒的自媒体艺术短视频不过是新媒介与商业资本合谋形成的"审美乌托邦"，具有典型的新媒介神话属性。

景观理论。曹钺、曹刚(2021)通过引入"中间景观"这一概念，将农村短视频纳入关系视野进行考察，视之为数字时代城乡交往的新模式，并且通过多种质化研究方法探究其被层层形塑的过程。城市观看者对原生态田园生活的渴望与乡村居民再造日常生活的创意化表演构成了短视频下的交往情境。数字平台充当流通系统中的虚拟策展人，界面与算法通过降低技术门槛赋予了创作者权力，又迫使他们嵌入再中介化的流量竞逐战中。农村短视频在历时性维度的格调转变揭示了国家督促平台企业逐级履行社会责任，最终迈向合作治理的过程。

具身传播。具身传播基于具身认知理论，主要指生理体验与心理状态之间有着强烈的联系。韩少卿(2018)认为，短视频作为一种新型社交方式，使得普通人自我表达和展示的欲望得到极大满足。在短视频狂欢中，人人都是"戏精"，表演的身体成为独具冲击性的视觉消费符号。新媒介技术下的身体赋权，使得身体的叙事能力被重新解放出来，成为叙事的媒介和传播的主体。短视频中被唤醒的是身体"本我"，精神世界没有获得充分解放，亟待"自我"与"超我"的回归进行身体传播价值重构。

媒介考古学。潘祥辉(2020)认为，作为一种流行于互联网上的新型视听媒介，短视频的崛起或许在媒介史上具有革命性的意义，将互联网时代的自媒体革命推进到一个新的阶段。短视频媒介是"后文字时代"的一种平民媒介，唤醒和激发了普通人的传播本能，促成了福柯所说的"无名者"的历史性出场。短视频媒介最大的社会价值是全民记录价值。与文字时代的帝王起居注迥异，短视频时代出现了无数的"平民起居注"，对社会的影响既是共时性的，也是历时性的，其历时性影响之一在于它生成了一种新型史料。短视频有着自身的媒介逻辑和历史社会学效应，其带来的"无名者的出场"并非国家所赐，而是互联网商业化创新的一种溢出效应。这种溢出效应可能在历史社会学层面产生不少意料外后果。理解这种溢出效应与非预期后果，我们需要一种历史的"后见之明"。

三重勾连理论。1996 年，西尔弗斯通和哈登便提出"三重勾连"概念，涵盖技术之物、符号场景和节目信息三个维度。哈特曼认为，三种维度都需要被考量，不仅包括使用、参与的总体观念，也包括个体的交流实践、个体节目、个体的网站、文本信息等。周孟杰、吴玮(2021)认为,媒介不仅是信息技术的传递方式,更是汇聚关系与意义的空间。他们以三重勾连理论为分析框架,从技术文本、空间场景和主体行动三个面向展开论述,采用线上参与观察和实地田野调查的研究方法,探讨短视频在乡村社会抗疫实践的过程中扮演的重要角色,探讨意义是如何被生产、维持与分享的。他们试图描绘乡村青年如何在天井里沟通互动,以及在社会实践交错的各个场域中,如何理解媒介与人、社会的复杂关系。新媒体技术勾连日常生活获得或实现其社会和文化意义,乡村青年也发挥主体能动性,建构命运共同体与国家认同意识。同时,天井创造了一个新的地理空间文化。人们在这种公域与私域、虚拟与现实、线上与线下混杂互嵌的场景中开启一种崭新的"共在"感。

沉浸式系统。尹绪彪(2020)认为,沉浸式理念与短视频相结合,促使短视频更为广泛、迅速地传播。在传播过程中,沉浸式短视频作用于受众的心理、态度和行为,使之发生积极改变,进而影响整个社会,产生正向反馈作用。作者从沉浸式短视频传播语境体系构建的角度出发,分析了沉浸式短视频传播在内容、场景、载体和驱动力上呈现的特点,探讨了沉浸式短视频传播的语境体系构建,并对沉浸式短视频未来的传播发展进行研判。

技术哲学。技术哲学是研究技术的哲学理论,以技术为研究对象,是对哲学的技术思考。李晶、曹然(2020)基于技术哲学的理念,对网络短视频的技术性进行反思:从技术的本质看,网络短视频是器物、知识、活动和意志的表现;从技术与人的关系看,网络短视频在赋能用户的同时,也存在宰制用户的两面性;从技术发展的维度看,网络短视频应与用户在文化对话、技术创新和技术规制三方面协调发展。

20.4.2.1.2 艺术学理论

叙事学。赵志明、朱丽萍(2021)认为,短视频作为一种文化形态,呈现出的叙事特征与后现代文化有许多共同之处,主要体现在叙事内容浅表化、叙事场景碎片化、叙事语言多元化和叙事主体去中心化。他们从叙事学视角对后现代语境下短视频存在的特征进行分析,探讨在颠覆传统叙事特征及碎片化、狂欢式的传播模式下短视频存在的合理性,并对衍生出的问题进行反思。

拟剧理论。拟剧理论认为,人就像舞台上的演员,要努力展示自己,以各种方式在他人心目中塑造自己的形象。张岚(2019)从拟剧理论视角,探析用户生产内容短视频内容的生成和传播逻辑,探讨其发展中存在的问题与解决路径。研究认为,拟剧理论能够透过社会学理论视角深层次地分析和解释短视频传播实践行为，为认知、规范和引导短视频平台的发展提供理论依据。

20.4.2.1.3 心理学理论

示能性理论。生态心理学家吉布森将“示能”(affordance)描述为“关于有形物品如何传达出人们与它们互动的重要信息”。示能的体现，由物品的品质和与之交互的主体的能力共同决定。刘博、夏德元(2019)根据示能性理论，以今日头条旗下一款短视频应用中的音乐为研究对象，试图探究音乐传播在短视频发展中的作用，找出短视频音乐的创新路径、方法和应避免的误区，以便为同类应用发展提供借鉴。

心流体验理论。心流的概念源自心理学家米哈里·齐克森米哈里。他将心流定义为一种将个人精神力完全投注在某种活动上的感觉，心流产生时会有高度的兴奋和充实感。田星瀚、赵文秀(2020)论述了在情感体验时代，产品激发用户产生心流体验的重要性。在心流体验事前阶段，该研究探索优化用户对产品的识别、使用、沟通的具体交互设计方法，并通过探讨音乐短视频类 App 需要的交互设计策略，说明其如何实现交互设计思维和效果的完善，以达到为用户提供更佳的体验。心流体验理论可以为具有精良用户体验的音乐短视频类 App 的交互设计带来新的想法和策略。

用户行为回避理论。回避行为指试图阻止、逃离或减少与主观上厌恶的负性刺激接触的行为。黄元豪、李先国、黎静仪(2020)构建了在短视频平台中用户对网红植入广告产生行为回避的理论模型，揭示了用户“广告匹配性→沉浸感→评定逆反→行为回避”的心理机制，分析了匹配性因素的相对重要程度，为企业实现网红植入广告的精准营销提供了实践指导。

自我决定理论。自我决定理论是一种关于人类自我决定行为的动机过程理论。孙平、邵帅、石佳云等(2020)基于自我决定理论和计划行为理论，从抖音迷因现象出发，运用扎根理论研究方法，分析抖音热点旅游地话题下的视频文案及评论，构建抖音用户出游行为的形成机理模型。出游行为呈现出两个过程。第一，动机产生及内化过程。网络无意识动机在抖音制造的迷因刺激下产生，与基本心理需要和目标追求结合，内化生成“我必须去”的自主性出游动机。第二，出游动机转化为出游意愿和行为过程。出游动机、感知价值、主观规范和感知行为控制直接影响出游态度，进而影响出游意愿和出游行为。

20.4.2.1.4 经济学理论

产业组织理论 SCP 范式。乔·贝恩在吸收和继承马歇尔的完全竞争理论、张伯伦的垄断竞争理论和克拉克的有效竞争理论的基础上，提出了 SCP (structure-conduct-performance)分析范式。他认为,新古典经济理论的完全竞争模型缺乏现实性,企业之间不是完全同质的,而存在规模差异和产品差别化。廖秉宜、金奇慧、李淑芳(2019)从产业组织理论 SCP 范式的视角,分析了中国短视频新媒体产业的市场结构、市场行为和市场绩效,并提出短视频新媒体产业组织优化的策略:通过实施差异化定位和完善内容布局来优化市场结构;通过建设生态化平台和探索盈利模式来规范市场行为;通过提高资源配置效率和推动科技创新来提高市场绩效。

机会识别与资源配置理论。机会识别与资源配置理论强调人与机会的感知和识别关系,以及在机会识别的基础上的资源组合与匹配,从而最大化发挥资源协同效应,获取竞争优势。李莉、苏子棋、吕晨(2021)基于机会识别与资源配置理论,总结了 TikTok 的全球化发展经验。在资源数量的追求上遇到瓶颈时,企业应该调整策略,尝试在精准识别发展机会、洞悉客户需求、了解市场特征、掌握资源自身独有属性的基础上,合理配置有限的资源,从而带来价值增值。

20.4.2.1.5 管理学理论

系统动力学模型。系统动力学是一门分析研究信息反馈系统的学科,也是一门认识系统问题和解决系统问题的交叉综合学科。祁凯、韦晓玉、郑瑞(2021)将政务短视频网络舆情分为舆情事件、网民和政务短视频三个子系统,借助 Vensim PLE 软件,构建政务短视频网络舆情多主体应对仿真模型。研究结合具体案例"黑龙江疫情反弹"仿真分析子系统中各影响因素之间的相互作用关系,探究政务短视频网络舆情传播的动态机制。研究认为,政务短视频网络舆情受舆情事件、网民、政务短视频子系统及相关因素的共同影响。政务短视频可以通过控制三个子系统的相关因素,有效应对和引导网络舆情。

双元能力视角。邓肯(Duncan 1976)最早将"双元"概念引入管理学领域,用以描述组织能力。马奇(March 1991)通过对"探索"和"开发"两个概念的分析,奠定了双元理论的核心。他认为,探索是以搜寻、变化、实验、冒险和创新为特征的学习行为,倾向于突破组织已有知识框架和技术轨道,开拓创造新的知识。开发是以扩大生产、精细化、提升效率和实施为特征的学习行为,倾向于在现有知识领域内进行深入应用。张庆强、孙新波、钱雨(2021)聚焦于双元能力视角下微创新的实现过程和机制,结合探索性嵌入式单案例研究方法,以抖音短视频为案例研究对象,分析了在各种不确定性因素的驱动下,构建不同的双元能力以实现产品微创新的途径。研究认为,抖音短视频基于环境的不确定性,开发出不同的双元能力——技术、市场和价值双元能力;企业在产品创新的环节,通过不同双元能力的表现，实现不同的创新活动，最终实现产品的微创新改动。在此基础上，研究总结并提出双元能力实现微创新的过程机制模型。

企业社会责任研究。朱永明、李佳佳、姜红丙(2019)认为，短视频行业在快速扩张的同时面临严峻的社会责任问题，而明确企业社会责任对品牌资产的作用机制是其有效履行社会责任的前提。研究对短视频用户进行调研，考虑到消费者异质性对企业社会责任感知质量的影响，对短视频企业社会责任与品牌资产的作用机制进行了实证研究。研究认为，短视频企业社会责任通过消费者企业社会责任感知质量影响企业的品牌资产，不同维度的企业社会责任对品牌资产的影响差异显著，消费者异质性影响消费者企业社会责任感知质量。该研究指导短视频企业结合自身实际来履行社会责任，从而营造健康、可持续的互联网发展环境。

20.4.2.1.6　情报科学理论

信息生态理论。信息生态理论是从生态学角度分析信息的理论。信息生态是一个由人、行为、价值和技术在一定的环境下所构成的系统。信息生态的核心并非技术，而是技术所服务的人类。曹海军、侯甜甜(2021)基于信息生态理论视角，从理论、实践和技术三个方面对政务短视频发展的内生逻辑进行深入分析，并提出政务短视频发展的优化路径。当前政务短视频的发展存在头重脚轻、定位模糊、追求形式和各自为战的问题，应从四个方面探索其优化路径：强化顶层设计，明确整体规划；清晰自身定位，打造个性内容；整合政务账号，优化媒介生态；加强技术交流，发挥矩阵合力。

20.4.2.2　短视频应用研究

短视频在各个领域均有较多研究，主要集中在文旅、政务、农业、法律(法规)、电商、医疗健康等领域。尤其是文化中的文化遗产与跨文化传播的李子柒现象研究上，产出较多。在应用研究中，如表20.7所示，排名前三的分别为文化、政务与法律(法规)。

表20.7　应用研究类别发文量与所占百分比(n=3 938)

排名	应用研究	数量(篇)	百分比(%)	累计百分比(%)
1	文旅	1 612	40.93	40.93
2	政务	486	12.34	53.28

续 表

排名	应用研究	数量(篇)	百分比(%)	累计百分比(%)
3	法律(法规)	86	2.18	55.46
4	教育	41	1.04	56.50
5	农业	27	0.69	57.19
6	电商	19	0.48	57.67
7	医疗健康	17	0.43	58.10
8	体育	15	0.38	58.48
9	其他	9	0.23	58.71

20.4.2.2.1 *短视频与文旅*

郭建斌、程悦(2021)认为,"故事布"和苗语影像是在苗族全球离散的背景下出现的,两者均具有媒介记忆的功用。随着互联网和手机等新媒体的普及,短视频等成为当下苗族用影像续写其民族记忆的重要方式。基于此现象的讨论,对拓宽媒介研究的视野具有积极意义。栾轶玫、张杏(2020)研究贵州"非遗"扶贫网红"侗族七仙女",借助融媒体传播技术,在将侗族"非遗"文化推广到外部世界的同时带动了当地经济发展,从而两年实现了当地村民的全面脱贫。借助短视频、直播、网络综艺等多平台、立体化传播的"非遗扶贫+多元传播"模式,证明了依靠传播赋能可以大声量、多方位、立体化地助力脱贫攻坚,帮助贫困地区实现脱贫及脱贫后的可持续发展。

在跨文化传播中,涉及中国人传播中国文化与外国人传播中国文化两个方面。李子柒是一个非常成功的案例,有诸多学者研究了李子柒现象。

曾一果、时静(2020)研究李子柒用短视频艺术化地重构和再造"田园生活",从视觉、心理和审美等不同层次"按摩"焦虑中的观众,激活和唤醒了他们对业已消逝的乡村田园世界之情感,并努力在新社会语境中建构人们对过去世界的"新情感结构"。从情感视角对李子柒制作的系列短视频展开媒介文本解读,深入探究社会加速时代李子柒现象背后的情感肌理、文化机制和消费逻辑。王国华、高伟、李慧芳(2018)认为,炙手可热的网红经济吸引并塑造了一批"洋网红"。"洋网红"群体可以架起国家间交流互动的桥梁,扮演跨文化传播的角色,能够促进中外文化的传播和交流并建构国家形象。他们对"洋网红"群体进行分类并梳理其发展历程,选取新浪微博上十个人气"洋网红"账号下热度最高的一条微博,采用内容分析法从微博内容形式和指向、主题类型、态度倾向、主流媒体报道情况对样本编码,分析"洋网红"走红特征及传播作用。研究发现,"洋网红"扮演网红经济的发展者、他者视角下的国家形象建构者、国家间话题的关键讨论者和中华文化的传播者等角色。

谢琴(2020)认为,国家形象是关乎国家国际地位与话语权的战略资源,而短视频具有独特的符号系统。在新媒体时代,国家宣传片通过短视频的视听语言符号能够有效地建构国家形象。《人民日报》推出的系列短视频《中国一分钟》,以丰富的视听语言建构国家形象,其巧妙的立意、多方位的符号呈现和创新的叙事手法等赢得了受众的广泛赞誉。国家形象宣传片只有坚持平民视角,让国家形象的符号生产适应当下短视频的传播语境,才能提升传播效果。

左旼、修振、夏重华(2020)认为,作为软实力的重要组成部分,城市形象的优劣关乎一座城市经济的发展、旅游市场的开拓、对外交流合作和人才的吸引,因此,能否有效地运用媒介构建与传播城市形象早已成为衡量城市竞争力的重要指标。随着媒介技术的进步,短视频内容制作、发布门槛的降低,公众参与城市形象传播的热情愈发高涨,原本由政府主导、主流媒体参与的城市形象传播逐渐向个体偏移。

万新娜(2021)认为,短视频的迅猛发展为城市形象传播提供了新契机。与传统城市形象宣传片不同,短视频中的城市形象表达呈现出微观视角、内容碎片化、场景符号化、科技与娱乐化等特征。短视频以其多平台的融通与连接,个性内容的精算分发、盲选推送、深度参与互动的传播机制,在实现线上线下联动的去中心化传播的同时,有效培育城市情感认同,成为宏大叙事模式的城市宣传片的重要补充。短视频以流量为权重实现城市再定位,以独特视角丰富城市文化内涵,以动态拼贴的方式建构多维城市形象。

姜飞、彭锦(2021)认为,视听作品作为现场感最强、传播门槛最低的信息载体,涵盖借由信息传播技术生出的多维视觉要素,在向世界讲好中国抗疫故事中作用显著。他们从"文化物理学"的视角将视觉传播概念划分为视觉要件、视觉作品、视觉修辞三个结构性要素,探讨新兴视觉作品(短视频、vlog、慢直播等)与传统视觉作品(纪录片、电视剧等)在视觉修辞上的异同,并讨论利用新兴视觉作品建构视觉传播新生态的可能性路径。

王思淇、吴丽君(2019)运用口述历史的研究方法,对于历史事件进行资料搜集、整理并加以创新地推出新颖的短视频内容成为受欢迎的新趋势。研究将历史文化的文物和历史的事件通过不同的资料整理、重组并加上有趣搞笑的剧情，最后对短视频进行编辑、呈现，是文化与技术新融合的体现。

刘赟(2021)从青年群体的旅游需求层次出发，分析了自媒体短视频对青年群体旅游决策和消费意愿的影响。研究采用网络问卷调查的方式获取了965份有效调查问卷，整合网络调查问卷相关数据作为研究样本，并以青年群体的旅游消费意愿作为被解释变量，以自媒体短视频的数量、质量和变化感知作为解释变量构建多元线性回归模型。被调查者对于题项设计的认可度较高。各解释变量和控制变量的回归系数值分布证明，自媒体短视频传播与青年旅游消费意愿之间存在显著的相关性。

魏玮(2021)认为，依托引进短视频等新媒体进行城市旅游整合营销，对做好旅游目的地宣传推广、提升品牌美誉度和影响力大有助益。研究从新媒体与城市旅游目的地营销阐述入手，探讨了新媒体环境下旅游营销特性、游客行为特征嬗变和新媒体主要营销形态，对国内旅游城市构建系列性、多元化新媒体文旅整合营销模式有所借鉴。

20.4.2.2.2　短视频与教育

贺斌、曹阳(2015)利用文献研究法，重点分析SPOC(small private online course，小众私密在线课程)的基本内涵、价值取向，以及SPOC与MOOC的关系。研究认为，SPOC是对MOOC的继承、完善与超越，能够把优质MOOCs资源与课堂面对面教学的优势有机结合起来，实现对教学流程的重构与创新。研究创造性地提出了基于SPOC的"时间-空间-学习形式"的关系结构，用来指导SPOC在学校教学中的实际应用；同时，总结了SPOC的六大显著优势，可作为基于MOOC的教学流程创新实践的重要抓手。

李金芳、刘娜、王莲等(2015)对代表性的xMOOC课程模式开展调查，总结和发现有益于中国高校图书馆信息素养教育实践探索的方向。研究调查了Coursera、Udacity、edX、Future Learn、Open2Study、Khan Academy等6个有代表性的xMOOC平台的课程模式，分析了其在教学实践中的特色。研究认为，采用协作式的朋辈培训模式、完善混合教学模式的结构化设计、开展评价与跟踪调查研究有望成为将来信息素养教育实践的热点。

20.4.2.2.3　短视频与农业

朱琳(2019)认为，近年来短视频行业发展势头迅猛，伴随农村移动网络的覆盖与普及，短视频的传播逐渐触及田野乡村，传播主体从城市精英群体进一步扩散到乡村农民群体。新农人通过短视频呈现农村生活的视觉场景，唤醒了受众根植于农耕文明的乡愁情绪，重构了对于乡土生活的记忆。

顾丽杰、张晴(2020)认为，随着数字化浪潮向乡村地区快速推进，乡村民众拍摄短视频、直播带货已蔚然成风，乡村网红崛起正当时。研究从乡村网红文化现象入手，在文化唯物主义视角下解读乡土文化网络兴起的原因和现实意义，以窥视新媒体语境下乡土文化的转向。乡村主题短视频是文化的另一种呈现方式，乡土文化的网络复兴得益于媒介技术、乡村生活实际、情感结构、国家政策等多重因素共同作用。在新时代乡村振兴战略背景下，回乡、回村成了新潮流，乡土文化总体上实现了从传统到现代的转向。同时，研究也提醒我们要警惕消费主义冲击下乡土文化的异化和简单物化，应该侧重保留乡土文化内核。

20.4.2.2.4　短视频与政务

耿晓梦、方可人、喻国明(2020)认为，随着媒体融合进程加快，中国媒体融合工作逐渐从中央、省级媒体和大型传媒集团纵向进入基层的县级融媒体。县级融媒体的建设工作成为媒体融合领域的热点和难点。县级融媒体运作的根本逻辑是尊重地方用户的主动性，容纳本地用户在内容与形式上的创造偏好，从市场融合、需求融合环节的洞察起步，以需求和消费的把握为基点来重构生产和分发。研究建构了县级融媒体的运营策略：重视需求差异，做好信息匹配，面对三五线城市用户较为强烈的社交需求，基于自我呈现和社交互动的视频信息具有更广阔的发展前景。县级融媒体应该在短视频领域持续发力，以短视频带动互动性与社区化建设。

陈月飞、丁和根(2021)认为，2020年新冠疫情为考察县级融媒体中心融合传播表现提供了契机。研究采用内容分析法，抓取分别地处中国东部、中部、西部的三家县级融媒体中心疫情期间主要传播数据，综合分析其传播表现，认为图文稿件和短视频成为融媒体主要传播形式。县级融媒体中心在重大突发公共事件传播链条中既有不可或缺的地位，也在传播效果、技术、体制等方面存在亟须改进的问题。

杨一森、刘福泉(2020)认为，政务抖音号是政务机构传递"政能量"的有效载体，也是融通官方舆论场和民间舆论场的重要桥梁。从政务传播的视角出发，研究对四平市公安局官方抖音号"四平警事"的优势进行分析，并进一步剖析政务抖音号的发展方向，为创新政务宣传、搭建政府与百姓沟通的新桥梁做出有益探索。

韩姝、阳艳娥(2021)认为，政务新闻呈现短视频化的发展趋势。政务新闻的短视频化特性主要表现为主题微观、叙事诙谐、镜头冲击力强等方面，同时，存在完整性欠缺、同质化严重、植入式拼接、用户参与度低等问题。研究认为，需要通过丰富短视频报道的形式，拓展“直播＋短视频”“H5＋短视频”“VR＋短视频”等方式来创新政务短视频新闻传播的途径。

田力、张琤琤(2019)认为，当前媒体融合转型已进入深水期与攻坚期，以中央广播电视总台为代表的传统主流媒体面临引领数字媒体，尤其是移动媒体全面改革的历史重任。以 2019 年中央电视台的短视频《瞬间中国》为例，研究从记忆构建、仪式构建、价值构建三个维度对《瞬间中国》进行了创新解读，分析该节目的成功之处，并通过解读探析如何深化融媒思路，完成传统电视节目在融媒体时代的创新融合。

肖雄(2020)认为，在新媒体语境下，传媒的核心竞争力仍然体现在优质内容的持续产出能力上。传统电视媒体如果要在新闻短视频上大做文章，不是简单地把生产内容复制到移动互联网上，而是要善于选取有人情味的身边事，捕捉“第一新闻”，寻找“第二落点”，从而在内容生产等方面做出改变和优化。

20.4.2.2.5 短视频与法律(法规)

董天策、邵铄岚(2018)从电影解说短视频博主谷阿莫被告侵权案谈起，从当事人创作发布短视频的过程和创作手段的视角对该案的是非曲直做了具体分析。研究对案件争议的焦点“合理使用”做了理论梳理，并通过分析对比国内外现行著作权法律制度相关规定，提出要及时修订完善中国现行著作权法，权衡利弊，平衡保护二次创作者和著作权人的合法权益。

张雯、朱阁(2019)认为，短视频蕴含商业价值、满足公众多元化表达需求，法院应持谨慎积极的态度审理好相关案件。运用好独创性标准的弹性，合理界定短视频构成作品的界限。如果短视频体现了制作者的个性化表达，则可以认定其具备独创性。以诚实信用原则为指导适用通知—删除规则，平衡个案中双方的利益，既为法官自由裁量权的行使指明方向，又有利于当事人乃至公众善意观念的养成。技术应用的法律属性是什么，应该看这项技术应用在具体案件中是如何使用的。推进技术应用的规范化工作，是充分保障当事人权利救济和解决法院认定难等实践问题的出路之一。

20.4.2.2.6 短视频与电商

官振中、文静柯(2021)通过新零售运营模式的分析，从“人-货-场”三方面提炼出短视频社交电商借力粉丝经济、节省时间精力和巧用心理变化等核心优势，以及排外用户多、商品优势少、平台转型难等问题。研究围绕外扩内抚、生态闭环和良性竞争三个方面，对短视频社交电商发展进行展望。

钟涛(2020)在直播电商发展现状的基础上，围绕“人-货-场”对短视频直播电商发展要素进行剖析，从平台、品牌方、消费者等多维度对直播电商的发展动力进行分析，并从新流程、新场景、新模式的视角对直播电商的未来成长持续性进行预测，旨在为直播电商行业的可持续健康发展提供思考和建议。

20.4.2.2.7　短视频与体育

周金钰、王相飞、王真真等(2019)选取里约奥运会中国26个夺冠项目的短视频为研究对象，运用符号学、框架理论等，认为夺冠短视频的新媒体传播在国家认同构建中存在如下问题：碎片化打破集体记忆的叙事逻辑；互联网时代下夺冠短视频的仪式化解构危机；过度商业化运作有碍国家认同建构功能的发挥等。未来中国大型体育赛事夺冠短视频的新媒体传播需要重视资源整合，加强舆论监测，平衡好商业性广告的比重，进一步发挥夺冠短视频构建国家认同的价值。

王福秋(2020)基于5G时代背景对体育短视频生产传播的机制进行研究，认为5G时代人们将以多种角色促进体育短视频传播，用户思维和社会交往多元诉求将成为体育短视频的价值引导。为促进体育短视频在5G时代媒介融合中发展，其生产与传播的媒介引导机制主要包括以下方面：建立适配的IP规则，鼓励多元协同创新，提升文化自觉观念和主体意识。

20.4.2.2.8　短视频与医疗健康

郝玉佩(2019)认为，近年来，以快手、抖音为代表的短视频应用迅猛增长，其诉诸视听声画于一体的传播模式更新了现代人接收信息与社交的方式，也为健康传播提供了新的平台。以“丁香医生”抖音号为例，研究探究短视频领域健康传播现状并尝试提出优化策略。

胡伟、蒋一鹤、王琼等(2021)探讨短视频社交媒体依赖对大学生睡眠障碍的影响，以及夜间社交媒体使用的中介作用和性别的调节作用。结果显示：短视频社交媒体依赖显著正向预测睡眠障碍；夜间社交媒体使用在短视频社交媒体依赖影响睡眠障碍中起部分中介作用；该中介模型的直接路径和间接路径的前半段受性别的调节。例如，相比男生，短视频社交媒体依赖对睡眠障碍和夜间社交媒体使用的影响在女生中更强。研究认为，降低短视频社交媒体使用和夜间社交媒体使用，有助于提高大学生的睡眠质量。

20.4.2.3　短视频的技术支持

技术研究主要分为两大类型，一类是基于第五代移动通信技术(5G)的相关技术，另一类是算法、自然语言处理技术、情感分析、行为识别等。在技术支持类别中，如表 20.8 所示，排名前三的分别为算法(0.61%)、5G 及 5G 相关(0.22%)、情感分析(0.17%)。

表 20.8 技术支持类发文量与所占百分比(n=2 292)

排名	技术支持	数量(篇)	百分比(%)	累计百分比(%)
1	算法	14	0.61	0.83
2	5G 及 5G 相关	5	0.22	0.22
3	情感分析	4	0.17	1.00
4	自然语言处理	2	0.09	1.09
5	行为识别	3	0.13	1.22
6	其他	1	0.04	1.27

20.4.2.3.1 5G 及 5G 相关

5G 是具有高速率、低时延和大连接特点的新一代宽带移动通信技术，是实现人、机、物互联的网络基础设施。王兆红(2019)认为，我们将进入一个把万物互联、智能感应、机器学习、虚拟现实等技术整合起来的智能互联网 5G 时代。这个 5G 时代将在更大的广度、强度和深度上改变整个社会。曹三省、胡倩倩(2020)认为，在 5G 网络普及和媒体融合的进程中，尤其是以 5G 网络赋能的增强移动宽带(eMBB)业务为基础，短视频与其他行业呈现出加速融合态势，"短视频+"正在成为新时代媒体融合创新发展的重要推动力之一，也在为各行各业创造更多可能性。

20.4.2.3.2 算法

郭小平、张小芸(2018)认为，短视频推荐主要有编辑推荐、社交推荐和智能推荐三种类型。其中，智能推荐运用场景洞察、情感计算和用户需求挖掘等计算传播手段，弥补了传统视频媒体的不足，并呈现人性化传播特征，实现了短视频文本和用户需求的数字联结与精准匹配。

郭淼、王立昊(2021)认为，在算法推荐机制的作用下，抖音过度追求个人化、浅表化和商业化的内容，造成信息供需错位。算法在深度学习和分析中逐渐实现对用户主体价值的"绑架"，用户的时间、记忆甚至个人判断都交给了算法。算法偏向性对用户信息获取能力和心理上带来双重抑制，会对用户作为信息生产者、获取者和依赖者的主体价值进行某种意义上的“绑架”，引发用户的信息焦虑。

20.4.2.3.3　情感分析

黄欢、孙力娟、曹莹等(2021)认为，现有的情感分析方法缺乏对短视频中信息的充分考虑，从而导致不恰当的情感分析结果。基于音视频的多模态情感分析(AV-MSA)模型便由此产生，模型利用视频帧图像中的视觉特征和音频信息来完成短视频的情感分析。模型分为视觉与音频两个分支：音频分支采用卷积神经网络(CNN)架构来提取音频图谱中的情感特征，实现情感分析的目的；视觉分支采用3D卷积操作来增加视觉特征的时间相关性，并在Resnet的基础上，突出情感相关特征，添加了注意力机制，以提高模型对信息特征的敏感性。研究设计了一种交叉投票机制用于融合视觉分支和音频分支的结果，并由此产生情感分析的最终结果。AV-MSA模型在IEMOCAP和微博视听(WB-AV)数据集上进行评估。实验表明，与现有算法相比，AV-MSA在分类精确度上有较大的提升。

20.4.2.3.4　自然语言处理

林霄竹、金琴、陈师哲(2019)认为，在实际生活中，大多数视频均含有若干动作或物体，简单的单句描述难以展现视频中的全部信息。在各类长视频中，教学视频步骤清晰、逻辑明确，容易从中提取特征并使用深度学习相关算法进行实验验证。为此，研究收集整理了一个命名为iMakeup的大规模的美妆类教学视频数据集，包含总时长256小时的热门50类、2 000个长视频、12 823个短视频片段。每个片段均根据视频的逻辑步骤顺序进行划分，并标注起止时间和自然语句描述。研究主要通过视频网站下载收集原始视频，并请志愿者对视频的详细内容进行人工标注；统计分析此数据集的规模大小和文本内容，并与其他类似研究领域的若干数据集进行对比；最后，展示了在此数据集上进行视频语义内容描述的基线实验效果，验证了此数据集在视频语义内容描述任务中的可行性。iMakeup数据集在收集整理时注重内容多样性和类别完整性，包含丰富的视觉、听觉甚至统计信息。除了基本的视频语义内容描述任务之外，该数据集还可用于视频分割、物体检测、时尚智能化推荐等多个前沿领域。

20.4.2.3.5　行为识别

董旭、谭励、周丽娜等(2020)认为，目前，行为识别方法更关注动作本身，但短视频中包含的信息比较少，需要利用视频中的多种特征信息，提高任务行为识别的准确率。他们对基于场景和行为联合特征的短视频行为识别方法进行研究，利用场景信息作为上下文信息，提高传统单一行为识别网络的效果。首先，对短视频中的场景特征利用深度融合网络进行提取；其次，对短视频中的行为特征利用可变卷积网络进行 RGB 特征和 Flow 特征提取；最后，利用字典学习的方法对构建的联合特征进行稀疏表示，提取出更具解释性的特征信息。在 Charades 测试集 Top-5 准确率为 33%，优于传统单一行为识别网络，使行为识别效果更加准确。

20.5 小结

短视频相关研究对于传播学理论、影像实践和技术应用都有一定的指导意义。通过对这些研究的考察，我们对于未来短视频研究有如下建议。

20.5.1 拓宽视野

在短视频内容生产与传播方面，"短视频＋直播带货"模式赋能新零售行业，"短视频＋"成为数字时代的新零售经济；生活服务类短视频与关键意见领袖品牌仍是热点，美食类、美容和时尚类、生活技能类等短视频均有不同程度的发展，健康类短视频常态化走红，教育内容成为短视频内容生态的重要组成部分；智能媒体赋能非物质文化遗产，"非遗"话题引发全民互动；"短视频＋"赋能电视剧话题热度和社交黏性；主流新闻借力短视频转型，短视频成为新时代媒体融合创新发展的重要推动力之一。

20.5.2 细分群体

短视频的目标群体越来越广泛，出现了众多亚文化群体，如二次元文化、街头文化、军迷文化、哥特文化、摇滚乐及衍生文化、LGBT 文化、电竞文化、鬼畜文化、超级英雄文化、古风文化、网络亚文化、耽美文化、草根文化、变装文化。针对亚文化群体的研究较少，需要更多研究者来探索。

20.5.3 技术为先

技术是人类为了满足自身的需求和愿望，遵循自然规律，在长期利用和改造自然的过程中积累起来的知识、经验、技巧和手段，是人类利用自然改造自然的方法、技能和手段的总和。互联网的发展与技术的发展有很大的关联，5G、4K、

AR 等技术的强势发展或将成为“第二引擎”，加速短视频行业的生态升级。在技术的加持下，短视频生产主体会更加多元化，视频内容将更加多样，服务性增强，线上办公和教育的交互性增强。同时，5G 的运用将使短视频呈现出更多层次的场景，使得用户获得更加友好的体验感，真正实现用户从“传者本位”向“受者本位”的嬗变。

20.5.4 跨文化研究

跨文化研究通过比较不同文化，揭示在不同社会条件下，人们的社会行为和心理特征及发展规律的异同，从而为把握社会心理现象中的普遍性提供认识依据。本章也存在一定的局限性。本章只检索了中国知网数据库，并且采用检索主题词的方法可能有一定的滞后。未来可扩大数据库检索范围，如增加 web of science 数据库，优化检索策略，对中国与全球短视频研究进行对比。

参考文献

曹海军，侯甜甜(2021).信息生态视角下政务短视频的内生逻辑与优化路径.情报杂志，2：189-194.

曹三省，胡倩倩(2020).5G 与媒体融合背景下短视频的发展态势分析.传媒，11：19-22.

曹钺，曹刚(2021).作为“中间景观”的农村短视频：数字平台如何形塑城乡新交往.新闻记者，3：15-26.

陈月飞，丁和根(2021).重大突发公共事件中基层媒体融合传播的创新与思考——以三家县级融媒体中心抗疫报道为例.当代传播，3：61-64，69.

崔雷，刘伟，闫雷，等(2008).文献数据库中书目信息共现挖掘系统的开发.现代图书情报技术，8：70-75.

单小曦，支朋(2021).自媒体文艺短视频的媒介神话学阐释——以李子柒古风艺术短视频为主要考察对象.内蒙古社会科学，1：195-203.

邓元兵，赵露红(2019).基于 SIPS 模式的短视频平台城市形象传播策略——以抖音短视频平台为例.中国编辑，8：82-86.

董天策，邵铄岚(2018).关于平衡保护二次创作和著作权的思考——从电影解说短视频博主谷阿莫被告侵权案谈起.出版发行研究，10：75-78.

董旭，谭励，周丽娜，等(2020).联合场景和行为特征的短视频行为识别.计算机科学与探索，10：1754-1761.
方朝晖，夏德元（2019）.国内短视频研究热点演变与议题追踪——基于CiteSpace对知网数据库（2010—2017）的考察.新闻论坛，1：47-50.
耿晓梦，方可人，喻国明（2020）.从用户资讯阅读需求出发的县级融媒体运营策略——以百度百家号"用户下沉"调研分析结论为启示.中国出版，10：3-7.
顾丽杰，张晴（2020）.乡村网红的崛起与乡土文化的转向.新闻爱好者，12：37-40.
官振中，文静柯（2021）.基于短视频平台的社交电商发展研究.管理现代化，1：93-97.
郭建斌，程悦（2021）."故事布"与苗语影像：苗族的媒介记忆及全球传播.现代传播（中国传媒大学学报），1：33-38.
郭淼，王立昊（2021）.抑制与绑架：抖音用户的"算法焦虑".新闻与写作，4：99-102.
郭小平，张小芸（2018）.计算传播学视角下短视频的类型化推荐及优化策略.电视研究，12：32-34.
郭咏琳，周延风（2021）.从外部帮扶到内生驱动：少数民族BoP实现包容性创新的案例研究.管理世界，4：159-180.
韩少卿（2018）."戏精"：短视频狂欢的新身体叙事.新闻爱好者，10：29-32.
韩姝，阳艳娥（2021）.政务新闻的短视频化特性与发展——以央视新闻中心官方微博"央视新闻"为例.传媒，10：60-62.
郝玉佩（2019）.短视频中的健康传播探讨——以"丁香医生"抖音号为例.新闻世界，2：75-77.
何宸，蒋晓（2021）.基于Hooked理论的移动短视频应用设计策略研究.包装工程，2：313-318.
贺斌，曹阳（2015）.SPOC：基于MOOC的教学流程创新.中国电化教育，3：22-29.
胡荣（2020）.基于CiteSpace的国内短视频发展现状及趋势研究.戏剧之家，16：169-172.
胡伟，蒋一鹤，王琼，等（2021）.短视频社交媒体依赖与大学生睡眠障碍的关系：夜间社交媒体使用的中介作用及性别差异.中国临床心理学杂志，1：46-50.
黄欢，孙力娟，曹莹，等（2021）.基于注意力的短视频多模态情感分析.图学学报，1：8-14.

黄佩,解文蕊,刘钰(2021).短视频研究的中外对比与差异溯源.新闻与写作,3:46-53.

黄元豪,李先国,黎静仪(2020).网红植入广告对用户行为回避的影响机制研究.管理现代化,3:102-105.

江志全,范蕊(2020)."走向日常生活美学"——社交短视频的时代审美特征.文艺争鸣,8:98-103.

姜飞,彭锦(2021).文化物理学视域下的中国抗疫故事国际视觉传播.福建师范大学学报(哲学社会科学版),2:109-117.

姜正君(2020)."短视频"文化盛宴的文化哲学审思——基于大众文化批判理论的视角.新疆社会科学,2:97-107,148.

金瑶梅,徐志军(2020).短视频时代主流意识形态话语权建构面临的挑战及其应对.思想理论教育,9:88-92.

鞠高雅,林一(2018)."文化杂食主义"视角下的网络舞蹈视频与"互联网+"时代的文化分层.北京舞蹈学院学报,4:71-77.

李金芳,刘娜,王莲,等(2015).基于xMOOC课程模式的高校图书馆信息素养教育研究.图书情报工作,21:56-62.

李晶,曹然(2020).技术哲学视域下网络短视频的现状与发展趋势.中国编辑,10:86-91.

李莉,苏子棋,吕晨(2021).移动互联网产品全球化发展策略研究——以TikTok为例.管理现代化,1:44-47.

廖秉宜,金奇慧,李淑芳(2019).基于SCP范式的中国短视频新媒体产业组织分析.编辑之友,8:44-48.

林霄竹,金琴,陈师哲(2019).iMakeup:特定领域的大规模长视频数据集——用于细粒度视频语义内容描述.计算机辅助设计与图形学学报,8:1350-1357.

刘博,夏德元(2019)."抖音"短视频中的音乐传播创新——基于示能性理论的视角.新闻爱好者,6:17-21.

刘儒田(2019).我国短视频传播研究的议题情况分析(2010—2019)——基于Citespace的可视化分析.视听,8:179-181.

刘赟(2021).自媒体短视频传播对青年群体旅游消费意愿的影响研究.商业经济研究,10:80-82.

刘姿麟(2018).中国短视频行业的现状分析.电影评介,10:95-97.

柳竹(2018).从"精神交往论"看短视频之热.青年记者,29:6-7.

路小静，胡慧河，姚永春(2020).“使用与满足”理论下学术期刊应用短视频的策略分析.科技与出版，10：45-49.

栾轶玫，张杏(2020).“多元传播”赋能的非遗扶贫新模式——以脱贫网红贵州“侗族七仙女”为例.云南社会科学，5：140-148，189.

孟建，张剑锋(2022).数字人文：中国短视频研究的学术地图与脉络.现代传播(中国传媒大学学报)，8：127-137.

孟薇(2018).自媒体时代儿童影像消费现象批判——以抖音为例.传媒，23：77-79.

聂伟，吴舒(2012).微电影：演变、机遇与挑战.上海大学学报(社会科学版)，4：31-38.

潘祥辉(2020).“无名者”的出场：短视频媒介的历史社会学考察.国际新闻界，6：40-54.

祁凯，韦晓玉，郑瑞(2021).基于系统动力学模型的政务短视频网络舆情动力演化分析.情报理论与实践，3：115-121，130.

孙平，邵帅，石佳云，等(2020).基于扎根理论的短视频抖音用户出游行为形成机理研究.管理学报，12：1823-1830.

田力，张琤琤(2019).传统媒体融媒产品创新开发的成功之路——以短视频《瞬间中国》为例.出版广角，17：59-61.

田星瀚，赵文秀(2020).基于心流体验的音乐短视频类APP交互设计研究.包装工程，10：181-185.

万新娜(2021).城市形象短视频传播的特征、机制与价值.中国广播电视学刊，2：120-122.

王福秋(2020).5G时代体育短视频生产传播的媒介趋向与引导机制研究.体育与科学，6：55-59，87.

王国华，高伟，李慧芳(2018).“洋网红”的特征分析、传播作用与治理对策——以新浪微博上十个洋网红为例.情报杂志，12：93-98，117.

王晟添，吕若楠(2022).电视剧的视听微叙事传播形态与逻辑.当代电视，9：35-40.

王思淇，吴丽君(2019).论网络短视频发展与当代口述史学的关系.山西财经大学学报，S2：85-87，95.

王兆红(2019).5G+4K时代的视频消费模式创新研究.电影评介，16：96-98.

魏玮(2021).新媒体环境下城市旅游目的地整合营销研究.商业经济研究，4：

83-85.
吴冠军(2021).从后电影状态到后人类体验.内蒙古社会科学,1：44-50,2.
夏德元,刘博(2020)."流动的现代性"与"液态的记忆"——短视频在新时代集体记忆建构中的特殊作用.当代传播,5：38-42,53.
夏德元,王宇博(2021).模因论视域下短视频对外传播的媒介逻辑.新闻爱好者,1：36-39.
肖雄(2020).电视新闻短视频内容生产优化策略.中国广播电视学刊,10：28-29.
谢琴(2020).从符号学角度看短视频对国家形象的传播效应——以《中国一分钟》系列短视频为例.传媒,23：94-96.
晏青,罗小红(2019).流动的意义：传统文化移动传播的符号学阐释.中州学刊,10：166-172.
杨一森,刘福泉(2020).从"四平警事"看政务抖音号的传播优势与发展路径.传媒,22：56-58.
尹绪彪(2020).沉浸式短视频传播的语境体系构建.出版广角,7：74-76.
于烜(2021).算法分发下的短视频文化工业.传媒,3：62-64.
曾一果,时静(2020).从"情感按摩"到"情感结构"：现代性焦虑下的田园想象——以"李子柒短视频"为例.福建师范大学学报(哲学社会科学版),2：122-130,170-171.
张岚(2019).拟剧理论视域下UGC短视频内容生产与传播研究.传媒,3：54-56.
张庆强,孙新波,钱雨(2021).双元能力视角下微创新实现过程及机制的单案例研究.管理学报,1：32-41.
张雯,朱阁(2019).侵害短视频著作权案件的审理思路和主要问题——以"抖音短视频"诉"伙拍小视频"侵害作品信息网络传播权纠纷一案为例.法律适用,6：3-14.
赵志明,朱丽萍(2021).后现代语境下短视频的叙事特征分析.传媒,6：58-60.
钟涛(2020).直播电商的发展要素、动力及成长持续性分析.商业经济研究,18：85-88.
周金钰,王相飞,王真真,等(2019).奥运夺冠短视频的新媒体传播与国家认同构建——以2016年里约奥运会为例.山东体育学院学报,4：19-25.
周孟杰,吴玮(2021).三重勾连：技术文本、空间场景与主体行动——基于湖北乡村青年抗疫媒介实践的考察.中国青年研究,1：78-86,111.
朱琳(2019)."三农"题材短视频的乡土传播特征.青年记者,20：101-102.

朱永明,李佳佳,姜红丙(2019).CSR对品牌资产的作用机制研究——以短视频行业的经验数据为证.会计之友,22：10-16.

左旼,修振,夏重华(2020).城市形象的参与式传播研究——以济南为例.青年记者,32：42-43.

Chen, C., Ibekwe-SanJuan, F., & Hou, J. (2010). The structure and dynamics of co-citation clusters: A multiple-perspective co-citation analysis. *Journal of the American Society for Information Science and Technology*, 61(7), 1386-1409.

CNNIC(2023).第51次《中国互联网络发展状况统计报告》(2023-03-02). https://www.cnnic.cn/n4/2023/0302/c88-10755.html.

Pao, M. L. (1978). Automatic text analysis based on transition phenomena of word occurrences. *Journal of the American Society for Information Science*, 29(3), 121-124.

(复旦大学国家文化创新研究中心课题组)

21 中国短视频产业的视听内容与平台发展研究

从2019年短视频内容产业的全面布局，到2023年短视频推动中国视频化社会的形成与发展，短视频见证、创造中国视频产业的新蓝图，指引中国视频产业化的新方向。从单一模式到全场景，从“泛娱乐”到“泛知识”，从信息的传递到介入生活，短视频正带来一场推动媒介权力瓦解的全民运动。基于中国视频产业的广袤土地，未来短视频将在高新技术的不断加持下，改变人类文明生产与传播形态，见证媒介社会化下的生活方式转型，推动视频化社会的全速到来。

21.1 短视频用户行为特征洞察

21.1.1 短视频贡献互联网主要时长，向全场景持续渗透

当下，伴随互联网的发展和人们生活方式的改变，短视频正以最快的速度渗透到人们的生活中，占领人们的碎片化时间。美兰德传播咨询2022年中国居民媒介接触习惯与视频消费行为系列线上调查数据显示，用户观看短视频时段主要集中在晚间睡觉前、家庭休闲时、吃饭时及餐前餐后、户外运动/休闲时、午间休息时（见图21.1）。短视频社交已经替代线下人际社交，成为人们在朋友聚会等社交场景中的主要娱乐方式之一。短视频具有强大的娱乐资源和丰富的社交功能，用户在休闲场景中对短视频接触率不断提升。

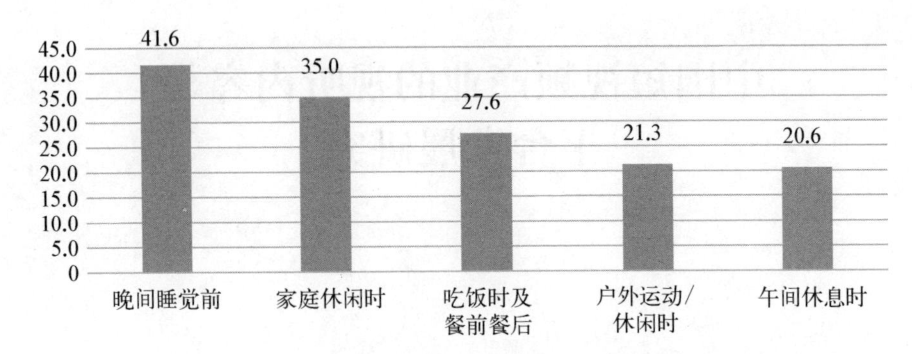

图 21.1 用户观看短视频场景分布 TOP5(%)

(数据来源：美兰德传播咨询 2022 年中国居民媒介接触习惯与视频消费行为系列线上调查)

美兰德 2022 年统计结果显示，中国居民中近一个月有四分之一的人每日观看短视频时长为 0.5—1 小时，两成多的人观看短视频时长为半小时以下，每日观看短视频超过 1 小时的人占据超两成(见图 21.2)。在针对短视频用户的观看数据统计中，四成以上的用户每周观看短视频的时间超过 5 天，四成的用户每周看短视频的时间为 3—5 天，不看短视频的用户趋近于零。相比于 2019 年的统计数据可知，用户观看短视频的频次持续增加。短视频持续收割用户注意力的时间，观看短视频已成为人们的生活方式和生活习惯。

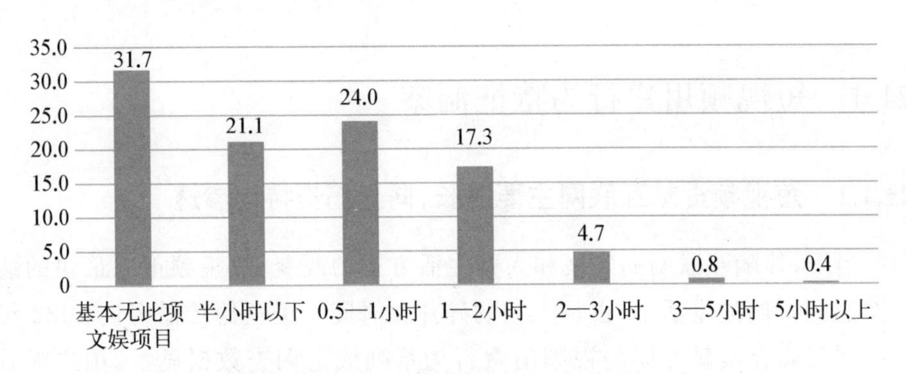

图 21.2 全国居民平均每日观看短视频时长(%)

(数据来源：美兰德传播咨询 2022 年中国居民媒介接触习惯与视频消费行为系列线上调查)

美兰德传播咨询 2022 年中国居民媒介接触习惯与视频消费行为系列线上调查数据显示，在用户观看时长分布方面，有近三成的人在工作日日均观看短视频达 2—3 小时；而在每日观看 3 小时以上的区间里，休息日的人数多于工作日，说明短视频用户在休息日会花更多时间在短视频上。

21.1.2 用户主要目的是放松和学习，专业媒体逐步占领“流量高地”

短视频内容生态圈发展至今，已然摈弃夸张猎奇、纯娱乐向的单一内容导向，迎来知识技能传授、美食烹饪制作、信息资讯解读、生活百态记录、农村发展纪实和文化传承发扬等多元内容。美兰德调查数据显示，近几年人们的短视频观看喜好逐渐发生偏移，从幽默搞笑逐渐转变成美食烹饪，又转变为影视剪辑和知识技能。影视剪辑和知识技能类内容都具有低时间成本、高信息密度的典型特征，迎合了短视频时代在碎片化信息传播模式下人们观看习惯的转变。

对于短视频用户而言，知识学习、娱乐放松和资讯接收一直是其观看短视频的主要动机。超过半数的用户表示学习知识是观看短视频的主要目的。由于用户对于“泛知识”的学习热情持续高涨，知识分享类视频的大量涌现已然成为平台新生态。此外，随着短视频渗透率的不断提升，除了在内容端的消费，用户通过短视频内容进行社交的诉求也不容忽视。美兰德传播咨询 2022 年中国居民媒介接触习惯与视频消费行为系列线上调查显示，超过三成的用户表示他们不仅会利用短视频平台了解亲友动态，更将其视作拓展社交圈、认识新朋友的途径。事实上，短视频产品的社交化已经成为各大平台下一步转型升级的突破口。

在使用行为方面，半数以上的用户会把视频分享、推荐给他人，这也正与用户的社交诉求相吻合。用户在平台内部的交流互动随处可见，近半数用户存在发表评论、浏览评论和点赞视频的行为，还有三成多的用户在观看短视频时会关注喜欢的作者，以期获得一种群体归属感，建立情感连接。

在内容发布者方面，近几年主流媒体和官方机构都在积极开展网络传播新布局，将短视频平台作为新闻传播的主要阵地。美兰德传播咨询 2022 年中国居民媒介接触习惯与视频消费行为系列线上调查显示，电视台、报刊等专业媒体凭借其影响力和权威性，位列短视频用户观看的第一梯队，其他内容创作者也获得了极高的关注度。

21.1.3 在线文娱产业稳中向上，文娱消费线上线下两开花

互联网在线视频行业发展态势一路向前，收割了用户的大部分注意力。美兰德传播咨询 2022 年中国居民媒介接触习惯与视频消费行为系列线上调查数据显示，近七成用户每日在短视频上的耗时超过半小时，65.9％的用户每日观看网络长视频超过半小时，35％的用户每日观看直播超过 1 小时。与之相比，半数以上的用户表示几乎没有“看书”和“去影院、剧场看电影和文艺演出”两项文娱活动。

近年来，在线文娱产业持续释放消费活力。美兰德传播咨询2022年中国居民媒介接触习惯与视频消费行为系列线上调查数据显示，超过四成的用户每月会在线上购物网站消费100元以上，57.9%的用户每月会在长视频平台上支出50元以下。线下购物依旧是大笔消费的主要渠道，约两成的用户每月的线下购物支出在300元以上。总体而言，文娱消费呈现线上"宅经济"与线下经济"两开花"的局面。

21.1.4 从中青年用户向两极扩展，文化水平显著提升

近几年，短视频用户结构未发生太大变化。美兰德·中国电视覆盖与收视状况调查数据库的数据显示，在性别分布方面，男女用户比例趋于平均，从2020年的男性用户多，到2021年的女性用户多，再到2022年两者相差不大。在年龄分布方面，20—34岁和35—49岁的中青年用户一直是短视频平台内容的主要消费者，同时向老年用户和低龄群体扩展，年龄分布趋向平衡。在文化程度方面，短视频用户没有体现出明显的群体差异，初等文化、中等文化、高等文化用户占比平均，2022年高等文化用户数量优势凸显。

21.2 短视频平台发展趋势洞察

21.2.1 从"一超多强"到"三强领跑"，头部平台拥有大批深度用户

2019年，短视频平台在资本的加持下快速发展，众多定位各异、特点突出的短视频平台相继上线，竞争愈发激烈，市场整体呈现出"一超多强"的竞争格局。美兰德·中国电视覆盖与收视状况调查数据库的数据显示，抖音用户规模超过6亿，深度用户规模接近3.6亿，大幅领先其他短视频平台。快手用户规模近2.7亿，火山小视频、头条视频（含西瓜视频）、腾讯微视、美拍等短视频平台亦表现不俗。

2020年，短视频平台竞争格局呈现"稳中有变"的发展态势。美兰德·中国电视覆盖与收视状况调查数据库的数据显示，抖音、快手两大短视频平台占据头部地位，抖音日活跃用户数达6亿人，月人均使用时长超过28.5小时，快手日活跃用户数超3亿人，月活跃用户数超7亿人。腾讯微视平台由2019年的第五位升至第三位，所占市场份额由11.9%上升至13.9%。微信和微博也推出视频号，

加入短视频行业竞争阵营。

2021 年，短视频平台仍然呈现“两超多强”的竞争格局。美兰德·中国电视覆盖与收视状况调查数据库的数据显示，抖音用户规模达 9.4 亿，深度用户规模为 7.8 亿；快手用户规模为 5.6 亿，深度用户规模达 3.7 亿；微信视频号快速发展，达到 1.7 亿的用户规模和 16.0％的用户接触率。

2022 年，短视频平台逐渐呈现“三强领跑”的局面。美兰德·中国电视覆盖与收视状况调查数据库的数据显示，抖音用户规模达 8.6 亿，深度用户规模为 5.7 亿；微信视频号以 6.7 亿的用户规模和 2.7 亿的深度用户规模首次超过快手平台，跻身市场份额第二位。除头部平台外，小红书、央视频等平台用户规模进一步扩大，分别以 2.3 亿、1.9 亿的用户规模与西瓜视频共同位居短视频平台第二梯队。

21.2.2 平台生态“脱虚向实”，运营策略升级加码

“脱虚向实”是虚拟经济去泡沫化，与实体经济有机融合、相互推动、有序发展的良性经济结构。5G 时代，用户消费场景转变，从电视、PC 传统通路转向手机移动端设备，低时延、高速率进一步助推短视频的广泛普及。如今，短视频不再仅仅是娱乐产业简单的物料剪辑、加工、分发的输出渠道。在平台内电商领域向好发展、生产消费互动加快的同时，继续将触角伸向文娱产业的上游，将策划、运营能力渗透至娱乐产业全链条、全环节中，带来的是文娱产业营销、分发、运营模式，以及文娱产业从内容、用户到达人、明星生态的变化。短视频平台不断升级“IP＋UGC＋OGC＋PGC”的营销模式，通过完善的产品设计、精准的内容审核和分发机制，充分调动起各类创作主体的创新热情、创作自主性和黏性，极大丰富平台内容。

短视频电商生态向好发展，生产消费互动加快。直播带货已经成为短视频电商市场常态化营销方式，解决了传统网购“没有实时互动”和“摸不着”的难点，大幅提高了销售效率。据美兰德数据，62.1％和 44.8％的短视频用户最近一个月是通过“电商软件或小程序”和“直播带货”购买商品；49.94％的直播带货受众近一月来通过网络直播带货购买商品的频次达到 5 次及以上；累计有 58.92％的购买过商品的直播带货受众近一月来通过网络直播带货购买商品的总费用在 500 元以上(美兰德 2022)。商品优惠折扣力度大、商品性价比高、商品时尚新潮、主播讲解专业性强、主播与受众互动性强、商品货真价实、售后服务有保障等成为直播带货受众购买商品的原因。由此可见，短视频平台电商生态向好发展，生产消费互动加快。

21.2.3 营销矩阵逐渐成形,流量变现效率提升

随着短视频在媒介生态中的地位持续上升,用户通过短视频建立社交联系的需求日益增强,这也是短视频平台强大互动性和社交性特征的重要体现。在目标用户的不断扩展下,短视频平台通过标签、关键词等方式形成了以兴趣话题为单位的社交群落,为具体内容的传播打下了一定的用户流量基础,在短视频的海量内容里产生了固定的圈层效应。与此同时,用户的点赞和好评会对视频生产者产生激励,可以充分激发相关话题的创作动力,在观看与被看之间形成一种良性互动和群体认同,使得传播场域不断扩大。由此,短视频平台围绕内容发起对相关话题的讨论后,能够联动全网形成关注热潮,使其营销范围不断扩大。

如何精细筛选推广渠道、精准触达目标消费群体、获取更多高价值用户,是短视频平台提高变现效率的关键环节。通过洞悉用户心理、用户行为,以数据的形式反馈于产品迭代优化中,从而形成数据、洞察、假设、测试的完整精益成长闭环,短视频平台可借此驱动业务增长。为达到此目的,各短视频平台不断加强对算法技术的重视,精细筛选国内领先短视频流量精准投放平台,为其提供全平台精准数字营销服务,从而加强流量精准投放效果,提高流量投放效率,实现流量精细化运营。

21.2.4 携手长视频走向竞合时代,打造共赢新范式

近年来,围绕长视频与短视频平台之间的版权纷争不断。2022 年,短视频平台频频与长视频平台进行影视版权合作,不断探索围绕长视频内容的二次创作与推广,以期实现视听内容价值最大化。2022 年 3 月,抖音宣布与搜狐达成合作,获得包括《法医秦明》《匆匆那年》《他在逆光中告白》等搜狐全部自制影视作品二次创作相关授权。抖音平台和用户可对这些影视作品重新剪辑、编排或改编。未来双方还将在新剧宣传推广上继续开展创意营销或视频征集等合作。2022 年 6 月,乐视视频与快手宣布达成合作,快手创作者可以对乐视视频独家自制版权作品进行剪辑及二次创作,并发布在快手平台上。2022 年 7 月,抖音和爱奇艺正式达成合作,爱奇艺将向抖音集团授权其内容资产中拥有信息网络传播权和转授权的长视频内容,同时,双方对解说、混剪等短视频二次创作形态做了具体约定,将共同推动长视频内容知识产权的规范使用(杨睿琦 2022)。总而言之,长视频与短视频平台之间的合作打破了长久以来国内长视频与短视频对立的局面,为视频平台的内容生产和流量运营提供了更广阔的空间。

21.3　短视频内容生产和传播

21.3.1　直播生态多元化，直播规模持续扩大

21.3.1.1　直播购物成主要消费模式，电商助力乡村振兴

首先，近年来，直播电商市场规模不断扩大。《2022年(上)中国直播电商市场数据报告》报告(网经社电子商务研究中心 2022)显示，2017—2021年，国内直播电商市场交易规模分别为196.4亿元、1 354.1亿元、4 437.5亿元、12 850亿元和23 615.1亿元。其中，2018年直播电商市场交易规模增速高达589.46%，2019年和2020年增速分别为227.7%和136.61%。

其次，在经历了爆发式的野蛮生长期后，直播电商行业呈现出去头部化、去中心化的趋势，直播电商的内容和形式更加丰富。随着新的入局者蜂拥而至，淘宝、京东、拼多多等头部企业"各显神通"积极巩固市场，抖音、快手等后起之秀奋起直追。越来越多的角色带着新元素、新玩法加入直播电商行业，为这个行业增添了无限生机和活力。

此外，电商直播对助力农村振兴的作用越来越大，持续发力扶持国货发展。据抖音数据报告，仅2021年便有179.3万款农特产通过电商直播售往全国。2022年，政府发布中央一号文件，提出要实施"数商兴农"工程，加大力度推进电子商务进乡村，促进农副产品直播带货规范健康发展。这是农副产品直播带货活动首次被写入中央一号文件中。

21.3.1.2　主播职业化，才艺直播规范化

2019—2023年，互联网直播变现快、获利高、门槛低的特点越发凸显，越来越多的人开启自己的主播生涯，通过直播来获得收益。其中，基于"才艺"定义的宽泛性、灵活性和才艺实施起来的低门槛性，多数人会选择从才艺表演开始入门主播这一行业，使才艺直播始终是网络直播领域的一个重要分支。

才艺直播是指主播在不同的平台上通过实时展示唱歌、跳舞、脱口秀、手工艺等才艺与粉丝交流互动的直播方式。随着短视频用户对于才艺直播的喜爱不断增加，其付费、打赏等行为不仅增加了才艺直播的创收效益，也使得才艺直播的网络热度不断攀升。然而，随之而来的也有不少互联网乱象。直到2021年"清朗运动"的执行和平台监管的开展，才艺直播才更加规范化，并出现越来越多

的专业生产内容。

21.3.2 从“泛娱乐”到“泛知识”的转型

从 2019 年到 2023 年，短视频用户关注的内容方向开始从“泛娱乐”向“泛知识”转型。2019 年，用户关注的大部分短视频的内容题材以泛娱乐类信息和新闻资讯类内容为主，但随着小众圈层消费时代的来临，用户对垂直细分领域的内容有着更大的需求。因此，相对小众的垂直化短视频内容开始更多吸引受众的注意力，并催生出多种新型的营销方式，相应的内容价值得到更深层次的挖掘。

从 2019 年用户关注的短视频内容分类来看，幽默搞笑类内容是最受短视频用户关注的类别，其用户占比高达 79.65％。2020 年以来，垂直类短视频创作者不断涌现，许多优秀的垂直类短视频 IP 持续爆红，以极高的内容辨识度聚拢了圈层用户。同时，用户对于短视频的需求开始发生转变。美兰德《2020 年短视频用户观看短视频的主要目的及主要行为分布》调查显示，47.24％的用户选择通过观看短视频中有趣的内容满足自身“娱乐休闲”的需求；“学习一些有用的知识和技能”也成为用户观看短视频的核心诉求，占比为 47.54％(见表 21.1)。

表 21.1 2020 年短视频用户观看短视频核心诉求

观看目的	占比(％)
学习一些有用的知识和技能	47.54
观看有趣的内容，放松心情	47.24
了解新闻、资讯动态	44.29
娱乐休闲、打发时间	33.20
了解亲朋好友近况	29.55
拓展社交圈	29.49
关注了解明星/偶像/大 V 近况	25.05
了解/购买网红商品、潮流商品	17.04
学习并录制短视频	4.44
其他	0.30

资料来源：美兰德。

《2020年中国移动互联网内容生态洞察报告》显示，2019—2020年，用户对科普实用的知识向内容需求增加，生活向、严肃向的泛知识内容需求分别提升了21%和16.7%。2020年也被视为泛知识类视频爆发的元年。泛知识行业市场规模超过230亿元，用户规模突破5.4亿。各大视频平台争先恐后地涌入这一崭新赛道，并将布局知识区作为内容战略重点。

2022年，短视频内容生产已完成从"泛娱乐"到"泛知识"的转型。超过半数用户表示学习知识是使用短视频产品的主要动机。此外，随着短视频渗透率的不断提升，除了内容端的消费，用户在短视频社交方面的诉求也不容忽视。据调查数据，超过三成的用户表示他们不仅会利用短视频平台了解亲友动态，更将其视作拓展社交圈、认识新朋友的途径。事实上，短视频产品的社交化已经成为各大平台下一步转型升级的突破口。

21.3.3 融合媒介内容，培植文化品牌

21.3.3.1 剧集：多元题材热播，宣传成效显著

从行业大环境来看，短视频平台的宣传发行能力日益强大，各平台上线的剧集类型也极为多元，从家庭伦理、悬疑推理到古风玄幻、都市爱情等(见图21.3)，极大地满足了短视频用户对内容的丰富性需求。

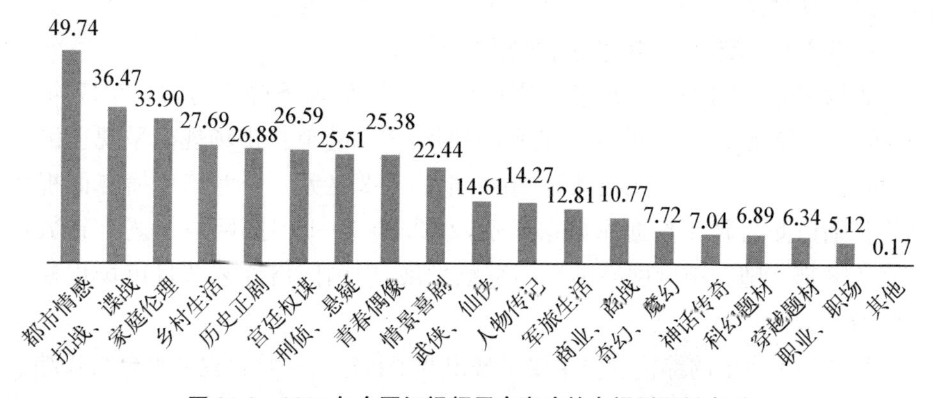

图21.3 2021年全国短视频用户喜欢的电视剧题材类型

(数据来源：美兰德·中国电视覆盖与收视状况调查数据库)

2019—2023年，由于短视频行业的高速发展，抖音、快手等早已成为剧集内容方不可忽视的宣传阵地，越来越多的剧集在各大社交媒体和短视频平台上进行内容分发，通过开设官方账号进行精准垂类营销，使得剧集产业在短视频平台上的布局不断扩大。越来越多影视剧的短视频化，既丰富了短视频平

台的内容生态，也提高了用户对平台的黏性。在抖音、快手上追热门剧、看精彩片花，逐渐成为越来越多网友的内容消费首选。鉴于短视频用户热衷于消费剧集内容，相关短视频平台不断深化和剧集的合作，助力剧集营销升级。不过，长视频与短视频间的版权之争仍在继续，爱奇艺、优酷、腾讯视频等长视频平台终究要直面短视频的挑战，剧集在短视频平台上的发展或许将迎来新的变化。

21.3.3.2 纪录片：内容多样，微纪录片发力

据统计数据，传统长纪录片在短视频平台的热度不高，但纪录片类短视频由于内容多样而潜力巨大。当前短视频平台上的微纪录片在内容上呈现出四个特点：一是配合不断健全的平台内容引领机制，如《城市真英雄 2021》《闪光的记忆》《记住乡愁(第七季)》等优秀微纪录片均围绕国家治安管理、红色精神传承、优秀传统文化输出、科学技术发展等平台鼓励的内容主题进行创作；二是内容趋向垂直，如《城市真英雄 2021》《您好 110》《我的白大褂》等代表作都选择对一类社会职业进行深度探索；三是科技手段创新，如《智造美好生活》等作品贴合“科技改变生活，智慧创造未来”的主题，5G、AI、机器人、无人机航拍、水下摄影等高新技术设备拍摄，带给观众与传统纪录片不一样的视觉体验；四是商业模式的新开发，一些个人工作室的纪录片团队在多年发展中逐渐摸索出新的成熟商业模式，为纪录片类短视频的流量变现之路带来了新的可能。

21.3.3.3 综艺：聚焦话题，长短综艺相融

数据显示，中国电视类综艺节目市场规模呈现下降态势，从 2017 年的 450 亿元下降至 2021 年的 382 亿元，但网络类综艺节目市场规模呈现上涨态势，从 2017 年的 156 亿元上涨至 2021 年的 182 亿元。美兰德传播咨询视频网络传播监测与研究数据库数据显示，2022 年 1—10 月，网络综艺上新数量达到 148 部。随着中国网络影视的继续发展，中国网络综艺节目市场规模将会继续扩大。

短视频平台上的综艺创作主要呈现出两个特征。一是短视频平台与长综艺节目共创内容，通过话题革新，共创内容以放大声量。例如，通过制造“情怀梗”和“回忆杀”这类经典内容或曾经拥有庞大粉丝基础的内容主题搅动观众热情，使话题成为宣传、发酵的抓手。二是研发微综艺，推出垂类新综艺。近年来，微综艺呈现出寻求平台互助、节目内容交融互补的发展趋势，微综艺正在从各大短视频平台向哔哩哔哩等中视频平台和腾讯视频、爱奇艺等长视频老厂牌扩张，形成各平台合作共赢、各形式视频交融互补的局面。微综艺在传播方面呈现出垂

类生产、重生活质感、重跨界联合的特点,在文本内容上呈现出去明星化、重生活感、垂类细分的特点。

21.3.3.4 微短剧:作品大量涌现,创新叙事方式

如果说短视频平台对长视频的二次创作为剧集内容的开发奠定了流量基础,那么微短剧则是短视频平台开拓剧集新领域的有益尝试。短视频平台制作的微短剧,一般以竖屏剧为主,时长在 5 分钟以内。微短剧形式丰富,以两大类型为:一类是与网文平台合作,根据网文小说进行改编,以微短剧的形式展现其精彩片段;另一类是单元微短剧,每集具有相对独立性,通过一些简单的人物设置与情景构造进行拍摄组成。虽然微短剧的发展时间不长,但已初步进入成熟期,相关作品大量涌现。国家广电总局公开数据显示,近年来微短剧拍摄备案部数呈现逐月上涨的趋势,2022 年 5 月、6 月均在 400 部以上(见图 21.4),总集数在 1 万上下;2022 年 1—6 月备案量达 1 806 部 42 155 集,为 2021 年全年备案量的 2 倍。

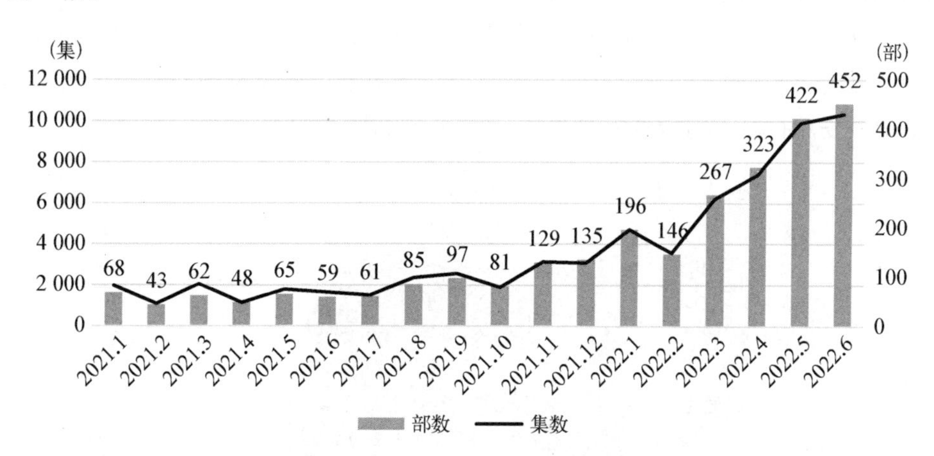

图 21.4 2021 年至 2022 年 6 月微短剧拍摄备案数量

(数据来源:美兰德视频网络传播监测与研究数据库)

在类型方面,爱情、古装题材一直是微短剧的主流。据美兰德数据统计,2022 年都市题材与古装齐平,以 52 部占据首位。同时,微短剧类型不断扩充,悬疑、民国、惊悚、乡村等新题材类型涌现,题材趋于丰富多元。在集数分布上,超七成微短剧集中在 30 集以内。在时长分布上,6—10 分钟的微短剧最多,达 34 部,随后是 1—2 分钟和 2—3 分钟的微短剧。从 2021—2022 年短剧集数和长度的变化来看,3 分钟以上微短剧数量不断增长,表明微短剧内容创作正不断调整优化,以达到叙事的完整性、满足用户追剧“短平快”的观影习惯等各个维度

的平衡。

21.3.3.5　动画：受众广泛，以搞笑和爱情为主

相对于长剧集形式的动漫视频，动漫类短视频的取材更丰富，受众群体也更广泛。相对于传统的动画形式，动漫类短视频自由度更大，既无太大成本压力，也没有太多商业指标。然而，动画短视频的劣势在于其碎片化的内容表达难以在短时间内获得广告主关注，进而进入流量变现轨道。因此，动漫类短视频初期既需要在内容上多下功夫，后期也需要掌握良好的营销技巧。这就对创作团队提出了较高要求。

整体而言，动漫类短视频以关键意见领袖创作的视频为核心，细分类别完善、整体热度较高；在题材方面，幽默搞笑和甜蜜爱情两类占比最重（见图 21.5）。动漫类短视频 IP 往往可以提供持久稳定的情绪价值，无论是自我投射型还是陪同伙伴型，这些 IP 都会呼应粉丝的某种情感需求，反映当下的时代精神。然而，动漫类短视频也存在内容同质化现象。动漫短视频的优势在于周期短、反应快、成本较低，导致动漫类短视频的选题大多围绕社会热点话题与新兴梗。随着消费者对内容的审美更加挑剔，动漫类短视频的头部关键意见领袖有必要脱离粗糙地重复流行段子与低俗搞笑视频，进一步深耕精品内容。

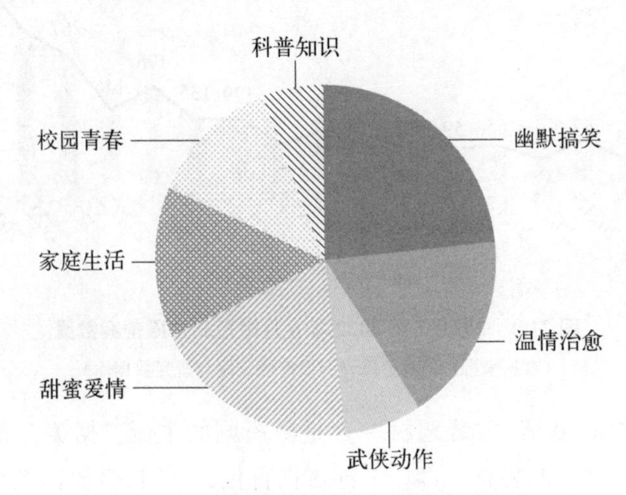

图 21.5　动漫类关键意见领袖热度榜占比

（数据来源：美兰德·视频网络传播监测与研究数据库）

21.3.4　从信息到生活

短视频平台在几年的发展过程中，已从最初的娱乐平台升级为社交信息平

台，同时，庞大的信息量、流量等也使得短视频平台不仅是用户娱乐社交的重要平台，也成为各大主流媒体进行资讯传播、价值传递的主阵地。通过在各个重点短视频平台上开设并持续运营官方账号的方式，各大主流媒体的传播力、引领力正不断加强。传统广电不断转型，持续变革，承担起主体责任，深入参与短视频内容生产和运营，在短视频平台抖音、快手上开设账号，节目短视频化趋势成定局，凸显了主流价值引领功能。

短视频平台除了以新闻形式提供信息，还逐渐发展为生活实用型媒体。例如，在新冠疫情期间，除去有关疫情的新闻类短视频，具有较强科普性与较高可信度的医疗类短视频内容在平台上广受追捧，获得了可观的热度。从娱乐平台到信息全平台的转向，是短视频平台在内容全生态领域进军的必由之路。短视频平台对医疗、就业等民生内容的持续加码，也标志着短视频平台进一步向多元生活化转型。

21.4　短视频内容产业未来展望

伴随受众认知、需求的显著转变，短视频不再只是大众娱乐手段，还是依托自身商业模式创新成为拉动国民消费增长、畅通国内经济循环的重要载体。展望未来，短视频内容产业将呈现出以下三个特征。

21.4.1　中国视频产业支持技术创新，推动视频化社会高速发展

中国视频产业为新技术的催化与发生提供了优质的发展场域。在政策方面，中国视频产业价值观的多元化、信息传播的碎片化、创作主体的去中心化等特征制约了平台与政府的精准监管能力。未来，政府或需对网络空间进行进一步立法管理，使版权保护逐步完善，保证良性竞争的行业生态环境。

随着互联网信息技术的普及与发展，短小、精悍的短视频极大地迎合了人们碎片化阅读需求。随着“5G＋4K/8K＋AR”等技术的普及与发展，短视频生态迎来二次升级，平台与用户接入互联网的成本不断下降，将使用户发布内容更加便利、短视频生产主体更加多元。同时，高新技术将在疫情防控、远程办公、在线教育、线上影院、药物研发等方面发挥积极的作用，使得短视频内容丰富多元，服务性增强。

中国虽然未必是新技术第一研发地，但一定是新技术落地生发的绝对重镇。

中国视频产业对于开发与落地新技术的支持将引领未来视频产业的发展，推动视频化社会的高速发展。

21.4.2 “短视频+”跨界融合，改变人类文明生产与传播形态

族群的文化建构在集体价值观的基础之上，历久弥新的文化之旅必然有其根脉传承的历史渊源。这是对一种经典人文生活的向往，也是全人类共同的精神愿景。短视频平台上出现的以传统文化为主要内容的短视频不拘泥于文字描述、图片展示，摒弃说教式的枯燥讲述，而是结合视听技术制作出具有趣味性、娱乐性的短视频进行传播，甚至运用先进的 3D 技术，让《清明上河图》等名画“动起来”，使中国传统文化以全新的形式展现在大众面前。未来，短视频庞大的用户基础将使传统文化的大范围传播成为可能。此类短视频一经上线就能够引发大量的关注和转发，引发传统文化的传播浪潮。

随着人工智能的不断发展，互联网以智能手机为载体渗入人们的日常生活，为短视频在人群中的普及奠定了坚实的基础。虽然人们对于短视频的审美趋势在一定程度上受到市场主导，使短视频内容的审美趣味逐渐趋向于大众化、世俗化，但这并不代表大众审美正在退化。未来，随着短视频平台中科教类、纪录片类、伦理类和技术类的视频迅猛发展，越来越多的优质视频将会满足人们对精神文化、科学文化和审美意识的不断追求。通过短视频实现的数字化知识传播，不仅将促使人们提升自身文化素养，也有利于建构视频化社会的新型知识体系。

21.4.3 短视频促使视频化社会中的生活方式转型

区别于传统报纸、推送等信息传播途径，短视频具有节奏快、信息量大、可以渗透到社会生活各方面的链式传播优点。在此背景下，短视频涵盖了人们生活的方方面面，从美食、健康、知识科普，到电商、直播，再到就业就医等。同时，随着短视频社交功能的持续增强，它将进一步改变人们的日常生活，并通过拓展应用场景、深化媒介融合，促使视频化社会持续发展。纵观近几年的短视频发展现状，人们的生活方式愈发与网络视听艺术相互融合，短视频已经成为人们表达日常情感的主要方式。

总体而言，短视频的多元应用场景将为人们构建起新的拟态生活。未来，短视频将作为一种新型网络视听产品逐步拥有越来越多的市场，并在信息传播、文化传承、知识分享、精准扶贫、国际交流等各个方面中发挥重要作用。

参考文献

美兰德(2022).2022 年中国居民媒介接触习惯与视频消费行为系列线上调查. 2022@CMMRCo.,Ltd.

网经社电子商务研究中心(2022).2022 年(上)中国直播电商市场数据报告. http://www.100ec.cn/index.php/detail--6616286.html.

杨睿琦(2022).抖音牵手爱奇艺,长短视频的“新”解法.https://m.thepaper.cn/baijiahao_19112203.

(中国传媒大学戏剧影视学院网络视听研究中心课题组)

图书在版编目(CIP)数据
视频化社会 = Videolised Society / 孟建,赵晖主编.—上海: 复旦大学出版社,2024. 6. —ISBN 978-7-309-17523-3
Ⅰ. ①G206. 2
中国国家版本馆 CIP 数据核字第 2024S8W423 号

视频化社会 = Videolised Society
孟 建 赵 晖 主编
责任编辑/朱安奇

复旦大学出版社有限公司出版发行
上海市国权路 579 号 邮编: 200433
网址: fupnet@ fudanpress. com http://www. fudanpress. com
门市零售: 86-21-65102580 团体订购: 86-21-65104505
出版部电话: 86-21-65642845
上海盛通时代印刷有限公司

开本 787 毫米×1092 毫米 1/16 印张 18. 25 字数 318 千字
2024 年 6 月第 1 版
2024 年 6 月第 1 版第 1 次印刷

ISBN 978-7-309-17523-3/G · 2601
定价: 68. 00 元
